高田馬場アンダーグラウンド

本橋信宏
Motohashi Nobuhiro

駒草出版

高田馬場アンダーグラウンド

本橋信宏

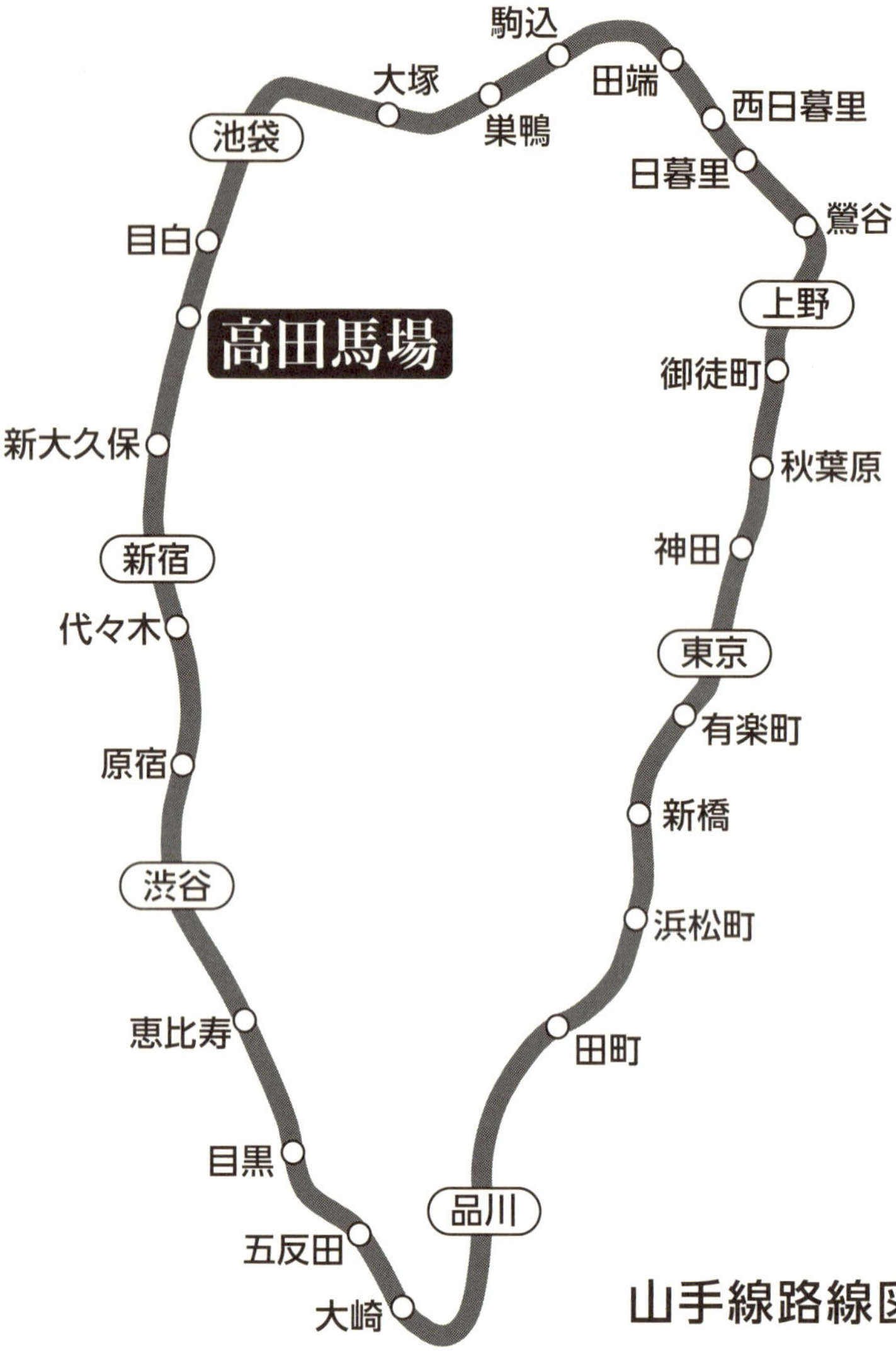
駒込
大塚
田端
西日暮里
池袋
巣鴨
日暮里
鶯谷
目白
上野
高田馬場
御徒町
新大久保
秋葉原
神田
新宿
代々木
東京
有楽町
原宿
新橋
渋谷
浜松町
恵比寿
田町
目黒
品川
五反田
大崎

山手線路線図

プロローグ

高田馬場には青春の屍《しかばね》が埋まっている。

駅前にそびえ立つ巨大な石棺のような複合型ビル・ビッグボックスは、過ぎゆく青春を追悼する墓碑銘だ。

高田馬場駅前広場は今日も若者たちで埋まり、夜中になれどもざわめきは消えず、咆哮《ほうこう》が夜空に跳ね返る。

毎春、希望に燃えて大学に入る者、挫折を胸にしまい込み予備校に席を置く者、卒業してこの地を離れる者、恋を成就する者、恋に破れ失意のまま消えていく者。若者たちは集まり散じて青春を名残惜しむ。

私がはじめてこの地を踏みしめたのは一九七四年、十八の夏だった。

高田馬場は私の青春時代から四十年以上におよぶ浮き沈みとともに、常に私に寄り添っていた。

私をとらえて放さないこの地には、いったい何が埋まっていたのだろう。

鶯谷・渋谷円山町・上野・新橋と東京の陰に咲く土地を歩き、過去を振り返り、そこで働く、生きる人々を追い求めた異界シリーズを書き下ろしてきた。

私にとって五冊目にあたる異界は、絶望や希望を抱きながら生きてきたこの土地だろう。

高田馬場は池袋と新宿という二大殷賑《いんしん》地帯に挟まれた場所であり、本来なら新宿、池袋にならび大歓楽地帯になってもおかしくないのだが、高田馬場と新宿の間に新大久保、高田馬場と池袋の間に目白という二つのエリアが緩衝地帯となり、文教地区として命脈を保ってきた。

高田馬場は早稲田大学の門前市であるかのように、毎夜、授業が終わった学生が噴水広場に集まり、コンパに出撃する。夜の放吟は高田馬場名物である。

地上六階、地下二階の稲門ビルは、早稲田卒をあらわす名称「稲門」をビル名に持つこの地ならではの建物である。

商業ビルの壁面のあちこちに貼られている学生ローンの看板も、この街ならではのものだ。

私がこの地で知り合った多くの若者たちは、いまどこへ消えたのだろう。

悔いなき青春だったのか。


一九七四年、私が高校三年のときに誕生した高田馬場のランドマーク、駅前複合型ビル・ビッグボックスは赤と白だった外壁がいまではシックなブルーに塗り替えられた。

横断歩道を渡るとき、通りゃんせの哀切感あふれるメロディが流れるのをはじめて聴いたのもこの街だった。

高田馬場には東京ヘレン・ケラー協会、点字図書館、日本盲人会連合、といった視覚障害者のための組織が集まっている。

一九五一（昭和二十六）年、映画全盛期に建てられた映画館、早稲田松竹も廃館になりかけたが熱心なファンの後押しもあって復活し、現在も旧作二本立ての名画座として健在である。アール・ヌーヴォー調のデザインは高田馬場の歴史遺産だ。

高田馬場一丁目にある賄い付き下宿「日本館」は昭和十一年に建てられ、エントランスと二階が半円形のレトロなデザインで、戦争による空襲からも免れて奇跡的に生き残ってきた。男子学生専用下宿で以前、テレビの『突撃！隣の晩ごはん』で、親元を離れて一人東京の空の下で暮らしている高校生のいまどき珍しい素朴さに、しゃもじを持ったヨネスケが感極まって絶句した。

高田馬場は教育機関が林立する都内でも一、二位の学生の街である。

高田馬場駅から学バスが出ている早稲田大学。明治通り沿いにある学習院女子大学。神田川沿いの東京富士大学。社会情報大学院大学。東京国際大学法人本部。

専門学校も予備校も学習塾もそろっている。

高田馬場から早稲田にかけては、日本一のラーメン激戦区であり、厳しい生き残り競争が起きている。

一九六八（昭和四十三）年開店、東京でもっとも早く味噌ラーメンを普及させた「えぞ菊」は、本店は明治通りと諏訪通りの交差点角にあった。五人も座れば満席の小さなラーメン店で、客が途切れたことはなかった。濃厚な味が早稲田の学生やタクシードライバーに好まれて、現在の高田馬場・早稲田のラーメン激戦区の出発点になった。

大学一年の冬、友人が引っ越すことになり、引っ越しを手伝った（当時は、引っ越し業者に頼むことはほとんどなくて、友人知人、親戚が担ったものだ）。引っ越しが終わったとき、お礼に、ということで、えぞ菊の味噌ラーメンをご馳走になった。作業後の一杯の旨さはなんともいえなかった。現在この店は閉店し、もう一軒、戸塚店が早稲田通りで営業している。福岡発祥、替え玉というシステムを知らしめた「博多一風堂」。鶏白湯の「蔭山」。激辛ブームに乗って急成長した「蒙古タンメン中本」。つけ麺ブームの先駆者、魚介醤油の「やすべえ」。神田川沿いにあってつけ麺人気に火をつけた超大盛りの「べんてん」(惜しくも移転してしまった)。

この地で生き残れば本物のラーメン店になる、ということで毎年若い店主たちが挑戦していく(生き残るのはほんのわずかだ)。

アニメ『しろくまカフェ』に登場する店が現実のものとして、高田馬場に「しろくまカフェ in TAKADANOBABA」として誕生した。メニューのカレー、サンドイッチ、プレートにはアニメのキャラクターであるしろくま、ペンギン、トラ、パンダが描かれ、女子を中心にいつも賑わっている。私一人で「シロクマくんのよくばりプレート」を食べたときは、勇気がいった。

「餃子荘ムロ」という西武新宿線沿いの小さな店は、餃子の味と豊富な種類で高い人気を誇ってきたが最近、昭和十年生まれ、八十三歳の女性経営者が現役最高齢DJ『Sumirock（スミロック)』となってしばしばメディアに登場したこともあって、餃子より風変わりな店主のほうが有名になってしまった。

東京メトロのCMで、石原さとみが高田馬場に降りてアジア系飲食店の多さを語っていた。高田馬場はアジア系留学生が多い街であり、彼らの食事先、アルバイト先として数多くのアジア系料理店が存在する。

なぜ高田馬場にアジア系留学生が多く住むのか。なかでもミャンマー人が高田馬場で多く暮らすのは、昔、高田馬場で暮らしだしたミャンマー人が日本語の達人だったために、同郷の人々が頼ってこの地に住みだしたからだとされる。

早稲田通りの歩道を歩くと、留学生たちの韓国語をよく耳にする。

高田馬場の空高く掲げられたあまり見慣れぬ漢字の大きな看板は、中国、台湾の留学生向け学校の案内である。

若者の街らしく、この街では小さなライブハウスがあちこちで営業している。

カレーとナンの店が香ばしい薫りをさせている。

まだタイ料理店が珍しかった一九九二年、早稲田通りにタイ国ラーメン&タイ国料理の店としてオープンしたトムヤムクンラーメン発祥の店「ティーヌン」。

イタリア料理の老舗「タベルナ」と「文流」。

とんかつの老舗「とん久」、行列のできるとんかつ屋「成蔵」、新目白通り沿いの「とん太」。

消えた店もある。

駅前ビル地下にあった「時計台ラーメン」もいまは無い。

駅近くにあった「漢方薬もぐさや」も最近消えた。

稲門ビルに入っていた「高田馬場東映」と「東映パラス」もいつの間にか消えていた。

地下にあったレトロな喫茶店「白百合」も消えた。

「甘納豆の花川」も姿を消していた。

全国で書店の数が減っているが、ここ高田馬場でも未来堂書店、鈴木書店、三省堂書店、ブックス高田馬場、あおい書店が消え、芳林堂書店が残っているだけだ。

早稲田大学に隣接する馬場下町の「三朝庵《さんちょうあん》」は、一九〇六（明治三十九）年創業、「元大隈家御用」の札が誇らしげに飾られ、カツ丼発祥の店という伝説がある。キャンセルが出て大量に余ってしまったトンカツを卵でとじたらどうかと、学生のアイディアで誕生したとされる。三朝庵の敷地は大隈重信の土地であったが、初代店主が借り受けて開業された老舗中の老舗だった。ところが二〇一八年七月三十一日、突然、五代目店主による廃業の知らせが貼られた。スタッフの高齢化、人手不足が廃業の理由だと書かれていた。

生まれゆくもの、消えゆくもの、店もまた流転の運命をたどる。

本書では行政上の住所である高田馬場一丁目から四丁目、およびその周辺として百人町《ひゃくにんちょう》、戸山《とやま》、西早稲田、豊島《としま》区高田、といった高田馬場駅を利用する範囲内を舞台にしている。

漫画の神様は高田馬場の何に惹きつけられたのか。

高田馬場の科学省で誕生したアトムをめぐるこの街の謎とは。

西城秀樹はデビューキャンペーンで高田馬場駅前の横断歩道を渡り、どこに向かって歩いていたのか。

『神田川』はいかにしてフォークの聖地となりしか。

江戸川乱歩が高田馬場で本業以外に営んだある仕事とは。

エロ本出版社はなぜ高田馬場で栄華を極めたのか。

政財界人御用達と言われた高田馬場の「伝説の風俗店」とは。

「ブルセラ」と呼ばれる使用済み女性下着はなぜこの街で売れつづけるのか。

駅前にそびえ立つ複合型ビル・ビッグボックスは何を見つめてきたのか。

陸軍の街として栄えた土地にいまも残るミステリーとは。

高田馬場で殺された悲劇の女優とは。

私の父はいったいこの街で何を夢見て、何を隠していたのか。

半世紀近く、この街をさまよい歩いた私自身の足跡を探ることが、高田馬場の知られざる姿を浮かび上がらせることになるだろう。

この街の磁力とはいったい何か、を。

高田馬場アンダーグラウンド

目次

本書で扱う範囲
JR山手線
めじろ
グリーン企画の
あったビル
文学習院大
さかえ通り
(歓楽街)
「神田川」の歌詞に出てくる
三畳一間の下宿跡
下落合駅
西武新宿線
目白通り
高田
江戸川乱歩
下宿屋跡地
堀部安兵衛之碑
(高田馬場の決闘の地)
神田川
たかだのばば
椿山荘
高田馬場
BIGBOX
水稲荷神社
西早稲田
神田川
手塚治虫の
仕事場だった
セブンビル
諏訪神社
文早稲田大
戸山公園
穴八幡宮
早稲田通り
文
早稲田大
理工学部
戸山
文
早稲田大
百人町
戸山公園
大久保
箱根山
しんおおくぼ
明治通り
大久保通り
西武新宿駅

第一章　父と陸軍と高田馬場

駅を埋めつくす黒い雲海

「高田馬場駅が真っ黒だったんだよ。見渡すかぎり」

私の母が懐かしそうに回想した。

一九五〇（昭和二十五）年、春。

母は埼玉県所沢市（当時は所沢町）駅前にあった復興社という西武鉄道の傘下企業の工場に勤務し、会社からお使いを任され、西武新宿線所沢駅から終着駅・高田馬場駅で降りた（一駅延長して終着西武新宿駅が完成するのはこの二年後のことだ）。

高田馬場駅午前八時、朝のラッシュ時。早稲田大学に通学する学生たちが国電山手線や西武新宿線から駅構内に続々と降り立った。

当時、大学生は詰め襟と呼ばれた黒い学生服に革靴を履いて通学していた。

「あんな息を呑むような光景は見たことなかったよ」

黒い雲海は二十一歳の独身女性だったうら若き母に、何年たっても忘れられない記憶として刻み込まれた。

まだ駅前の巨大な箱型の複合型ビル・ビッグボックスもなく、終戦を引きずるバラック建ての店が蝟集していた。

高田馬場は学生の街だった。

一九二九（昭和四）年生まれの母は、詰め襟の学生服が大好きだった。清潔感があるというのが第一の理由だった。

その詰め襟を着た一人の青年が、同年春、同じく高田馬場駅に降り立った。

青年はうちの母と同じ復興社の工場で働いていた。

復興社は西武鉄道の生みの親、堤康次郎《つつみやすじろう》が終戦直後「みずからの力で電車を動かせる工場をつくれ」と創業した会社で、のちに電車の製造をはじめ、鉄道会社としては極めて珍しい独自車両の製造工場に発展する。のちに西武所沢車両工場という名称に代わり、自社の電車だけではなく他の私鉄に供給する電車まで製造するようになる。

復興社は保谷《ほうや》工場と所沢工場の二箇所があったが、一九五〇年二月、効率化のために保谷工場が所沢工場に移転、合併した。後に私の父となる青年は保谷工場に勤めていた。

一九五〇年二月、事務室から出て言付けを伝えようと工場に入った母の名字を呼ぶ声が頭上から聞こえた。

「正月開けからセミだぁで」

父は車両の修理で鉄柱に登っていたのだろうか。

母の記憶では、それが父とのはじめての出会いだった。

「だぁで」という語尾は、埼玉県所沢・狭山から東京都東村山《ひがしむらやま》地方の方言である。武蔵野うどんを常食する地帯と重なり、東村山出身の志村けんの語り口に似ている。高田馬場から急行でわずか三十五分ほどの距離だが、地方色の濃い方言が生き残っていた。

父は二十二歳を目前とし、母は二十歳、青春のまっただ中だった。

母は若いころ、戦前から戦後にかけてその美貌から人気を博した女優・原節子に似ていると会社内でも評判だった。当時の集合写真を見ると、たしかにはっきりした目鼻立ちと豊かな曲線美はよく目立っていた。

鉄柱によじ登りセミのようにはりついて作業をしていた青年は、終業のサイレンが鳴ると、学生服に着替えて製図道具一式を鞄に詰めて毎日、西武新宿線所沢駅から急行に乗り、高田馬場駅で降り、早稲田工業高等学校電気科定時制に通学していた。

電車というのは文字通り電気で動く車両なので、製造、修理するときには電気の知識が必須になる。

トランジスタが開発・量産されるのは一九五四（昭和二十九）年、東京通信工業（現ソニー）が開発してからであり、昭和二十年代は真空管全盛であった。

真空管式ラジオには回路図が必ず裏ぶたに貼られ、故障やパーツ交換の際には回路図を頼りに作業した。テレビがまだ普及していない当時、一番の情報収集はラジオであった。いまでも日本最大の電気街秋葉原に「ラジオ商会」といったラジオを店名に付けた老舗が生き残っているのはラジオ全盛期の名残である。

復興社で電車修理をしていた父も、回路図を見ながら作業していたのだろう。そして自分に電気の知識が欠けていることを痛感したのだろう。その知識を一から学ぼうと通ったのがこの定時制だった。

高田馬場が東京の入口だった

父は学生服の夜学生になって、毎夜高田馬場駅まで通学した。

終戦から五年、西武新宿線沿線は畑と焼け跡が残る埼玉県と東京都を縦断する私鉄であり、朝も夜も高田馬場は黒い学生服が行き交う青春の街だった。

一九四五（昭和二十）年三月十日未明、B-29三百機が東京下町を襲った東京大空襲ではおよそ十万人の日本人が焼き殺された。

太平洋戦争末期、重要な地点を焼き払った米軍は、さらに焼き残した箇所を目がけて襲ってきた。高田馬場もアメリカ軍の戦略爆撃機、超空の要塞と呼ばれたB-29による空襲で大きな被害を受けた。四月五月の空襲もその一環で、重要な輸送機関である高田馬場駅と鉄路、神田川沿いの中小の工場群に焼夷弾の雨を降らせた。

対する日本はすでに遊撃する戦闘機も事欠き、もっぱら高射砲で応戦するしかなかった。

しかし高高度を飛ぶB-29にはなかなか当たらず、山の手一帯も焼き払われた。

稀に高射砲が当たるときがあり、高田馬場駅付近、高田南町、現在の豊島区高田三丁目にB-29が墜落している。

グラマンF6Fによる戦闘機の機銃掃射もしきりにおこなわれ、多くの無抵抗の市民が殺害された。終戦間近の昭和二十年にはP−51ムスタングという米軍機のなかでもっとも高性能戦闘機が首都圏に多数襲いかかり、東京に爆弾と機銃掃射によって無辜《むこ》の民を殺した。ムスタングに搭載されたカメラに写った映像がいまではユーチューブで観られるが、逃げ惑う漁村の母子にまで情け容赦なく銃弾を浴びせ、農家にまで襲いかかり、一般市民が乗っている列車にまで機銃掃射している。

俘虜《ふりょ》や一般市民への攻撃を禁止した戦時国際法、ハーグ陸戦条約にあきらかに違反していたが、敗戦国は何も文句が言えなかった。

終戦の翌月、父は復興社に入社した。

父は戦時中、陸軍所沢飛行場で少年整備兵として戦闘機の修理、点検作業をしていた。

昭和三年生まれ、昭和一ケタ世代特有の軍国少年であり、血の気の多い父は親に相談せずに戦闘機乗りを志願しようと、褌《ふんどし》一丁で横一列にならび、採用審査を受けた。

上官が志願者の顔と書類を見比べながら一人ずつ確認していく。

父の左横にいた志願者の前に上官が立ち止まった。

書類と顔を見比べる。

「貴様！」

いきなり横っ面が張り飛ばされた。

父が回想するには、ビンタされた若者は、淋病に罹患していたのだという。

祖国のために戦闘機乗りを志願した若者にはビンタするよりも健康を気にしてやるべきなの

に、戦前の軍国主義は無慈悲に体罰で若者を迎えた。

親に無断で父は合格したものの、戦闘機乗りになる直前、祖父によって志願を取り下げられた。父は五人兄弟の次男だった。すでに長男は徴兵によって戦地に送り込まれていたので、祖父にしてみたらもしものときには父に一家を守らせるつもりだったのだろう。

志願を取り下げられなかったら神風特攻隊として沖縄の洋上で散っていたかもしれない。

父は戦闘機乗りになれなかったので、整備兵の道を歩もうとした。

所沢は日本初の飛行場ができた航空発祥の地であり、父は陸軍飛行場に備わっていた整備学校に通い、整備兵になった。

私が小学校に上がる一九六三（昭和三十八）年、少年サンデー、少年マガジン、少年キング、少年画報、少年、冒険王といった少年漫画週刊誌・月刊誌には大人の戦記ブームが伝播し、太平洋戦争時の兵器や戦いの様子が巻頭特集で毎号載っていた。

一九六三年といえばまだ終戦から十八年しかたっていなかったわけで、戦争の記憶は鮮明に残っていたのだ。

「日本の戦闘機で一番強かったのは何？」

少年サンデーを読み終えた私が、子ども心に尋ねてみた。

すると父は即座に答えたものだ。

「三式戦の飛燕《ひえん》は液冷エンジンで飛ぶときにはキューーンと金属音響かせて早かったし、機銃もいいのが付いてたんだけど、いかんせん、エンジンがなかなか回らないんだよ。戦闘機っていうのは、稼働率っていって実際にすぐに飛べるもんじゃないと実戦に使えない。一式戦の隼《はやぶさ》は軽武装で速度も速くなかったけど、壊れにくくて整備もしやすい。こういうのが実戦では役立つんだよ。故障ばっかだった飛燕の余った機体があるだろ。飛燕のエンジンの代わりに空冷のエンジン無理矢理載せて飛ばせたらこれがすごい合って、性能がいいんだ。操縦もしやすいし。それで四式戦の疾風《はやて》の後の五式戦という後継機になったんだ。ゼロ戦より強かったあのグラマンやムスタングと互角に戦ったよ。あのころは燃料も低品質だったからもっといい燃料使ってれば互角どころか勝ってたな。五式戦を増産してたら、もっとアメリカを痛い目に遭わせたよ」

整備兵だった父の回想はリアルだった。

日本と同盟国だったイタリア、ドイツは降伏し、もはや残ったのは日本だけだった。激戦の末、沖縄がアメリカ軍の手に落ち、広島・長崎に原爆が落とされ、ソ連が連合国側に付いて参戦し、日本は世界のなかで孤立し満身創痍だった。

昭和二十年夏。

関東地方にも激しい空襲があり、日本中が戦場になった。

母は五人姉妹の次女だった。

「占領されたら女は何をされるかわからないから、自決用に青酸カリをもらってビンのなかに入れて台所の奥に隠してたんだよ」

ショッキングな回想だった。

夏の高温でビンのなかの青酸カリは溶け出していた。

中国大陸、朝鮮半島では逃げ遅れた日本人市民のなかの婦女子が敵兵に犯された話が多数あったから、自決用の青酸カリは冗談ではなかった。

母の終戦は、ビンのなかの青色と共に記憶された。

八月十五日。

日本は降伏した。

父が高田馬場で降り立ち、焼け野原の光景を見たときの悔しさはいかばかりだっただろう。

母は青酸カリを使うこともなくなった。

終戦は多くの日本人の運命を変えた。

勤めていた会社や学校は灰燼《かいじん》と化し、陸軍海軍は消滅。住まいも失い、多くの日本人は明日をどうやって生きていくかすらわからない日々だった。

陸軍整備兵だった父も職を失った。

それでも生きていかなければならない。

すると元上司だった男から、電車の修理をする工場で働かないかと誘いを受けた。

十七歳の父は復興社の社員となって、電車製造の道を歩む。

「おれは若いころから運が強いんだ」

いつごろから自分の運の強さを信じたのかわからないが、職を求めていたところすぐに先輩から職場を紹介された父は、みずからの運の強さを信じ、第一の信条にした。

高校に通い出すと、もっぱら高田馬場が東京の入口となった。

電気の知識を吸収するために、熱心に授業に出席する。

たまには息抜きに授業を抜け出して、近くの穴八幡《あなはちまん》という高台にある神社の境内に登って金魚すくいをやった。

陸軍所沢整備学校時代の父。前から２列目、左から２番目の学帽学生服

1963 年春、鎌倉にて父と

「薄い紙だからすぐに破けちゃって金魚がすくえないんだよ。オヤジが見てないときに髪の毛にこうやって（網を髪につける真似）、それで金魚すくったもんだ」

髪につけているポマードが油膜となってなかなか紙が破れないのだ。

昭和二十年代の成人男子は、身だしなみとして髪の毛にポマードをきれいになでつけ、ポケットにはクシと携帯用靴べらを入れていた。旅行に行くときもスーツにネクタイ、革靴だったから、いまよりはるかに堅苦しい英国紳士的な身だしなみであった。

アメリカ文化のTシャツにジーンズ、スニーカーというラフな軽装が普及するのはずっと後のことだ。

勉強を終えると、下戸の父は居酒屋に向かわず駅付近のパチンコ屋で玉を弾いた。

駅周辺にはパチンコ屋と雀荘が賑わい、数軒あった映画館はいつも混雑していた。

自身の過去を語りたがらない父であったが、何気なく語った数少ないエピソードのなかには日本芸能史における重要な目撃証言があった。

「休みの日に高田馬場で降りて、弟と一緒にどこだったか浅草か有楽町の劇場だったかなあ。歌と踊りのショーを観に行ったことがあったんだ。ちっちゃな女の子がステージの端から端まで堂々と歩いて歌うんだ。うまいもんだったよ」

父と叔父が観たのは、一九四九年デビュー曲『河童ブギウギ』を吹き込む前、まだブレイクする前の美空ひばりだった。

美空ひばり研究において、この時期のステージを観た証言者はほとんどいないので、貴重な体験をしたことになる。

東京で観劇したり、観光したり、その第一歩は西武新宿線高田馬場駅を降りてからだった。高田馬場は東京の玄関口として父を迎え入れた。

地名にはなかった高田馬場

当時、高田馬場駅には国電山手線、西武新宿線、都バス、西武バスの他に、都電15系統が茅場《かやば》町《ちょう》まで走っていた。東西線が開通するのは一九六四年十二月、東京オリンピック直後だ。首都高、幹線道路の拡大、地下鉄整備といった都の巨大プロジェクトは東京オリンピックを目標に進められたが、東西線は十月十日のオリンピック開幕まで間に合わなかった。

父が高田馬場まで通った西武新宿線は、埼玉県川越市の本川越駅と東京都新宿区の西武新宿駅（高田馬場駅から昭和二十七年に延長）を結び、武蔵野台地のほぼ中央を走る全長四十七・五キロの私鉄である。

所沢は起点の本川越と高田馬場のほぼ中間で、所沢から上り電車に乗り三十分近く走っていくと、下落合から徐々に勾配になって高田馬場駅ホームに到着する。

速度を落として登っていく途中、左手に高田馬場駅ロータリーを一望する。高いビルが建ちならぶ光景は東京に到着した、と実感する瞬間だ。

父が高田馬場に通い出したころ、駅周辺はビルもなければランドマークのビッグボックスもなく、平屋の民家と飲み屋街が建ちならぶ、いまよりもはるかに空が広い街だった。

西武新宿線高田馬場駅は国電山手線と併設されて、乗換駅として混雑していた。

山手線の高田馬場駅にならって西武新宿線も高田馬場駅にしたのだろう。

ただ不思議なことだが、高田馬場という国鉄の駅名は正式な地名から取ったものではなかった。当時、駅周辺の正式な地名は戸塚《とつか》村であり、高田馬場という地名はどこにもなかった。

高田馬場の由来は、「高田の馬場」から来ている。

高田という地名は徳川家康の側室で「高田殿」と呼ばれた茶阿局《ちゃあのつぼね》の屋敷があったことから江戸時代に高田村と呼ばれるようになったとされるが、高田馬場から目白方面は勾配のある高台になるために、地形から高田と呼んだという説も成り立つ。

一六三六（寛永十三）年、高田村（いまの西早稲田三丁目）に旗本たちが馬術の腕を磨くための長方形の練習場を造成。高田村の馬場、ということから高田馬場という俗称が生まれた。近くの穴八幡宮に奉納する流鏑馬《やぶさめ》もここでおこなわれ、現在も戸山公園で継続している。

享保年間（一七一六〜一七五三年）には、馬場の北側に松並木がつくられ、人通りが多いことを見越して八軒の茶屋があり、茶屋町通りと呼ばれていた。

高田馬場を有名な地名にしたのは、なんといっても堀部安兵衛《ほりべやすべえ》の「高田馬場の決闘」であろう。

一六九四（元禄七）年二月十一日早朝、高田の馬場で堀部安兵衛が義理の叔父・菅野六郎左衛《すがのろくろうざえ》門《もん》に助太刀して、村上兄弟と決闘した史実がある。

このとき堀部安兵衛がたちまち相手を切り倒したのが高田の馬場、現在の西早稲田三丁目、水《みず》稲荷《いなり》神社付近であった。

講談、舞台、映画で「高田馬場の決闘」は上演され、〝決闘〟は〝血闘〟に言い換えられて庶民から喝采を浴びた。

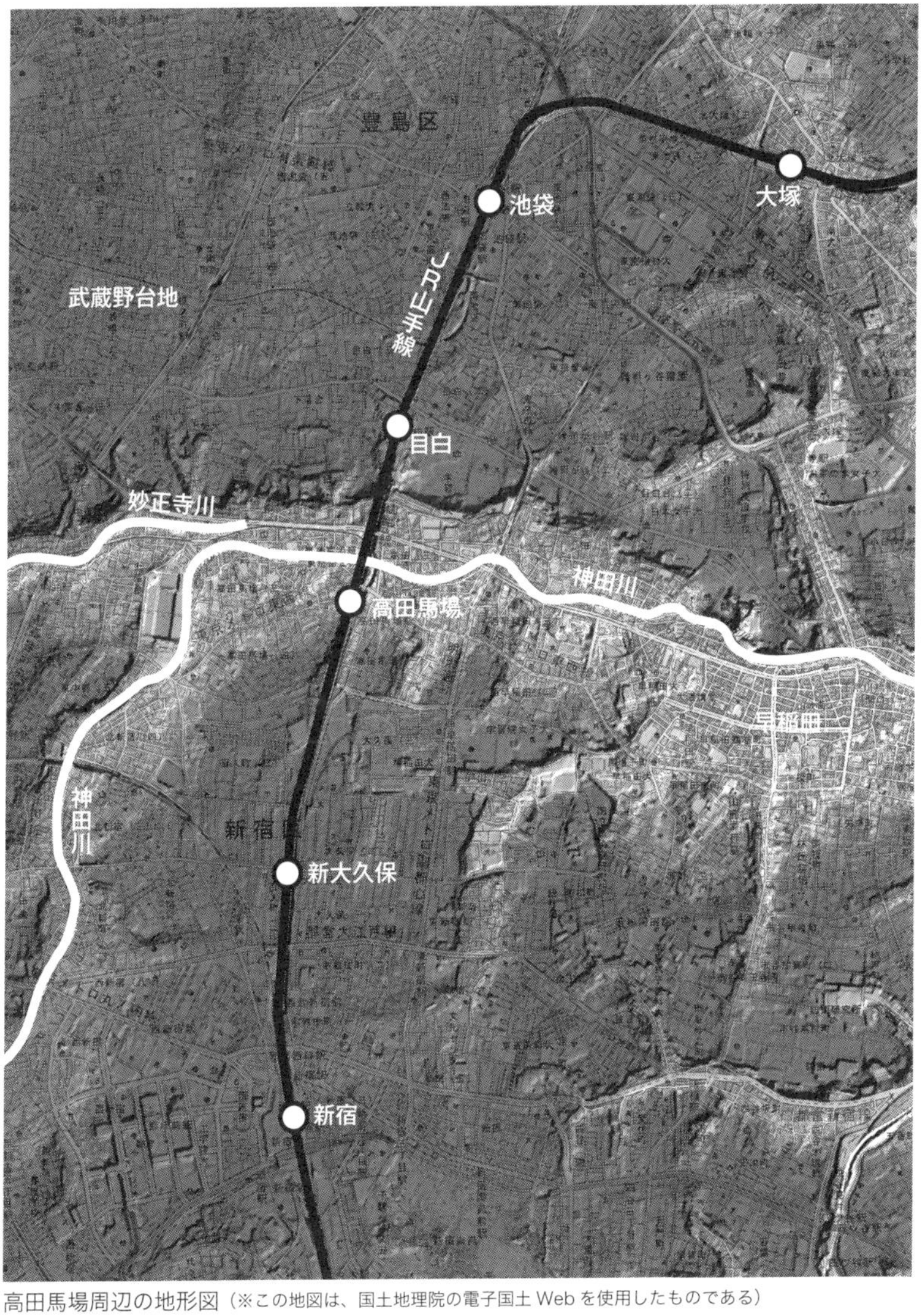

高田馬場周辺の地形図（※この地図は、国土地理院の電子国土 Web を使用したものである）

安兵衛が四谷《よつや》から高田馬場まで走り、途中で喉が渇き酒屋に飛び込み冷や酒をあおって助太刀に加わる。そして十八人を斬ったいわゆる十八番斬りがあったとされる。高田の馬場が血飛沫で真っ赤になった。

真剣が思い切りぶつかり合うと、鉄火を走らせて刃の微少な破片が飛んでくる。

池波正太郎は舞台で「決闘高田の馬場」を上演した際、剣術をやっていたことから、安兵衛の斬り込みにリアルなシーンを描きこんだ。決闘の日の夕暮れ、戦いを終えた安兵衛が女中の手鏡を借りて額にめり込んだ刃のかけらを縫い針でえぐり出す。池波正太郎が剣術の師匠から聞かされた話だった。

当時、安兵衛の助っ人ぶりに江戸中の庶民が湧き上がり、諸国にまで安兵衛の噂が広まった。あちこちから召し抱えたいと声がかかり、そのなかに浅野内匠頭《あさのたくみのかみ》の家来、堀部弥兵衛《やへい》がいた。弥兵衛の熱心な誘いもあって安兵衛は弥兵衛の養子になり、中山姓から堀部になった。

これが運命の分かれ道となる。

堀部安兵衛はのちに主君の浅野内匠頭が吉良《きら》上野介《こうずけのすけ》とトラブルを起こし切腹を余儀なくされたことで、復讐を誓う赤穂浪士《あこうろうし》四十七士の一人として討ち入りに加わる。

一七〇三（元禄十五）年十二月十四日、赤穂浪士四十七士は吉良上野介の屋敷を襲い、討ち取った。

ときは元禄、すでに関ヶ原の戦いから百年がたち、長いあいだ戦も止み、武士は刀も抜かず、形だけの脇差しであった。ところが「高田馬場の決闘」の堀部安兵衛は刀で相次ぎ人を斬り、十八人は盛った数字らしいが、数名を斬ったのは事実だった。

形ばかりの武士ではなく、本物の血の匂いをさせた堀部安兵衛に人気が集中したのも無理はなかった。

高田馬場は忠臣蔵のヒーロー堀部安兵衛の活躍の地としてその名を高め、決闘の場として血飛沫を連想させる地名となった。

その後、高田馬場が突如登場するのが、一九一〇（明治四十三）年九月十五日、山手線の一駅として誕生したときだった。

駅が造成される周囲は戸塚、諏訪森、といった地名があるので、山手線の新駅にはそっちが使われるのだろうと思ったら、地元の予想ははずれ、元禄時代に逆戻りしたかのような忠臣蔵の世界で聞いた「高田馬場」が新駅に付けられたのであった。

文明開化の時代にいまさら堀部安兵衛ではなかろうと、地元で反対運動まで起きたという。よほど鉄道省に歴史好き、司馬遼太郎のような人物がいたのではないか。

地名というのは、行動力がある、ワンマンというか声の大きい人物によって決まってしまうものだ。

戸塚駅、諏訪森駅、だったら、この地はまったく違うイメージになっただろう。

駅名の高田馬場は明治期から延々と命脈を保ったが、正式な地名として行政上も登録されるのは、一九七五（昭和五十）年まで待たなければならない。

この年（私がこの地に近い大学に入学した年）に、やっと戸塚町という地名から高田馬場に鞍替えしたのであった。

新住所になったことで混乱が生じた。

高田馬場という新住所に変更された後も、戸塚という名称が生き残った。

明治通り沿いにある警察署は、現在も高田馬場署ではなく戸塚警察署のままである。小学校も新宿区で一番歴史の古い戸塚第一小学校と戸塚第二小学校があり、現在も校名は変更されていない。新宿区の市民サービスをおこなう出張所は、戸塚特別出張所という名称のままである。十年前まで存在していた新宿区公設の日用雑貨や食品を販売するマーケットも、戸塚市場であった。

戸山公園は〝出る〟

高田馬場は軍都だった。

戸山ハイツと戸山公園一帯は戦前、戸山ヶ原と呼ばれる広大な原野だった。

この地に陸軍の軍人養成機関である陸軍戸山学校が開校され、歩兵の射撃や銃剣術、戦術、体育、軍楽といった陸軍兵士を養成する都市となった。

陸軍軍楽隊が野外練習、公開していたしゃれたスペースが戸山公園内の箱根山にいまも残っている。箱根山近くには、ボルダリングにも似た兵士の登坂訓練用のコンクリート崖が残っていた。

現在の戸山教会は陸軍戸山学校旧将校集会所の上に建てられたもので、いまも一部にモダンな外壁が残されている。

陸軍の主要施設がなぜ高田馬場周辺にあったのか。

歴史を紐解くと、権力奪取の象徴として旧勢力の息の根を止め、本丸を解体し、そこに新たな拠点を築くという図式が浮かび上がる。

戸山ヶ原に陸軍施設ができる前、江戸時代にこの地は尾張徳川家の下屋敷があった。

下屋敷とは、本来の領地とは別の江戸近郊に設けられた大名屋敷のことである。藩の威勢を保つために各大名は江戸に広大な敷地と屋敷を所有した。現在の都内の大規模な公園や庭園は、江戸時代の下屋敷跡だった場合が多い。

尾張徳川家の領地だった戸山ヶ原に陸軍施設が数多くつくられたのも、この地が広大だったことに加えて、明治政府が旧徳川幕府の勢力を削ぐために尾張徳川家の領地をあえて選んだともいえる。

上野公園も同様だった。

徳川幕府の守護神たる上野寛永寺《かんえいじ》の広大な敷地を削り取り、上野公園、東京藝術大学、東京国立博物館、といった大規模な施設が誕生した。上野公園の正式名称が上野恩賜《おんし》公園、明治天皇から賜った公園という意味なのも象徴的だ。

徳川幕府の勢力を削ぐために尾張徳川家の領地に陸軍施設を布陣させた大日本帝国だったが、敗戦になると今度は占領軍が旧敵だった日本陸軍の主要軍都、ここ戸山に住宅地と公園を開設させた。

戸山公園は〝出る〟。

何か得体が知れないものが出る、と言われて久しい。

解体された陸軍の怨念が漂う心霊スポットになっている。

この地区には、戦前は陸軍第一病院と呼ばれた国立国際医療研究センターがある。陸軍軍医学校もここに存在し、防疫部《ぼうえきぶ》の下に石井四郎がいた。

石井四郎とは関東軍防疫給水部本部、731部隊を率いる初代部隊長であり、中国大陸で感染病予防の防疫を研究しながら、裏では細菌戦に備えて研究し、捕虜を使って人体実験をおこなっていたとされる。

一九四八（昭和二十三）年、帝国銀行椎名町支店で行員たち十二名が毒殺され現金が奪われた帝銀事件では、画家の平沢貞通《さだみち》が犯人として死刑判決を受け、九十五歳で獄中死した。その一方で真犯人は731部隊の元隊員ではないか、と根強い噂が流れ、具体的な名前まで浮上した。銀行員を集めて、赤痢が発生したからと、一斉に薬を飲ませて毒殺した手口は731部隊が中国大陸で要人暗殺のやり方として研究したもので、プロの仕業であるという説だ。殺害された被害者のなかには、銀行に住み込む事務員の八歳の男児も含まれていた。ここまで冷酷な殺人は実戦で体験してきた人間でなければできない、というのだ。

事件はいまだに未解明の部分を残し、暗がりにたたずむ。

一九八九年夏、国立感染症研究所を建設するためにこの地にあった国立予防衛生研究所の跡地を掘り起こしたところ、大量の人骨が発掘されて大騒動になった。場所が場所だけに、人骨は731部隊が人体実験に使った捕虜のものではないかという説まで流れた。

「戸山研究庁舎建設時に発見された人骨の由来調査について」という厚生労働省報告書（平成十三年六月十四日）を見ると、歴史の舞台裏から何かが顔をのぞかせる。

旧陸軍軍医学校関係者、二百三十九名に対し調査して返ってきた証言の数々。

〈陸軍軍医学校病理学教室、臨床講堂（八角講堂）、防疫研究室等には、相当多数の標本が保管されていた。〉

〈陸軍軍医学校の解剖演習に参加した。ただし、この死体がどこで調達され、終わった後にどのように扱われたかはまったく知らない。〉

〈戦場に遺棄されている多数の中国兵戦屍体の中から、主として頭部戦傷例を選別し標本として、持ち帰ったものと聞いている。〉

〈軍陣病理学教官より〝研究には戦死体が必要であるが、その入手は甚だ困難である。諸官は、これより戦場に赴くが、機会をとらえて戦死体を軍医学校に送ってもらいたい〟ことあるごとに頼んでいたので送った者があったかもしれません。〉

〈中国人の敵である馬賊討伐を関東軍が行い、処刑による斬首の刑に処された者を医学研究用としてもらい受け、送られたものと聞いている。〉

〈外国人の薬品漬けの首、かなり重いものを三十人くらいでかなりの数を暗い所内より何処に運んだかわからないが、車で運んだと思う。〉

〈昭和十五年夏、ハルピンよりドラム缶に入ったホルマリン漬けの生首が届けられたことを覚えている。〉

〈731部隊と防疫研究室は表裏一体であったので、731部隊から資料として送られたものを埋めたのではないか。〉

生々しい証言が戦後五十六年を経て、浮かび上がってきた。

発掘された人骨は、戦場における戦死者、あるいは731部隊の犠牲者という説も、信憑性をもって私たちの前に現れる。

結論は持ち越されたまま人骨は保存されている。

百体におよぶ人骨が土壌から出てきた事実によって、箱根山周辺の心霊スポットはさらに信憑性を増してきた。

夜、公園付近を歩いていたら白衣にマスク姿の男が浮遊しながら森のなかに消えた。

野良犬が白い人骨をくわえて走っていた。

鉄棒のところで泣いている女がいたので、声をかけようとしたら、いつの間にか消えていた。

兵隊らしき人物が大声で叫びながら近づいてきたので、走って逃げたら目の前に現れて消えていった、等々。

どれも薄気味悪いものだが、公園にいたホームレスと勘違いしたのかもしれないし、公園の散策者を見誤っただけのことかもしれない。

ただ、人骨が発掘されたことを思うと、犬が白い人骨をくわえて走っていった、というのも幻ではないのかもしれない。

ベッドタウンの夢

軍都高田馬場には、陸軍軍人が多く集まり、住居にしていた。戦後、陸軍が消滅してからも旧陸軍軍人の邸宅は残り、いまでも古い門構えの邸宅を見ることができる。

所沢陸軍飛行場で少年整備兵をしていた父は、何度か戦時中に高田馬場に行ったという。陸軍戸山学校にでも用事を命じられて行ったのか。過去を語りたがらない父に、生前もっと話を聞いておくべきだった。

父と母は交際し、ゆくゆくは結婚することを誓った。

昭和二十年代において恋愛結婚は少数派である。

父方の祖父は戦前の家父長制的父親を代表するかのような男で、絶対君主ぶりはドストエフスキーの作品群に登場する覇王のようであった。

孫の私から見たら頑固で怖そうな一面もあったが、微笑みを浮かべながら孫を可愛がるところもあった。

だが次男だった私の父にとっては、文句一つ言えない絶対的な家長であった。

母と交際することは許されたものの、結婚は早稲田工業高校定時制を卒業してから、という条件付きだった。

知り合った昭和二十五年から四年間、喧嘩別れもせず無事に昭和二十九年秋、結婚した。

ささやかな一戸建てを市内に建てて暮らしだす。

結婚して二年後に生まれたのがこの本の著者であり、四年後に生まれたのが妹だった。

昭和三十年代に子どもを持ったサラリーマン家庭の典型的な四人家族である。

実家を出て所帯を持った父であったが、絶対君主的な祖父の支配下から抜け出すことはできなかった。

三男が結婚して隣に所帯を持った。隣に所帯を持つようにと勧めたのも祖父だった。

生活費を浮かすようにと、祖父からの命令で、歩いて十分ほどの八国山《はちこくやま》から薪を取って燃料にするように言われ、しばらくその通りにした。八国山は『となりのトトロ』の七国山のモデルになった山だ。

家を建てるときも祖父が設計し、庭の樹木から何からすべて指定した。

はじめて実家から独立して分家を出すことになり、祖父は張り切っていたのだろう。

家計の足しにするようにと、うちの母に副業で煙草屋をやるように勧めた。

家を建てるとき複数の土地が候補に上がり、最終的に選ばれたのが広い道に面した角地だった。煙草屋をやるとき、通行人が多そうだということも念頭にあっただろう（結果的にこの選択が父の命を縮めることになる）。

昭和三十年代はサラリーマンが大量発生した時代であり、定期的に収入が入る魅力から農家の次男、三男はこぞって会社勤めを志向した。

大量発生したサラリーマンは東京郊外に家を持ち、都心に通勤する。所沢市は西武新宿線、西武池袋線という二つの路線があり、都心に通うサラリーマンの格好の住まいとなり、ベッドタウンと呼ばれた。

武蔵野台地の片隅に建った一戸建ては、いまでも懐かしさに彩られて私の記憶に甦る。

玄関が広く、固い石材で床ができていたのも、煙草屋ができるようにと設計されたものだった。

当時、煙草は成人男子の九割は吸っていたので、安定した商売だった。だがうちからさほど遠くない距離に二軒煙草屋がすでにあったために、煙草屋の許可が下りず、煙草屋はあえなく挫折した。

煙草屋をやる気がなかったうちの両親は、残念がることもなく、サラリーマンの収入だけでやっていくことを選んだ。

幼いころの思い出に、固い二重のリングをしたベアリングを父が持ち帰ってきたことがある。西武鉄道（当時は西武建設）所沢車両工場に勤務していた父が、不良品で使えないベアリングを私のオモチャとして家に持ち帰ったのだ。ベアリングはしばらく畳に転がしたりして遊んだ。

家の近くには高田馬場まで延びる西武新宿線が敷かれ、父の手が加わった車両が走っていた。

定時制高校を卒業した父はすでに高田馬場駅まで通うことはなくなったが、映画やプロ野球を観に行くときにはたいていこの駅を使っていた。

タカダノババ。

小学一年生だった私にその地名は滑稽味をおびて聞こえた。

小学生たちは山手線のその駅名を聞くと、タカダノババー、ババーと笑った。

定時制に通うために毎日高田馬場で降りた日々は、父にとって母との交際と重なる青春そのものであった。

そして小学生だった私に言ったものだ。

「信宏は早稲田大学に行けよ」

隣でご飯をよそっていた母が言った。

「行けたらいいねえ」

第二章　ビッグボックス広場の憂鬱

巨大な石棺

一九七四（昭和四十九）年夏――。

十八歳の若者が高田馬場に降り立った。

四半世紀前、復興社工員で早稲田工業高校電気科に通っていたあの青年の息子である。

要するにこの本の著者だ。

来る大学受験のために高校三年生だった私は、夏期講習を受けようと予備校の集まる高田馬場に降りたのだった。

一九七四年は高田馬場駅前再開発が完了した記念すべき年だった。

駅前の噴水広場が完成し、東京藝術大学名誉教授・彫刻家の山本豊市が創作したブロンズの平和の女神像が池の真んなかに造成された。駅周辺の密集した木造家屋が消え、戦後の面影が一掃されたときだった。

現在、噴水広場はなくなり、新たに広場がつくられ、かろうじて平和の女神は命を保ち、広場近くにたたずんでいる。

駅前再開発の中心はこの年五月五日、高田馬場駅前に西武鉄道が建てたビッグボックスという巨大複合型ビルだった。

空にそびえ立つこのビル、名前の通りデザインを拒否したかのような箱型の無愛想な巨大建造物であり、まるで巨大な石棺のような、紀元前に建てられたかのような原始的な形をしていた。

設計は黒川紀章。

当時、黒川紀章四十歳、脂の乗った年齢で、サイコロを積み重ねたような超個性的デザインの中銀カプセルタワービルをはじめ、西武鉄道グループの札幌、軽井沢、下田プリンスホテルといった建築物を手がけ、そのルックスも相まってスターのような存在であった。ビッグボックス完成から二年後、テレビ番組で共演した女優若尾文子と交際、再婚したときはメディアを賑わせた。

ビッグボックスは西武鉄道初の駅ビルという触れ込みで、宣伝コピーは「人生にはシャワーが必要です」だった。

一階が飲食店とショッピングフロア、その奥にイタリアのトレビの泉を模倣したかのような池があった。二階はファッション系店舗が入り、三階にはスイミングクラブとプール、四階にはフィンランドサウナとフィットネスクラブ、五階がゴルフとビリヤード、六階がレーザー光線のシューティング、七階がボーリング場、八階がレストラン。

現在の健康ブームを先取りした、スポーツ施設が半分以上を占める複合型駅ビルであり、時代の最先端を感じさせる、テーマを前面に打ち出した建築物だった。もっとも西武鉄道社内にあっては、父の話によれば、使い勝手が不便なビル、とあまり評判がよくなかったようだ。好き嫌いがはっきり分かれる、黒川紀章の超個性的な設計ならではであった。

ビッグボックスが駅前再開発のひとつとして登場したのは、この建物横にある交番が象徴している。トータルデザインとして同じ外壁でできているのだ。

若者たちが行き交う駅前に登場したビッグボックスは、通行客の流れを吸いこむべく、創業当初から青春をテーマにしたイベントがよくおこなわれた。

一九七四（昭和四十九）年初夏。

女子大生だけに絞られたミスコンテスト、通称ミスコン、あるいはミスキャンがはじめて催されたのもここビッグボックスだった。

主宰者は慶應の大学生を中心につくられた企画系サークル、慶應プレイボーイクラブ（ＫＰＢＣ）だった。

最終審査に残った六名の女子大生が水着審査に挑む。

ところが集まった観衆に怖じ気づいたのか、水着になることを渋る女子大生が続出した。

「これじゃあ絵にならないよ。なんとかしてよ」

コンテストを撮影しに来ていたフジテレビのディレクターが、楽屋で主宰者の大学生に文句を言った。

一九七四年は「ウーマン・リブ」という言葉が流行った時代で、女性の社会進出が華々しかったが、女子大生が公衆の面前で水着になることは勇気がいる時代でもあったのだ。

主宰者の一人、早大理工学部の学生は渋る女子大生と、急かすディレクターの板挟みになって

高田馬場駅前につづく路地

進退窮まってしまった。

さあ、どうする。

早大理工学部生は一か八か、楽屋で女子大生たちを前にしてやおら「お願いします！」と土下座した。

大時代的なアクションだったが、日本人の精神構造には土下座は効果があった。

渋る女子大生たちは、そこまでするのならと、一人二人と水着になりだし、残った女子大生たちも全員が水着になって無事最終審査までこぎつけたのだった。

史上初、女子大生コンテスト、ミスキャンパスコンテスト、いわゆるミスキャンパスの第一回はこうして高田馬場ビッグボックスで無事おこなわれたのだった。

奇しき縁で、このとき女子大生たちに土下座した早大理工学部の学生はその後、イベント企画会社を興し、業界一の規模と質を極めた会社に育て上げる。

そして私が大学を卒業して物書き稼業になる直前、私を拾ってくれたのもこの早大理工学部の学生と主催者の慶應ボーイだった。

外壁に描かれた全裸ランナー

ビッグボックスが誕生したとき、テレビでしきりにスポットＣＭが打たれた。

「どこに行くの？」と問いかけられた少女が、水泳、ゴルフ、アスレティックといった用具を持ちながら、勢いよく「ビッグボックス！」と答える。

CMの少女は、『金曜10時!うわさのチャンネル!!』(日本テレビ系)で、和田アキ子、デストロイヤー、徳光和夫、せんだみつおとともに体当たりコントを演じていた日系ハーフタレント、マギー・ミネンコだった。

マギー・ミネンコはいまの女性ハーフタレントのはしりであろう。男っぽいキャラクターで、番組では子どものような丈の短い着物を着て、「乳もめー!」と吠えまくる。

ギャグもこなす歌手であり、デビュー曲は『燃えるブンブン』(作詞・橋本淳/作曲・編曲・鈴木邦彦)という、一九七四年当時、巷を騒がせた暴走族の彼氏との恋愛を歌ったものだった。

ビッグボックスのイメージキャラクターをつとめたマギー・ミネンコは、第二曲目『涙の河』を出してしばらくして突如、芸能界から引退してしまった。

いまごろどうしているのだろうと、本書を書くときに調べてみた。

すると、動画共有サイト、ユーチューブで活躍するユーチューバーとして有名なOkanoTVという青年の母になっていたことがわかった。

ユーチューバーとは、自分で好きな動画を撮って動画共有サイト、ユーチューブにアップして収入を得る、いまの若者たちにもっとも人気のある職業である。アメリカ在住のOkanoTVは来日して日本の食事、流行といったものをアップしている人気ユーチューバーであり、私も何度か見たことがあったが、まさかマギー・ミネンコが母だったとは。

芸能界を引退してから母国アメリカに帰り、結婚して子どもを産み幸せな生活をしていたようだ。息子の撮った動画に顔を出しているが、四十数年経ってもあのころと変わらない風貌である。

十代のマギー・ミネンコが「ビッグボックス!」と叫んでいたころ、高田馬場に突如出現したこの巨大な石棺は、外壁が白で真正面の中央部分にギリシャ・ローマ時代を思わせる全裸のランナーが描かれていた。およそ三分間でランナーの絵がくるっと反転して、渡り鳥が飛翔する絵に変わる。延々とこの繰り返しだった。全裸ランナーの男は、いつしか都市伝説のようにその名は「西田武」というのだとまことしやかな噂が流れた。親会社西武鉄道をもじったものだろう。

最上階にはビクターのイベントスタジオがあり、七〇年代に流行ったラジオＤＪの公開録音がよくあった。いまではスシロー、サイゼリア、スタミナ太郎ＮＥＸＴに代わっている。

正面入口から奥に進むと、人工池を囲むように周りはベンチ風になっていて、私たちは広場と呼んでいた。エレベーターを使わずに階段を使うと、どこかで嗅いだことのある刺激臭がした。プールで使う殺菌用の塩素の匂いだった。

作家たちの早稲田

夏からはじめた受験勉強は順調だった。

ところがアクシデントが秋に起きた。

十月下旬、交通事故を起こして一ヶ月近く入院するはめになった。退院したときはすでに肌寒く、取り残された気がして、机に向かう気すらおきなかった。だが、やらなければならない。

やっと調子を取りもどしたのは、年が明けるころだった。受かる可能性は限りなく低くなったと思った。

高校三年の冬、志望大学に受験願書を送る日になった。

私が入りたかったのは文学部だった。

幼いころから父が時折語る出身高校の話を聞いているうちに、父が憧れたであろう大学の昼間部に入れたら、と夢を抱いた。

その流れで私は、願書を出す先は早稲田しか考えていなかった。

文学部だけでは心許ないので、商学部、教育学部、全部で三学部受けることにした。

書類に記入して封筒に入れていると、隣で煙草を吹かしていた父（ヘビースモーカーだった）がぽつりとこんなことを言った。

「せっかくだから政経も受けてみろよ」

まったく念頭になかった上に、受験日が連続するので、これ以上他の学部を受ける気はなかった。

一九七三年、石油生産国が政治的意図から生産を減らし、日本をはじめ資本主義国がパニックになったオイルショックが起きた。高度経済成長期に冷や水を浴びせたものの、中流意識が大半を占めだした時代であり、学費が国立より高い、というイメージがあった私学にも人気が集まり、なかでも早慶人気はすさまじく、倍率が十倍近くに跳ね上がった。いまでは慶應に押されがちな早稲田であるが、このころの早稲田人気はとりわけ高く、週刊誌や新聞、テレビでしばしば早稲田大学特集が組まれた。

なぜ早稲田の人気が急騰したのか。

昭和一ケタ世代の文化人、知識人、小説家の多くが早稲田卒か中退で、彼らが四十代にさしかかり脂が乗った時期だったことから、母校の思い出、そのいいことわるいことすべてを書いたり語ったりしたことで、巧まずして早稲田の宣伝になった。

なかでも野坂昭如・五木寛之、生島治郎、富島健夫、小沢昭一、永六輔、大橋巨泉らの活躍ぶりは目を見張るものがあり、常に彼らの周辺では話題と良質な作品、番組、曲がつくられ、小説でも早稲田や高田馬場が舞台になった。ちなみに生島治郎、富島健夫以外は全員早大中退であった。野坂昭如のエッセイや富島健夫の小説は、早大や印度大使館、シチズン、終戦直後の戸山ハイツといった場所がよく登場した。五木寛之原作の大河小説『青春の門』が自立編、放浪編になって早稲田大学が舞台になったことも早稲田人気に拍車を掛けた。

社会的な基礎構造を学ぶことなら学問はなんでもいいと思った私は、父の何気ない一言で私大最難関の政治経済学部も受けてみることにしたのだった。

当時、受験戦争は熾烈をきわめ、受験生が増加したこともあって、受験科目の難易度が跳ね上がった。なかでも政経、法学部といった早稲田の難関学部の日本史・世界史は高校の教科書を読んだだけでは歯が立たず、大学院レベルの知識をもってないと解答できないとされた。

受験生のあいだで「赤本」と呼ばれる過去五年間の大学別入試問題集の解説には、政経学部の日本史試験問題があまりにも難解で、大学院生でも解けない設問が混ざり、重箱の隅を突く悪問が目立つと批判されていた。

早稲田政経の関門

二月下旬。

私大文系の最難関学部とされる政経学部から試験がはじまった。

高田馬場駅前にある早大正門行きの都バスが受験生用臨時便として増便され、次々に早稲田大学に向かう。駅から二十分の道を歩く受験生も多かった。私もその一人だった。

キャンパスを埋め尽くす受験生の数に圧倒された。一万人以上の受験生が詰めかけているのだ。現役合格者は三割程度、残り七割は一浪から二浪、あるいはそれ以上ということなので、受験生も大人びた印象だった。

英語の試験から幕を切った。時間は九十分。

一枚の試験用紙にびっしり英文が印刷され、見るだけでその分量に押しつぶされそうになる。四問中三問が長文読解であり、ひねった設問で、解くのに一筋縄ではいかなかった。

それぞれの長文問題に、下線部分を和訳せよ、の設問がある。

The English politeness is perfectly genuine, and proceeds from a sincere if unconscious desire to be helpful to others.

（解：英国人の丁重さはまったく偽りのないものであり、無意識にしろ、他人のために役立ちたいという心からの願望から出てくるものである。）

この当時の英文解釈に特徴的な社会的、文化的設問である。難解ではないが、さりとてやさしいものでもない。

この手の設問がさらにいくつもつづき、時間との格闘になる。

なんとか解答欄をすべて埋めてタイムアップ。

次は国語だった。

ここでも長文読解が四題出題され、読みこなすだけでも時間がかかり、教室のあちこちからため息が漏れた。

最後は日本史である。

毎年、大学院生でも解けない超難問ばかり出る、と評判のわるい試験科目だ。

第一問は、五つの和歌から具体的な時代と関連する人物を四十個の選択肢のなかから選ぶ、という問題だった。

最初の設問だからまずは解きやすいだろうと思っていると、これがいきなりの難問だった。

五つの和歌はだれが詠んだものか、すぐには思い出せない。四十個の選択肢をひとつずつ見ても、迷うばかりだ。

流れ行く　われはみくづと成りぬとも　君しがらみと　なりてとどめよ

第一問目は〝君〟とはだれをさすか、という設問だった。

菅原道真が太宰府に流されるときに法皇か天皇に奉ったとされる和歌に違いなかったが、その相手がだれだったか、四十個の選択肢のなかから選ぶだけでも時間がかかる。最初の問題からこんなに時間がかかってはとても時間内に解けるはずもない。周りの受験生が万年筆ですらすらと答えを記入している気配を感じると、体が熱くなり、息苦しくなってきた。

宇多法皇。

第一問はなんとか答えを探し出した。


サシテ行笠置ノ山ヲ出シヨリアメガ下ニハ隠家モナシ

この和歌を詠んだ人物と舞台となった戦乱の名称を選べという設問だった。四十個の選択肢のなかから選び出さなければならない。どれだ？　笠置山は鎌倉幕府打倒を企てる後醍醐天皇と鎌倉幕府側が戦った地名である。笠置山の戦いと呼ばれるもので、教科書には載っていないが、笠置山の戦いの知識がないと次に進めない。日本史資料集は原文で読んできたので、思い当たる節はあった。

笠置山の戦いを詠んだのだから、これは元弘《げんこう》の乱に違いない。詳細な知識をもってないとなかなか正解に達しない。

どんどん時間が過ぎる。

全体の数パーセントしか解いていない。

はじめて見る和歌がばかりがつづき、設問に答えなければならなかった。

総仕上げとして、この五つの和歌を時代の古い順からならべよ、という設問が待ち受けていた。それぞれの和歌が詠まれた背景にある歴史的出来事を思い出し、西暦を和歌の横に書き記し、ならべ替えた。

脳細胞をフル回転させながらなんとか解答した。

腕時計を見るとすでに三分の一の時間を消費していた。

まだ五問あるうちの一問しか解けていない。

唯一の得意分野で点数の稼げるはずの日本史がこれでは、絶望的だった。

それでも挑んでいかなければならない。

文章のなかに誤りの名詞あるいは数字が一箇所含まれているものがある。正しいものには○、誤りを含むものには×を付し、誤っている名詞あるいは数字を抜き出し、正しいものを正確に記せ。

これも難問ばかりだった。

1609（慶長14）年、朝鮮と対馬の宗氏との間に癸亥約条《きがいやくじょう》が結ばれ、宗《そう》氏は年々20隻の貿易船を出すこととなった。

これは正しいのか正しくないのか。

一見正しそうに見えるが、よくよく考えてみると、癸亥約条が怪しい。癸亥約条は、一四四三（嘉吉三）年、朝鮮国王の世宗《セジョン》の時代に朝鮮から対馬の宗貞盛《さだもり》らに与えられた通交貿易の条件だ。一六〇九（慶長十四）年に朝鮮と対馬の間で結ばれたのは己酉《きゆう》約条のはずだ。

次は――。

儒学の合理的・現実的傾向にそって歴史学への志向が高まり、徳川光圀《みつくに》は弘道館《こうどうかん》を開いて大日本史の編さんをはじめた。

これは正しいか。

正しいのだろう。

いや、大日本史ではなくて何かか、いや、徳川光圀ではなくて他の人物か、それとも。ああ、徳川光圀が開いたのは彰考館《しょうこうかん》だった。弘道館は第九代水戸藩主・徳川斉昭《なりあき》によって水戸城三の丸内につくられたものだった。

難問が次々と襲ってくる。

平安、室町、江戸、明治大正昭和、ほとんどの時代を設問にした試験内容であり、設問は大学院生が読みこなす専門書レベル以上のものばかりだった。

すべて解き終わったと同時に終了のベルが鳴った。

受験生たちから何とも言えない声があちこちから漏れた。

初日の試験日が終わり、私は連日、他の学部の試験に挑んだ。

最後の教育学部の試験が終わり、私の受験シーズンは幕を閉じた。

受かっていなかったらどうする。落ちることなど考えたくもなかった。男子だけの味気ない日々はもういい。

高田馬場駅の夕暮れ空が心に染みた。

父と私と大隈講堂

三月になって合否発表の日がやってきた。

初日は政治経済学部だった。

大隈講堂前に大きな掲示板が設置され、数字が書かれているのが合格者だった。すでに発表時間を二時間近く過ぎているので、掲示板にはそれほど人がいなかった。私の受験番号2294を探す。

無いだろうと思いながら、視線を2000番台に移していく。

すると……。

2294

あった。

大隈講堂で受験票と引き替えに合格書類の入った封筒を受け取り、火照った頭のまま高田馬場駅行き都バスに乗った。

座席は満員だった。合格封筒を持っているのは私だけだった。合格率からするとそんなものかもしれない。

勢いとは恐ろしいもので、商・文・教も受かった。私は政治経済学部経済学科に入学した。

あれだけ難解だった政経の日本史だったが内心では手応えも感じていた。あとで予備校の解答例をもとに自分で点数をつけてみたらパーフェクトだった。重箱の隅を突く悪問、と言われたが、重箱の隅を突きながら、重箱全体を俯瞰してみなければ解答に取りかかれない設問であり、いま振り返るとよくできた設問だった。

一九七五（昭和五十）年四月一日。

高田馬場駅に私と父親が降り立った。

父はスーツにネクタイ、革靴、柳屋ポマードを丁寧に撫でつけたいつものスタイルだった。家では仏頂面のときが多いのだが、外では微笑をたやさない社交家の一面もあった。今日はとりわけ微笑みが満面に出ている。

駅から大学までの二十分を歩いていく。

「お父さんが夜学に通っていたころは、ここにロータリーがあったんだがなあ」

明治通りと早稲田通りの交差点に来て、回想した。

昭和二十年代後半は自動車通行量はいまよりはるかに少なく、その代わりに道路に線路が敷かれた路面電車（都電）が葉脈のように都内に張り巡らされていた。いまでは東京さくらトラムという愛称がついた都電荒川線だけが早稲田—三ノ輪間をつないでいる。

記念講堂で入学式があり、午前中に大隈講堂で政治経済学部の入学式があった。

午前中の最初に政経学部の入学式がある、ということが父を得意げにさせた。

キャンパスでは新入生に向けてサークル勧誘のチラシがあちこちから手渡され、私ばかりでなく父までチラシを両手一杯に受け取っていた。

1975年4月1日早大入学式

京浜工業地帯の彼女

ビッグボックスが日常の光景になった。

大学に通い、麻雀を終えた後、頭を冷まそうと噴水広場でしばらくぼんやりした。

ジュークボックスに百円硬貨を入れて、ヒット中の和洋楽を選ぶ。イヤフォンをつけて聴くのが青春の証のようでもあった。同時に二人イヤフォンで聴けるので、友人が好んで聴いていた風の『22才の別れ』、イルカの『なごり雪』ばかり聴いていた。

夜更けのビッグボックスは若者たちでいつまでも賑わっていた。人工池の淵に腰かけていたら、スーツ姿の若いサラリーマンが少年チャンピオンを読み終え、「読みます？」と言って私に手渡した。「どうも」と礼を述べて私も読み出した。

ひとりぼっちのサラリーマンもいれば、交際中の男女もあちこちにいた。

トレビの泉にあやかって、池に十円玉を投げ込むから、小銭が水面下に散らばり揺れていた。

受験という重圧感から解放されたが、ジュークボックスを聴くたびに焦燥感が湧いてきた。

あれはいったいなんだったのだろう。

おそらくはまだ何者でもない自分、未来の自分への焦燥感だったのか。

スマートフォンもない時代、若者たちはいまよりも外の刺激に飢えていた。

ビッグボックスはそんな若者たちを寄港させる船着き場だった。

何をするでもなく、若者たちはこの巨大な石棺に吸いこまれていった。

ビッグボックスは甘くほろ苦い思い出がつきまとう。

入口付近の大きな柱を背負った一画に毎週、コーナーができていた。人が一人テーブルを前に座るだけで一杯の狭い柱前のスペースに、オモチャや服を売る個人商店風のコーナーがあった。

その日は私がはじめて早慶戦の観戦に行く日で、お決まりのようにビッグボックス前にサークル仲間たちと集まるのだった。

まだ全員が集まっていないので、私はふらりとビッグボックスのなかに入って、店を冷やかそうとした。

「あの……」

背後から若い女の声がした。

声をかけてきたのは、エントランスの柱前で中古レコードを売っている女子だった。

目の大きな、そのころしばしばテレビに登場するアイドル歌手のだれかに似ている。目鼻立ちのはっきりした顔立ちだった。

彼女をめぐり一波乱起きるとは、このとき夢想もしなかった。

「あのお、レコード興味ありますか？」

テーブルにはジャズの中古レコードが安い値段でならべられている。ジャズは聴かないので私にはこの中古盤がどれだけ価値があるのかわからない。七〇年代半ば、街ではジャズ喫茶をよく見かけ、大学生が多い高田馬場でもジャズ喫茶が元気だった。

同年代の異性から声をかけられたことなどはじめてだったこともあって、私はいい気分になった。

レコードには興味がないので話は身の上話になった。彼女はアルバイトで数日間、ビッグボックスで売り子をやっているという。

私はこれから共立女子大の女子大生たちと早慶戦を観戦しに行くところだと答えた。すると彼女自身も、短大生だと告げた。

同学年だった。実家は京浜工業地帯の街だった。

話が弾み、彼女のアルバイトが終わる午後七時にこの近くで会おう、ということになった。

異性と口をきいたことなど高校生活三年間合わせても三十分あるかないかだった私にしては、上出来だった。

早慶戦が終わると、新宿西口のコンパで共立女子大との合コンが催された。

ちなみに〝コンパ〟というのは六〇～七〇年代にかけて流行ったサントリーホワイト、オールドといった安価の洋酒を揃える西洋風居酒屋の呼び名で、中央の丸いカウンターのなかにバーテンダーが数名配置され、ぐるりと客が座り水割りを注文する。

客同士隣に偶然座ったときに声がかけやすく、ナンパもしやすい。合コンのときにも必ずこの手のコンパを使ったものだ。

高田馬場にはビル地下や夜景の見える最上階にコンパがあって、若い客で埋まった。

コンパを私だけ一足早く切り上げると、待ち合わせ場所のコージーコーナーに向かった。店は早稲田通り沿いのいまある位置とは反対側にあった。高田馬場をよく知らなかった私は、女子を誘っても恥ずかしくないしゃれた店、という認識だった。

出会ってから一週間に一度、京浜工業地帯の短大生とビッグボックス前で待ち合わせ、コージーコーナーでコーヒー、紅茶を飲みながら四方山話をする仲になった。

なにしろはじめて異性とつきあうのだから、会話もしどろもどろ、彼女のほうが主導権を握った。

二時間ほど無駄話をした後で、高田馬場駅から山手線に乗って品川まで行き、そこから京浜東北線に乗り換えて彼女の住む街の駅で降りて、自宅まで送っていく。

すでに夜九時になっている。

携帯電話も留守電もない時代、連絡は居間に設置されている黒塗りのダイヤル式固定電話だけだ。

遅くならないうちに家の前まで送り届けると、名残惜しむかのように電信柱の陰でさらに三十分ほど話し込む。

キスもできず、実家の埼玉県所沢市まで延々九十分以上かけて帰還する。青春してるぜ、おれ、という気分だった。

「本橋君、わたしのグループの男の子たちと全然違う」

彼女が私をそう評した。

「わたしのグループの男の子たちって、必殺遊び人なのよ」

そのころ流行った時代劇をもじってそう表現した。

ところで、グループってなんだ？

話を聞いているうちに、グループとはグループ交際におけるグループであり、放課後になれば喫茶店でおしゃべりしたり、互いの家で勉強したり、休みの日は遠出したり、パーティーを開いたりする仲間たちだという。だから男子高、女子高でも異性の友だちに不自由することはない。男女の性差を意識しない、さすがは東京だと思った。

京浜工業地帯の彼女は、フィルム会社主宰の撮影会でモデルのアルバイトをしてきたこともあって、ファンがついていた。

地元でも彼女と交際を希望する熱心な男がいるという話だった。

「家まで来るし、わたしの学校まで来るし。熱心過ぎるの」

ある夜、彼女をいつものように京浜東北線の最寄り駅で降りて自宅まで送り届ける途中のことだった。

おしゃべり屋の彼女が突然、言葉を飲み込んで立ち尽くした。

向こうから自転車がやってきた。

青年が乗っている。

彼女は固まったままだ。

もしかしたら私たちが話していた彼女を追っている地元の熱烈な若者なのか。長髪でジーパンの自転車の若者が気づいた。自転車のスタンドを立てることもしないで、路上に投げた。

「僕と帰って」

彼女はその彼と二言三言話した。

すると青年はいきなり土下座した。

「頼む！　僕と一緒に帰って！　きみを家まで送っていくから！」

人通りの絶えた夜の街に絶叫が鳴り響く。まるで青春ドラマを見ているかのようだった。彼女は呆れかえりながらも男を刺激させてはいけないと思ったのか、つとめて冷静な声で、「これ以上わがまま言うと、もう二度と会えません」と告げた。

泣きじゃくる男。

自転車の青年だって普段は冷静な奴にちがいない。生々しい男女のやりとりに私はたじろぐのだった。

男は泣きじゃくったことで、意識が変わったのか立ち上がると、自転車を転がして帰っていった。

チェリーボーイという隠語がある。

チェリーとは英語で〝はじめて・初々《ういうい》しい〟といった意味があり、チェリーボーイは異性を知らない男、要するに童貞をさす。

〝チェリーなオレ〟だった私は、つきあいだして半年がたってもまだ、定番の高田馬場コージーコーナーの赤い布張りのソファに腰かけてお茶して家に送るコース、だった。

彼女とセックスするなど、火星旅行と同じくらいの現実感の無さだった。

人生初のキス

私は入学したらサークルに入ることを決めていた。

自由な発想でなんでもやりたいから企画系のサークルを探そうと思い、企画構成研究会に入会しようとキャンパスのあちこちを探してみた。政治スローガンが殴り書きされた地下室にはサークルが無数に存在していた。そこを探してみても、各学部のラウンジを探してみても企画を謳うサークルは見当たらない。

ワセダミステリクラブ、放送研究会、マスコミュニケーション研究会、文学研究会、といったところに一、二度顔を出してみたが、長つづきしなかった。

掲示板に貼ってあった「企画演出部新人募集」という小さなポスターが目にとまった。コピーに「恋よ夢よ」と殴り書きしてあるのも気に入った。この春、出来たばかりのサークルで、商学部のラウンジに連絡ノートを置いて拠点にしようとしていた。部長は政経学部の三年生で、精悍な顔つき、額に垂れた髪をかきあげるポーズがさまになった。

部長から熱心に誘われ、私はこのサークルに入った。私が入学直後探していた企画構成研究会が見つからなかったのは当たり前で、この研究会を率いていた商学部の後藤由多加という学生は、ユイ音楽工房を起ち上げ、企画構成研究会そのものは発展的解散を遂げていたのだ。ユイ音楽工房は、吉田拓郎、かぐや姫、長渕剛、八〇年代にはＢＯØＷＹを手がけ、ニューミュージック界を牽引する存在になる。

私は文章で身を立てる夢があったのだが、文学・メディア系サークルに身を置かなかったのは、ラウンジで煙草を吹かしながら（そのころは吸っていなかったが）、文学や政治を語ることに一種の照れがあったからだ。それに自分が文章を書いて生計を立てることなど、できっこないと思っていた。

生まれたての企画演出部では、イベントを企画するという名目であちこちの女子大に「一緒に何かやりませんか」と声をかけ、ついでにまずは合コン、ということになった。当時は合同ハイキング、略して合ハイが合コン同様に人気があった。学生たちもカネがないので、コンパと称する大衆風洋酒飲み屋に行くよりも、都心に近くそれほどカネのかからないマザー牧場、高尾山、狭山湖といった観光地に行ったものだ。

私が京浜工業地帯の短大生と知り合ったあのときも、部の企画で共立女子大生たちと早慶戦を観戦する途中だったのだ。

脇の甘いつきあいをしていると、不意打ちが襲ってくるものだ。

大学のラウンジに企画演出部の部長から呼び出しがかかった。

行ってみると、部長ともう一人、あまり部活に出てこない三年生がならんで座っていた。

「本橋、おまえ、あの子とつきあってるのか？」

部長がいきなり切り出してきた。

「ええ」

すると部長が追い込む。

「隠れて事を進めるのはおれも好かんよ。ここではっきり言うよ。おれもあの子が好きだ。つきあっていいか？　おれはおまえと勝負しても勝つ自信がある」

尊敬してきた部長からいきなり勝負を挑まれた。部長の自信たっぷりの態度はどこから来るのだろう。そして私に欠けているのはこの積極性ではないか。

「こういうこと言っていいのかわからんが、あの子もおれがいいと言ってる」

以前、京浜工業地帯の彼女を幹事にして一度、彼女が通う短大と企画演出部で合コンをした。待ち合わせ場所から移動するときに私がはぐれてしまい、コンパに参加できなかった（いまならＬＩＮＥやメールがあるから考えられない顛末ではあるが）。部長はその合コンで京浜工業地帯の彼女と話しているうちに好意を抱いたらしい。

面と向かって私に略奪宣言するのは律儀といえば律儀だった。草食系代表みたいな私は、彼女を失うことの重大さに気づいた。

そして女は同時に二人の男とつきあったり、好意を抱くことがあるのだと知った。

放心状態で高田馬場駅と大学を行き来する毎日。

すると夜、実家の黒色の固定電話が鳴った。

「どうしてたの？」

彼女からだった。

落ち着いた声だ。

私から電話がかかってこないことを非難した。部長に言われたことを私から伝えると、「違うわ」と言った。

「つきあって、と部長さんから言われたけど、はいと言った覚えはないわ。考えさせてくださいって言っただけよ」

幼いころ、縁日で買ったヒヨコが弱って亡くなってしまったと思って、葬る前に廊下で日差しを浴びさせてやったら奇跡的に生き返ったときのことを思い出した。

男女の間に第三者が介入してくると、恋は燃え上がる。親が、あの人とつきあっちゃだ

高田馬場３丁目付近

め、と言うと逆効果になるように。

かくして私は京浜工業地帯の彼女とまたつきあいだしたのだった。

彼女は部長と会って、交際できないことを自分の口からはっきり告げると言った。

部長と直接会うことでまた仲が復活するのでは、という危惧もあったが、報告を待つことにした。

するとその夜。彼女の神妙な声。

「部長さん、わたしがおつきあいできませんって言うと、わたしの前で泣きだすの」

男のなかの男と思われた部長が、喫茶店で人目もはばからず泣くとは。

理性を失わせる男と女の色恋というものに、私は動物的な生臭さを感じて、胃が重くなった。

いまよりはるかに形而上学的な男だったのだ、この私は。

コージーコーナーでコーヒーをすすり、京浜東北線のある駅で降りて自宅前まで送り届ける、というコースが復活した。

思い切って夜陰に乗じて人生初のキスを敢行した。

彼女は受け入れた後、うつむいたままだった。

チェリーな夜

チェリーボーイを卒業しなければ。

ラブホテルに連れ込むには、勇気がいる。

七〇年代半ば、歌舞伎町には同伴喫茶という風変わりな喫茶店があった。一階は普通の喫茶店なのに、二階に上がるとそこは暗がりで、なぜかアベックシートがずらりとならび、カップルが腰かけて、馬鹿高いコーヒーをすする。目的はコーヒーではなく、シートに腰かけて愛撫しあうことだ。

ラブホテルに行くまでの深い仲でなかったり、ホテル代がないカップルが使うのが同伴喫茶であり、歌舞伎町や渋谷、新橋にはこの手の喫茶店が営業していた。

コーヒー一杯二百円が相場の時代に、同伴喫茶は千円近くした。

同伴喫茶で慣らし運転、という手もあったが、それよりも私は同じサークルの同級生が暮らしている高田馬場のアパートを借りることにしたのだった。

部屋の主には昼飯をおごる、という条件で三時間ほど退出してもらい、私は彼女を部屋に誘う段取りを組み立てた。

麻雀を早めに切り上げ、ビッグボックス二階で待ち合わせた。

そして、「たまには部屋で無駄話でもしよう」と誘ってみた。

つきあって一年以上が過ぎ、キス止まりだったことに彼女も覚悟を決めていたのかもしれない。

七〇年代半ば、高田馬場の風景は一変しようとしていた。

駅前再開発とほぼ同時に諏訪町（現在の高田馬場一丁目）から大久保にかけても再開発中だった。諏訪神社前の細い通りも拡張され、徹夜麻雀をしてる最中も工事中のトラックやブルドーザーの音がしたものだ。戸山公園も拡張工事中で、私はその戸山公園近くにあった友人の暮らすアパートでチェリーからの脱却を図ろうとしたのだった。

アパートの六畳一間に到着した私と彼女。

遠くからブルドーザーの整地する音が聞こえてくる。

隣部屋とは薄いベニヤ一枚で仕切られてるだけで、隣に住む浪人生の放屁で目覚める、と友人はこぼしていた。

インスタントコーヒーをすすりながら、四方山話をしてチャンスをうかがう。

ここまでついてきたんだから、抱かれるのも覚悟の上だろう。というよりも、いままで何もしてこなかった私に対して、やっとその気になったのね、くらいの思いでいるはずだ。胸の高鳴りとともに接近し、世界中の恋人がするように抱き寄せ、そっと押し倒した。

上になってあんなことやそんなことをしだしたとき、氷のような声が耳に響いた。

「慣れてないわね」

チェリーだとバレていたのか。

彼女は、自分の周りでも性体験をへた友だちがいて、自分もそれらしき経験をしそうになったが、いままですりかわしてきた、と告白した。そして一言。

「欲望解消のためだったら、やめて」

彼女の声が耳奥に虚ろに響く。

私は彼女の後を追うこともできず、ひとり部屋に取り残された。

唯物論と唯心論の狭間で揺れ動く私の哲学的命題よりも深刻な命題が生じた。

女とはなんぞや。

血で染まったキャンパス

一九七五年盛夏。
はじめての前期試験が終わろうとしていたある日。
キャンパスを歩いていたら、いきなり怒号が炸裂した。
ヘルメットをかぶった青年たちが鉄パイプやバールを振り下ろしているのだ。
肉を撃つ鈍い音。
殺気を帯びた声。悲鳴。
血飛沫が路面に飛び散る。
「殺れ！」
「脚からいけ！　脚脚脚脚脚！」
「オラッ！」
地面に倒れた若者の上に鉄パイプ、バールが何度も振り下ろされる。
内ゲバだった。
キャンパスに血と毛髪、肉片が飛び散った。
殺気だった激突はしばらくすると消えた。
争った若者たちは四方に消えた。
いまだにキャンパスに流れた真っ赤な色は忘れられない。

中核派最高指導者・本多延嘉《ほんだのぶよし》書記長を殺された中核派が革マル派の本拠地、早大キャンパスで激突した。すでに襲撃情報をキャッチしていたのか革マル派も即座に反撃に転じたのだった。

一九七〇年前後、ベトナム戦争、日米安保、学費値上げ、成田空港建設といった大テーマの闘争を掲げて多くの学生が運動に参加し、新左翼系諸派、中核派、革マル派、ブント、革労協、第四インターなどが運動を牽引してきた。

主導権を握ろうとセクト同士が争い、武力衝突に発展、路線闘争も重なり闘争が激しくなる。

中核派・革マル派はもともと革共同にいた活動家たちが分派してできたセクトだった。街頭闘争を中心に実力闘争を重視する派と、自治会、労組といった組織に食い込み労働運動を中心にした派とで対立が生まれ、前者は中核派、後者は革マル派を形成する。同じ釜の飯を食った仲間同士が反駁《はんばく》すると近親憎悪的な反発が生じるものだ。中核・革マルの対立はいつしか暴力的な対立（内ゲバ）となって、死者まで発生する。当初は中核派が押されていたがもともと武装闘争に重点を置くセクトだけあって、総反攻を呼号すると革マル派を押し遣るようになる。

形勢を逆転させようと、革マル派は中核派最高指導者・本多延嘉書記長を埼玉県川口市の潜伏中のアパートで殺害する。怒りに燃える中核派は、三・一四宣言として、「革マル派完全殲滅《せんめつ》！復讐の全面戦争へ突入せよ！」と機関紙上で報復を誓う。

殲滅とは相手に重傷を負わせることであり、完全殲滅は殺害を意味する。

革マル派は勝利を意識し内ゲバ停止宣言を発し、トップのいなくなった中核派との闘争を停止した。だが最高指導者を殺された中核派の怒りはおさまらず、二ヶ月足らずで革マル派六名を殺害する。

両派の激しい殺戮戦を止めさせようと、知識人による革共同両派への提言、といった動きがあった。発起人に埴谷雄高《はにやゆたか》・平野謙・井上光晴・色川大吉・久野収《くのおさむ》・対馬忠行《つしまただゆき》・藤本進治・もののべながおきといった錚々たる知識人が集結。賛成人として、中野重治・石井恭二・石堂清倫《いしどうよしとも》・吉留路樹《よしとめろじゅ》といった著名作家・評論家が集った。

内ゲバの即時停止を訴えたこの提言であったが、書記長を殺害されている中核派の怒りはおさまらず、提言をした知識人たちの責任を厳しく問うと宣言する。二度にわたる提言であったが、両派の内ゲバを停止することはできず、以後、両派間の仲裁役になる者はいなくなってしまった。

私が大学に入学した一九七五年は中核派書記長が殺害された直後であった。

早稲田大学は革マル派が自治会やサークルの主導権を握り、全国から外人部隊として早稲田以外の学生、活動家が常駐していた。学生会館屋上には中核派や機動隊の来襲に備えて見張り小屋が設置され、ヘルメット姿の革マル派が双眼鏡で監視する物々しさだった。

生まれてはじめて見た殺害を目的とした争いに、私は言葉を失った。

キャンパスはいつ戦場になるかもしれない危険と隣り合わせだった。

内ゲバによって殺害された革マル派活動家を追悼する大型立て看を見ると、ここはいったい日本なのだろうか、と錯覚しそうになった。

高田馬場駅周辺もヘルメット姿の活動家が移動し、緊張感が走った。

新左翼の内ゲバで死亡した人数はおよそ百二十名、革マル派の犠牲者が圧倒的に多く、八十名近くにのぼった。平時の政党構成員が殺害された数としてはわが国歴史上もっとも多いだろう。

軍国少年とアンチ巨人

大学生になるとあらためて父という存在が客観的に見えてきた。

高田馬場駅で降り立った父は、いったいこの街で何を見て何を感じたのか。

個人史を語ろうとしない父であったが、私が小学一年生のころに読んでいた少年サンデー、少年マガジン、少年キングの戦記物は好んで読んでいた。自分が陸軍少年整備兵だったこともあって、飛燕《ひえん》、隼《はやぶさ》、五式戦、といった戦闘機が図解で載っていることにノスタルジーを刺激されたのだろう。

誌面に世界地図が載っていると、中国大陸から東南アジアまで日本が占領、植民地化していた領域を指し示し、「あのころの日本はすごかったなあ」と感慨深げに回想するのだ。

昭和一ケタ世代は思春期に太平洋戦争がはじまり、軍国少年として育ってきた。陸軍少年整備兵だった父もその一人にちがいない。

だが意外な一面があった。

ニュースを見ていると、いつも自民党政府に批判的な発言をしていた。普段は冷静な父であるが、政府批判になると感情的になるのだった。

昭和一ケタ世代は軍国少年として育ってきたが、八月十五日を境にいままで大人たちが教えてきた教育も道徳も間違っていたと懺悔したことで、大人や権威に対して不信感を抱いた。

麻雀、競馬、ジャズ、といった資本主義を象徴するかのような趣味を極めた昭和九年生まれの大橋巨泉も、テレビで自民党を批判してきた。ライバルだった放送作家・タレントの昭和四年生まれの前田武彦も政府批判は常で、巨泉と組んだ人気番組『ゲバゲバ90分！』では番組冒頭で政府批判をおこなっていた。昭和八年生まれ、仁侠映画の主役をやってきた関係で、心情右翼的なファンが多くいた菅原文太は選挙のたびに革新系を応援してきた。

彼ら昭和一ケタ世代は家父長制的な封建的な心情と、体制批判を併存させたところがあった。うちの父も似たような心情だったのだろう。もっとも彼らのほとんどはインテリだったが、父はインテリの部類に入るわけではなかった。

さらに私を戸惑わせる父の側面があった。

読売巨人軍と長嶋茂雄が嫌いだったのだ。

私が小学生だった一九六〇年代から七〇年代前半は巨人軍V9時代の黄金期であり、私が暮らす所沢はまだ西武ライオンズができる前、巨人ファンが百パーセントだった。

父はテレビでプロ野球中継（当時関東地方は巨人戦一色だった）を観ているとき、巨人が劣勢に立つと拍手喝采するのだった。

権威に対する反発もあっただろう。ドラフト制が敷かれる前、大金を使って有力選手を根こそぎ連れてくる巨人に快く思っていなかったのだろう。長嶋が嫌いだったのは、プロ野球入団直前まで、南海入りが確実視されていながら土壇場になって巨人に鞍替えしたことに対する批判からだろう。立教大学の先輩で先に南海ホークスに入団していた大沢親分こと大沢啓二から、後輩の杉浦忠《ただし》投手と長嶋が栄養費を受け取っていた。杉浦は約束通り南海に入団したが、長嶋は直前で巨人に入団した。

権威に批判的な父は、巨人や長嶋というプロ野球における権威に対しても反逆したのだろう。

いつも巨人と長嶋を批判する家で育つと、私もいつしかアンチ巨人になっていた。クラスではもちろんアンチ巨人など私一人だった。大学には全国から学生が入学してきたので、巨人以外の球団ファンがいたことに気づいた。

軍国少年と反体制派、二つの価値観を持つ父は、息子から見ていつも謎だった。

父は気難しいタイプでもなく、社交的で他人には微笑をたたえて接し、よく笑った。何事も丸く収めようという社交術もマスターしていた。

私が幼いころ、空気銃を所有していた父は冬の午後、雀を撃ちに行く。寒雀は栄養価が高く、子どもたちに食べさせようというのだ。あのころの空気銃は無骨な鋼鉄でできていて、とても重たかった。構えた父は身じろぎせずに、照準を合わせて引き金を引く。

父が狩猟に繰り出すと近所の幼子たちが集まり、後をずっとついてくる。私はなんだかとても誇らしかった。

その生真面目な父がこと政治になると、途端に権威に批判的になった。

根源的な原因は何か。

一九七五年暮れ。

私が早めに帰宅して家でテレビを見ていると、突然父が姿を現した。

まだ帰宅時間には早すぎる。

真っ青な顔をして箪笥を漁る。

いつも冷静な父にしては慌てぶりが異常だった。

どうしたんだろう。

しばらく箪笥を荒らしていた父は、小さな布袋を取り出すと、なかをのぞき「ああ、あった！」とその場にへたり込んだ。

「何か捜し物？」

私が質問すると、父は「ああ」と曖昧な返事をした。

私はその後、何度かこのときの行動にある疑念をいだくようになる。

その顚末は本書のどこかに書かなければならない。

第三章　『神田川』はいかにしてフォークの聖地となりしか

どぶ川と神田上水

高田馬場は神田川とともに生きてきた。

神田川は東京の西、井の頭公園を水源とし、善福寺川《ぜんぷくじ》、妙正寺川《みょうしょうじ》と合流して高田馬場へと向かい、豊島区高田の境界線とほぼ同じ流れになり、目白台下の大洗堰《おおあらいぜき》から飯田橋方面へと流れ、両国橋脇で隅田川に合流する全長二十五キロほどの河川である。都会を流れる川らしく川幅も狭く、私が大学生だったころはいまより幅が狭く、台風シーズンになるとしばしば水が溢れ道路まで水浸しになった。

関東地方の河川のほとんどは東京湾へと向かう。

古くは江戸時代からこの川の流れを利用して、反物《たんもの》の染色業が盛んだった。

六〇年代から七〇年代にかけて、洪水になったり工場や一般家庭からの排水で悪臭が漂う神田川の名前はいつしか人々の記憶から薄れ、どぶ川というありがたくない汚名がかぶさるようになってしまった。

神田川が飯田橋に近づくと呼び名が江戸川に変わったように、昔は江戸川のほうが親しみやすい名前だった。

人々の記憶から忘れ去られようとしていたこのどぶ川が、あるきっかけで日本でも一、二位を争う有名な川になった。

一九七三年九月、南こうせつとかぐや姫の『神田川』がシングルカットされ、爆発的大ヒットになったのだ。

以後、『神田川』は七〇年代フォークを代表する名曲となり、いまでも日本の名曲を選ぶ際に必ず最上位に入るほどの人気曲になった。

この名曲をめぐる数々のドラマを探しに、神田川をそぞろ歩こう。


神田川はもとは自然がつくり出した河川だが、江戸時代に上水道を引くための大規模な工事がおこなわれ、生まれたのが神田上水である。

後楽園にほど近い本郷給水所公苑《こうえん》には、神田上水石樋《せきひ》という江戸時代に造成された水路が再現されている。木製水路から発展し大きな石で造成されたことで水漏れが少なくなり、江戸庶民の飲料水を支えることになった。

現在でも高田馬場から下流にくだった江戸川公園には神田上水の記念碑が建ち、あの松尾芭蕉も神田上水の工事に参加したことが記録されている。

俳聖がなぜ工事関係者になっていたのか。

芭蕉は第一級の俳人でありながら、それだけでは食っていけず、正業として治水工事に参加したのだった。

いまでも神田川の左岸、椿山荘《ちんざんそう》近くには関口芭蕉庵があり、ここで芭蕉の真筆の短冊を弟子たちが埋めて遺骨代わりにしたとされる。

映画『神田川』に映った時代

大学に入ったころの私は、キャンパスの近くを流れる、なんの特色もない濁った川が、あのフォークソング『神田川』の舞台だったと知るよしもなかった。川の名前からして、私は神田という下町を流れる川だと思っていたのだ（神田方面も流れているのだが）。

大学を卒業し、二十四歳でフリーランスの文筆業を開業するようになり、その間、高田馬場駅は仕事でも遊びでも重要な位置を占めるようになった。

高田馬場を中心に仕事場を転々として、なかでも長かったのは、一九九二年春から二〇〇五年春までの十三年間、高田馬場二丁目のコーポ坂口という四階建ての小さな建物の一室を仕事場にしていたときだった。

第六章にも綴ったが、ある事情から個人的にも最悪のコンディションで、アル中の友人とともに再生を期してここを仕事場にしたのだが、二人ともにカネが無かったので、仕事場に選んだのは四畳半の狭い一室だった。

独身時代は西落合や下落合に一人暮らしをしていて、そこからこの仕事場まで通ったものだ。四十二歳で結婚すると、住まいから十分ほどかけて神田川沿いを歩き、高田馬場二丁目のコーポ坂口に通う毎日だった。

息子と娘ができた。

所帯をもつと散歩する精神的余裕ができて、高田馬場を中心にあちこち歩いてまわった。

映像としてこの地が記録されているものを観るのが趣味になった。

高田馬場から西早稲田を舞台にした映画『神田川』（監督・出目《でめ》昌伸《まさのぶ》）を中古セルビデオ店で見つけた。

一九七四年春公開のこの映画は、前年に大ヒットした南こうせつとかぐや姫の『神田川』が原作になっている。

映画公開当時、私は埼玉県の高校に通う高校三年生であった。公開から三十年近くがたってはじめて観た映画『神田川』に、私は感傷的な気分になった。

主演の大学生・真《まこと》には当時、資生堂男性化粧品の専属モデルから俳優に転身して人気絶頂だった日米ハーフの草刈正雄。恋人役の池間みち子は、清潔な色香を放っていた関根（現・高橋）恵子。神田川の三畳一間のアパートで同棲しながら、結ばれない愛を熱演している。

当時私たちの間では、いや日本中の男たちは、三畳一間の下宿屋にこんな彫りの深い長身の男性モデル風の青年がいるわけがないだろう、とミスキャストぶりに突っ込みを入れたものだった。

草刈正雄は南仏の保養地で上流婦人をねらう上昇志向の強いジゴロをやらせたら彼の右に出る者はいないだろうが、三畳一間で綿々と女に惚れる真には不似合いだった。大学の人形劇サークルで活動する真を熱演する草刈正雄は、顔も脚も身長も日本人ばなれしていた。
もっとも草刈正雄に罪はない。彼の代表作といってもおかしくないだろう。関根恵子は可憐で文句なく良かった。

私の興味をひいたのは、映画に映っていた一九七四（昭和四十九）年当時の、神田川周辺の風景であった。いまよりもはるかに川幅が狭く、水も濁り、川岸ぎりぎりまで木造家屋が建ちならび、神田川の名物でもあった染物工場の屋上に、反物が五月の鯉のぼりのようにたなびいている。街はいまよりもはるかにアジア的な匂いがした。すっかり忘れていたが、この光景は私が翌一九七五年、早稲田大学に入学したころ、高田馬場からキャンパスに通う途中でぼんやり目に留まった光景であった。

『神田川』は作詞者の喜多條忠《きたじょうまこと》が早稲田大学の学生だったころ、高田馬場から西早稲田にかけて恋人のみち子と同棲していた実体験をもとにつくられた歌である。

『神田川』がいかに人々に愛されているかを知ることのできるデーターがある。『70年代青春ヒット曲ベスト１０１』（テレビ東京）第一位。『21世紀に残したい歌』（ＮＨＫ）第三位。この手のアンケーではかならずベスト三位に入る名曲中の名曲である。

二十一世紀になって神田川も変貌し、高田馬場から西早稲田あたりは過日の面影を急速に失いつつある。

二〇〇二年当時、『月刊現代』に不定期連載していた私は、次のテーマを『神田川』に決めた。

そして二〇〇二年初夏、作詞者・喜多條忠と高田馬場駅前のホテルラウンジで会うことができた。

叙情的な詩を綴る詩人は、身長百八十二センチの巨躯であった。

三畳一間の青春

喜多條忠は一九四七年、大阪の昆布問屋の息子として生まれた。

生後まだ間もないころ腸炎を患い、死の縁に立たされたときがあった。生還してからは、「干し大根」というあだ名をつけられるほど痩せていた。

文学少女だった母親は、児童文学の雑誌『赤い鳥』の投稿常連者で何度も賞をもらうほどだった。体の弱かった息子を案じ、母は「日記を書きなさい」と言った。忠はコクヨの升目の大きい日記帳に毎日書いて先生のもとへ朝持っていくと、先生が赤ペンで感想を書いてくれる。

「当たり前のことを書いたらだめなんですよ。自分がその日何に一番感動したのかということをまず書き出せって言われて、それで二ページぐらい書くでしょう。すると、『だめだ』って言ってお袋が全部消しゴムで消しちゃうんですよ。『今日は朝から雨が降って』とかっていう書き出しでもだめ。『今日一日何に一番心を動かされた。その出来事とか感じたことから書き出しなさい』って言うんです」

後に作詞家として大成する素因がすでに見出される。図らずも喜多條少年は、母によって文章力を磨き上げられたことになる。

テレビドラマ『姿三四郎』を観て柔道に憧れ、中学では柔道部に入った。母は泣いて止めたが、元軍人で剣道五段、柔剣道範士だった父は、「柔道をやりたかったらやらしてやれ」と認めてくれた。中学高校と柔道に打ち込むと、干し大根は風邪ひとつひかなくなり、クラス一の体格になった。

大阪府立春日丘高校を卒業し早稲田大学に入学したのは、ビートルズが日本武道館で来日公演した一九六六年であった。

上京した忠はこれから迎える青春に胸弾ませて牛込柳町《うしごめやなぎちょう》に下宿した。ベトナム反戦運動と授業料値上げ反対闘争で大学が揺れる時代であり、キャンパスは学生によってバリケード封鎖されていた。機動隊に受験票を見せて入学試験を受けた年でもあった。

文学部に入学すると、童話を書きたくて児童文化研究会、通称ジャリ研に入会した。いまでは言わなくなったが、当時子どもは「ジャリ」と呼ばれていたのだ。

人形、脚本、舞台すべて学生たちによってつくられ、春休み、夏休みに東北岩手の分校や伊豆諸島にある人口二百人足らずの御蔵島《みくらじま》を訪れ、人形劇をおこなった。分校を貸してもらって自炊して子どもたちと一緒に生活をした。

部室に行っても下宿に帰っても、部屋には学生運動でかぶるヘルメットが転がっていた。忠青年もヘルメットをかぶり、ベトナム戦争反対、成田空港反対、といったデモに加わり、機動隊とぶつかり、殴られたり催涙弾を浴びたりして、下宿に帰っていく。

二年にあがると新入生のみち子とクラスで知り合った。二人は恋に落ち、書物であふれかえっていた牛込柳町の部屋には足が遠のき、忠はみち子が借りていた神田川沿いの三畳一間のアパートで同棲するようになった。

忠がはじめてみち子の部屋を訪れたのは雨の夜だった。

窓の外から滝壺のような轟音が響いている。聞けば「すぐ下を流れている川の音」だという。忠は名もないただのどぶ川だと思った。ゴミを川に捨てたり、使えなくなったテレビや自転車、洗濯機といった粗大ゴミまで捨てる不届き者もいたが、豪雨になるとたちまち川の水があふれだし、濁流になってはるか川下まで粗大ゴミを流して後片付けしてくれるのである。

麻雀で疲れて帰り、明け方みち子の部屋で寝ようとすると、窓の下を流れる川がピンク色に染まったり、またある朝は、紫色に染まっていた。上流から流される染物工場の排水だった。生活排水や工場廃液の処理は、まだ川に直接流されていた時代であった。

忠青年がみち子の部屋で一緒に暮らしていた一九六八年当時、東京の下水道普及率はようやく四十パーセントであった。どこにも垂れ流ししないで済む下水道普及率百パーセントになったのは、一九九五年まで待たなければならない。

忠青年が名前の無いただのどぶ川としか認識していなかった窓の下の川が、後に自身の運命を変え、フォーク界の歴史を塗り替える名曲の舞台になる。

風呂は二人で歩いて西早稲田の安兵衛湯によく行った。月に一度の贅沢は、明治通りと早稲田通りの交差点付近にあった「ＢＯＯ」という洋食屋で食事することだった。

南こうせつへの挑戦状

みち子の実家に行き、両親に「結婚させてください」と頭を下げたものの、大人の振る舞いでさりげなく断られ、学生運動にも挫折し、勉学にも熱が入らず、忠青年は行き詰まりを感じていた。

みち子とは一年半で別々の人生を歩むことになった。

ある日、友人が「おまえの名前、掲示板に出てたよ」と言うので、何かいい報せなのかと思って見に行った。


〈右の者、学費未納につき抹籍《まっせき》〉


五十人くらいの名前のなかに自分の名前があった。

大学中退は授業料を納めて得られる資格であり、抹籍とは中退すら認められない厳しい処分だった。大学を横に出ざるを得なかった忠青年は、教師になる道も公務員になる道も大手企業に就職する道も無くなった。

退路を断つしかなかった。

物を書くのは前から好きだったから、フリーランスの文筆業者か放送作家、といった道を選ぼうとした。

アルバイトに明け暮れる日々。

そのひとつが、カラー写真のパネルを喫茶店や寿司屋に貸し出すアルバイトだった。

貸出先を開拓しようと、新宿の文化放送に行ってみた。大学の児童文化研究会の先輩がディレクターでいるので呼び出してみた。

「先輩。カラーパネルをロビーに飾ってくれないですか」

「おれはまだ入ったばっかりで実権がないからだめだよ」

落胆する後輩に向けて先輩がこんなことを言った。

「それよりおまえ、サークルで人形劇の台本書いてたんだから、放送台本を書いてみないか」

メナード化粧品提供『飛び出せ歌謡ベストテン』が最初に書いた台本になった。これが好評で、昼は『ダイナミッククレーダー　歌謡曲でいこう！』、夜は『走れ歌謡曲』の台本を書くようになり、気づくと放送作家として食えるようになっていた。

ある日、文化放送のスタッフルームで台本を書いていると、背後からのぞき込む青年がいる。振り向くと、すました顔で椅子に腰掛けている。また台本をなぐり書きしていると、のぞき込む。振り返ると、すまして座っている。のぞき込んでいた青年は、デビューしたての南こうせつだった。

明治学院大学に入り、クラウンレコードのオーディションに受かりデビューしたこうせつであったが、第一期かぐや姫を結成してもヒット曲に恵まれず、顔を売りに局回りをしているところだった。年齢もさほど変わらない二人は、文化放送前の「アップ」という喫茶店で会話を弾ませた。

「すごいスピードで書きますね。あれぐらい書けるんだったら歌の詞も書けるでしょう」

南こうせつが話しかけてきた。

「いや、歌の詞は書いたことないから。ただ、自由詩なら書いてるよ。ちょっと前衛的な自由詩だけど、ノートに何冊も書いてきたから。でも歌の詞はやったことないなあ」

「いや、書けますよ」

「書けますよって言ったって書いたことないんだから」

「いや、あのスピードだったら書ける」

「スピードは関係ないだろう」

「とにかく何でもいいから書いてください」

「でも、歌の勉強もしてないから長いのは書けないよ」

「いや、どんな長い詞でも僕は作曲して歌う自信がありますから」

こいつ大ぼら吹きだなあ。喜多條忠は苦笑しながらも、鹿児島出身の青年に心を許すようになった。

お互い若く、鼻っぱしが強いときだ。

忠はどうせならと、あえて曲がつけられないように長い詞を書いてみた。

やれるものならやってみろ。

忠が書いたはじめての詞は、学生運動をしていた女性活動家の死を書いたものだった。

マキシー　それがお前のあだ名さ
マキシー　お前は馬鹿な女さ
マキシー　夢を見たことがあったろう
マキシー　二人で金をもうけて
青山に　でっかいビルを建てて
おかしな連中　集めて

自由な自由な　お城を造ろうと

マキシー　俺今まじめに働いてんだよ
マキシー　風の便りにきいたけど
マキシー　どうして自殺なんかしたのか
マキシー　睡眠薬を百錠も飲んでさ
渋谷まで一人で歩いていって
ネオンの坂道で倒れたって
馬鹿な奴だったよ　お前は最後まで

マキシー　俺は明日旅に出るぜ
マキシー　お前のせいじゃないのさ
マキシー　お前程遠くには行けないが
マキシー　一人旅には変わらないさ
悲しみを抱えたままで
夜空に光るお前の星を捜すまで
さようならマキシー

喜多條忠が南こうせつにこの歌詞を渡したのが午後二時。そして夕方にはあの透き通る声で、アップテンポの明るいメロディにのせて歌っていた。

作詞家の挑戦状を作曲家が受けて、見事に曲にしてしまったのだ。

喜多條忠はこの青年の創作力を見直した。

南こうせつとかぐや姫の『マキシーのために』はいまでも隠れた名曲として生きている。

そして奇跡が待っていた。

『神田川』の誕生

ある日、放送作家として活躍中の喜多條忠が文化放送を訪れた。

机拭きをしているのは新人アナウンサーの吉田照美だった。

そこに南こうせつがやってきて、新作LP用に入れる曲の作詞を喜多條に依頼してきた。

「喜多條さん、またあんな詞をお願いしますよ」

「締め切り、いつまで？」

「今日までなんだけど」

「そりゃ無理だよ」

「じゃ、書けたら次のLPに入れましょうか」

「そうだね」

徹夜明けでもうろうとした放送作家は、タクシーに転がりこみ、自宅のある東中野に帰っていった。早稲田通りを走り小滝橋を右に曲がりかけると、ふと川にかかる標語が目に留まった。

〈川をきれいにしましょう　神田川〉

ああ。そういえば、みち子と暮らしていた部屋の下に流れていたのは神田川というんだ。あのころ、おれは名前のないただのどぶ川だとばかり思っていたっけ。

自宅に着いたが、女房は産まれて一歳の女の子を連れて買い物に出かけていた。徹夜明けの頭はやけに冴えている。机の前に座った喜多條は、とりあえず白紙のノートにさっき目にとまった言葉を書いてみた。

〈神田川〉。

なにか書けそうな気がする。

五年前、みち子と同棲していた部屋の光景が浮かんできた。こうせつの美声は女の視点で歌ったものがよく映える。女の一人称で書きはじめたが、あくまでも心象は喜多條のものだった。

あなたは　もう忘れたかしら
赤い手ぬぐい　マフラーにして
二人で行った　横丁の風呂屋

歌詞の最後〈若かったあの頃　何も怖くなかった〉と書き上げるまでわずか十五分しかかからなかった。

よし。これでできた。

だが、喜多條にはもうひとつ、なにかが言い切れていないように思えた。

――ほんとうにおれはあのころ、何も怖くなかったのだろうか。

機動隊とぶつかり、殴られ、催涙弾を浴び、ぼろぼろになりながらみち子が待つ三畳一間の部屋にもどっていったあのころ、本当におれは何も怖いものはなかったのだろうか。

喜多條忠はノートの最後にこう綴ってみた。

□□が　怖かった

この□□に埋めるものはいったいなんだったんだろうか。

――機動隊とぶつかり顔を腫らして帰ってきた部屋で、みち子が夕飯の支度をしていた。

「きょうはカレーライスよ」

タマネギをきざむ音。空きっ腹にしみこむカレーの匂い。

テーブルにヘルメットを置いた忠は思った。社会の矛盾を憎み、闘ってきたが、おれがほんとうに望んでいたのはみち子との平和な生活じゃなかったのか。だが背中を見せて料理しているみち子と、このまま一緒になるのがはたして自分にとって幸福なのか――。

そうだ。おれには怖いものがあった。

忠は□□の空白に文字を埋めた。

日本の自由詩の歴史のなかでもっとも有名で、もっとも悲しく、もっともせつない詩句が、このとき誕生した。

――ただあなたのやさしさが　怖かった

五分間の奇跡

まだ締め切りに間に合うだろうか。

南こうせつの自宅に電話を入れてみた。いなかったらいなかったでまた次回のＬＰに入れてもらえばいいか。すると電話に本人がでた。

「あの、書けたんだ」

「速いですねえ。ちょっと待ってください。ボールペンもってきますから。はい。どうぞ」

まだファックスもなかった時代である。喜多條忠から南こうせつへ、口伝えで歌詞が伝えられていく。

「タイトルは神田川。神田明神の神田。神様の神、田んぼの田、に三本線の川、ね」

「はいはい。どうぞ」

「あなたはもう忘れたかしら」

「あなたは……もう忘れた……かしら。はい、どうぞ」

「赤い手ぬぐいマフラーにして」

「赤い……手ぬぐい……マフラーにして。はい、どうぞ」

こんな具合で歌詞が伝わっていった。

「喜多條さん。じゃあできたら電話するからね」

電話が切れた。

喜多條忠は少々不満だった。いいかわるいか、ちょっとくらい感想をくれてもいいじゃないか。

女房が帰ってきて、夕飯の支度をはじめた。すると電話が鳴った。出ると、南こうせつだった。

「喜多條さん。できましたよ。聴いてください」

「で、できたって、まだ」

腕時計を見ると五分しかたっていなかった。どんな歌詞でも曲にしてみせる、と豪語して、たしかに『マキシーのために』も二、三時間で仕上がっていたが、まさか五分で出来上がるなんて。

「さっき、詞をメモしてるときにもうメロディが浮かんできたんですよ」

南こうせつは受話器をマイク代わりに置くと、ギターを弾き歌い出した。

あなたは　もう忘れたかしら
赤い手ぬぐい　マフラーにして
二人で行った　横丁の風呂屋
一緒に出ようねって　言ったのに
いつもわたしが　待たされた
洗い髪が芯まで　冷えて
小さな石鹸　カタカタ鳴った
あなたはわたしの　身体を抱いて
冷たいねって　言ったのよ

若かったあの頃　何も怖くなかった
ただあなたのやさしさが　怖かった

あなたは　もう捨てたのかしら
二十四色の　クレパス買って
あなたが描いた　わたしの似顔絵
うまく描いてねって　言ったのに
いつもちっとも似てないの
窓の下には　神田川
三畳一間の　小さな下宿
あなたはわたしの指先見つめ
悲しいかいって　きいたのよ
若かったあの頃　何も怖くなかった
ただあなたのやさしさが　怖かった

『神田川』は新作LP「かぐや姫さあど」のなかの一曲という扱いで、アルバムからのシングルカットは『僕の胸でおやすみ』であった。

ライブで『神田川』を歌うときがきた。

「二人で行った　横丁の風呂屋」

こうせつがそう歌いかけると、会場の女性客から失笑が漏れた。

話芸のある南こうせつがステージ上で曲の合間に語ると、多くの観客は笑い拍手した。

今度の『神田川』の歌詞はなにやら風呂屋が出てきて、下ネタなのか。

そんな笑いだった。

「あなたはわたしの　身体を抱いて
冷たいねって　言ったのよ
若かったあの頃　何も怖くなかった
ただあなたのやさしさが　怖かった」

曲の途中で会場のあちこちからすすり泣きが聞こえてきた。涙をふく観客たち。

南こうせつは自分のラジオ番組で新曲をかけ、余った時間でＬＰのなかの数曲を流してみた。

『神田川』もその一曲だった。すると翌週、局にリスナーからのリクエスト葉書が大量に押し寄せた。『神田川』のリクエストだった。さらに支持が広がっていく。

喜多條忠は『全国歌謡リクエスト』というリスナーからの電話リクエストをオペレーターが受けてベスト10を流す、という三時間番組を放送作家として担当していた。ＬＰが出て一週間ほどのことだ。顔見知りのオペレーターのおばさんが、喜多條を見ると、嬉しそうに分厚いリクエスト用紙の束を渡してきた。

「はい。神田川、第一位ですよ」

おれがかぐや姫の新作ＬＰに詞を提供したことを知って、こんなジョーク言ったんだな。

「おばちゃん、いいかげんにしなよ」

「冗談じゃないわよ。ほんとうにリクエスト来てんのよ」

「うそだろ。あれはシングル曲じゃないんだ」

「だって第一位なのよ」

にわかには信じられなかった喜多條は、ライバル局のニッポン放送にも電話してみて、リクエスト番組を放送している担当者に聞いてみた。

「はい。今週の第一位は『神田川』ですよ」

頭のなかがまっ白になった。

シングル曲として発売もされていないLPのなかの一曲が第一位になるという、前代未聞の出来事が起きたのだ。

衝撃を受けたのは、かぐや姫のレコードを発売しているクラウンレコードも同じだった。小林旭、北島三郎といった演歌に強いレコード会社であったが、ファンから押し寄せる『神田川』シングル化の要望にどう応えるか、議論が噴出していた。まだ保守的だったレコード業界では、作詞家もレコード会社専属が当たり前であった。専属以外の作詞家が書いた曲をあえてシングルカットするのはいかがなものか。再度、制作会議が開かれた。

一人のプロデューサーが腕組みして話を聞いていた。凄腕の大物プロデューサー、五木寛之原作『艶歌《えんか》』のモデルにもなった、艶歌の竜こと馬渕玄三であった。演歌の生き神は、フォークの象徴ともなりつつある『神田川』に対して関心を示したとも思えなかった。

会議はシングル化否定の流れに落ち着くかに見えた。

すると馬渕玄三はあたりを見渡して言った。

「おまえらの目は節穴か！　これは歴史に残る名曲になるんだぞ。もしもこれを出さなけりゃ、クラウン一生の恥になるぞ！」

奇跡の百五十万枚

奇跡が起きた。

ＬＰのなかの埋もれた曲を聴き、涙した全国のファンからの熱い思いがレコード会社を動かし、ＬＰから急遽シングルカットされるという前代未聞の末に一九七三年九月二十日、『神田川』は発売された。ヒットチャート二十一位に初登場、二週目で四位、四週目でついに一位。当時百万枚の壁を超えるレコードが稀な時代に、『神田川』は百五十万枚を突破した。

喜多條忠は街を歩いていてもパチンコ屋に入っても、喫茶店に入っても、いつも自分が書いた曲がかかっているという不思議な体験に戸惑いをおぼえた。

川越高校二年生だった私は、テレビに珍しくかぐや姫が出演し、『神田川』を演奏していたのを記憶している。イントロで、はちみつぱいのメンバーだった武川雅寛が弾くヴァイオリンのせつない音色を耳にした瞬間、全身に何かが染み入る体感が起きた。

大ヒットするなか、文化放送に出勤する喜多條忠は、仲人でもあったもっとも信頼している上司から声をかけられた。

「あの『神田川』っていま売れてる歌、おまえが書いたんだってなあ」

「ええ、そうなんです」

上司は浮かぬ顔になった。

「残念だったな。クラウンの人に聞いたけど、あれ、買い取りなんだってな」

「ええっ⁉　あれ、買い取りなんですか。印税じゃないんですか」

「ばか。おまえ、クラウンは専属作家制で、フリーの奴が印税なんかもらえるわけないだろう。でも、おれが頼んでやって五万円ぐらい取ってくるから」

「五万……ですか」

「しょうがないじゃないか。印税欲しかったら専属作詞家になれよ」

喜多條忠は帰宅すると、女房にこのことを伝えた。

「あれ売れてるけどさ、五万ぐらいしかくれないんだってさ」

すると、つれあいはこう答えた。

「いいじゃないの、五万円でも」

そして、やかんが黒ずんでしまったので、赤いホーローのやかんが欲しいと言った。

「うん。五万もしないから、じゃあ、まずそれ買おう」

夫婦は五万円で買うリストを書き出した。

ボールペンを置いて、夫はあらためて買い取り制だったことを嘆いた。

「おれたちも運がないね」

「でもいいじゃない。歌、売れたんだから」

『神田川』が発売されて半年がたった。

当時は銀行から電話で、「振り込みがありました」と通知が来るようになっていた。告知するだけで安全上、金額は教えてくれない。

喜多條忠のもとにも「クラウン音楽出版さんから振り込みがありました」と連絡が入った。支払い日だった。

銀行まで行って、通帳に振り込まれた金額を打ち込んでもらった。

通帳には五万円の金額が印字されているはずだった。

うん？

ゼロゼロゼロゼロゼロ……。0がいくつもいくつもならんでいた。

窓口に行ってみた。

「すいません。これ、打ち間違えてますよ。五万円の振り込みだと思うんですけど」

窓口の女性行員はにこやかに伝えた。

「いえ、八百万円ですよ」

『神田川』は印税制になっていたのだった。

当時の都心の新築マンション一戸が楽に買える額が振りこまれていた。しかもこれは最初の印税額にすぎなかったのだ。

言葉のなかにメロディがあった

『神田川』は喜多條忠を一流の作詞家に押し上げ、南こうせつとかぐや姫の代表曲としていつまでも語り継がれるものとなった。
私は、その南こうせつと、ビートルズが来日した際に宿泊したキャピトル東急ホテルで会った。

――『神田川』は本当に五分で作曲した曲だったんですか？

「そうですね。メロディが入っていたんですね、言葉に。それを引き出しただけの話なんじゃないかな」

――つまり五分というのは、受話器を置いてギターを取りに行った時間だった。

「うん。それですぐ喜多さんに聞かせたのかもしれない。詞をメモすると同時にメロディが浮かんできていたんですね。詞が先にある場合は言霊といいますか、言葉のなかにメロディがあるんです。それは自分の個性、南こうせつという肉体を通すわけですから、同じ詞でも違う人がやるとまた違うメロディが出てくるだろうし。それぞれそれを読みとった人が感じるメロディがある。いずれにしても詞のなかにメロディがあると僕は思っているんです」

――一時期『神田川』を歌わなかったこともあったと聞きますが？

「三十代のころはこの歌から逃げ出したくて……それこそ四畳半フォークじゃないけど、逃げ出したくて、ひたすら違うパターンの野外コンサートで盛り上がるような曲をいっぱいやっていましたね」

――いまでは歌っていますね。

「自分であの歌の良さがわかってきたからじゃないかな。あの歌がすごいなあと思ったのは、四十歳を過ぎてからですね。ふたたび自分で歌いはじめて、いろんな人から『神田川』を聴きたいからコンサートに来ましたと言われて。二十年以上たって、まだみなさんから愛されたり懐かしがられたりしている。そのときにはじめて『神田川』ってすごい歌だなあと、いろんな人生を背負ったすごい歌だったんだなあと思ったんですよ。四十を過ぎて、『神田川』を生み出した責任とか重みを感じだして、いまの方が当時より重みを感じますね。あのころは他人事ですよね」

私は南こうせつから、翌日に日比谷野外音楽堂で開かれるコンサートに家族ともども招待された。

四月二十七日。野音を埋め尽くすファンのなか、私と女房と三歳の息子がいた。夕暮れの空の下、『神田川』が流れていく。

曲が終わると、隣にいた女房がこちらを向いた。

「神田川ってこんなにいい曲だったっけ」

泣いていた。会場には詞を書いた本人もいた。

草刈正雄の『神田川』

私は喜多條忠に案内され、神田川をそぞろ歩いた。

道中でひとつの謎が解けた。

赤い手ぬぐい、とは大阪弁で「赤いタオル」のことだと聞かされた。ワイシャツをカッターシャツと呼ぶように、大阪人はタオルのことを手ぬぐいと呼ぶ。赤い手ぬぐいというのは、赤いタオルのことであり、謎掛けのように私の心に引っ掛かっていた赤い色した木綿の手ぬぐい、ではなかったのだ。

「『神田川』が映画化されたとき、僕がロケ地を紹介しましてね、面影橋あたりを中心に撮りました。草刈正雄と関根恵子を連れて、私が暮らしていた三畳一間のアパートがまだ残っていたので、部屋をたずねたんですよ。そしたら部屋に住んでいたＯＬが出てきて、びっくりしてましたよ。ああ、ここですね」

喜多條忠が立ち止まり、指し示した三畳一間の下宿があった場所とは――。

ああ……なんということか。私の仕事場とそれこそ目と鼻の先ではないか。仕事場の階段を折り左に進み、神田川に突き当たり、右手の材木屋の二軒隣が、「窓の下には神田川、三畳一間の小さな下宿」があった所だった。すると私は毎日、真とみち子の儚く消えた純愛の地を素通りしていたことになる。

いまではマンションに建て替わった場所にたたずみ、作詞家は過去を想う。

「十部屋が列にならび、あいだに廊下があって向かいに同じように十部屋がならぶ鶏小屋みたいなアパートだったなあ」

遊歩道を行き交う女子学生たちが明るい笑い声を残しすれ違う。『神田川』の歌はおそらく知っていても、あの名曲がこの場所で生まれたとは知るよしもないだろう。

曲の大ヒットで、映画会社による映画化権争奪戦が繰り広げられた。

日活は監督に藤田敏八《としや》、助監督に長谷川和彦という布陣で交渉してきたが、映画化権は東宝になった。

神田川、三畳一間の下宿跡近く

主演は草刈正雄・関根（現在・高橋）恵子。当時二人ともに人気絶頂の青春スターであった。映画のなかでは人形劇サークルの上条真と巡業先で出会った少女・池間みち子の恋愛を描きながら、二人に片思いする第三者を交錯させ、世間体を考える真の兄が二人の仲を裂こうと暗躍する。片思いしていた人物が冬山で亡くなり、真との未来に自信を失ったみち子が去って行く。草刈正雄は初の大役を体当たり演技で熱演しているが、空回りしている部分もある。三畳一間の閉ざされた空間で男女の恋情が徐々にすれ違い、失意に流されていくストーリーを期待していた観客が肩すかしを食う展開であり、成功作とは言えない。

原稿を書くために私はあらためて草刈正雄のプロフィールを調べてみた。

一九五二年、福岡県小倉市（現在の北九州市）出身。米軍兵士の父と日本人女性との間に生まれた。まだ母親のお腹にいるとき、父は朝鮮戦争で戦死、家計を助けるために小学生のときから新聞配達と牛乳配達をかけもちして通学していた。

福岡県立小倉西高校定時制に通い、軟式野球部の投手として全国大会に出場した。モデル事務所にスカウトされ十七歳で上京、都立青山高校定時制に転校。資生堂ＭＧ５のモデルとして爆発的な人気を得る。

俳優に転じると、『卑弥呼』『沖田総司』『汚れた英雄』など次々と主演を果たす。上京してから二年後には九州から母を呼び寄せ同居する。一九七八年度芸能界長者番付の俳優部門で、大川橋蔵、石原裕次郎をおさえ第一位になる。モデルの大塚悦子と三十六歳で結婚、バチェラーに終止符をうつ。

一九七〇年代初頭、私が中学生のころ、男たちは髪を液体整髪料で塗り整えていた。草刈正雄を起用した資生堂ＭＧ５は男性化粧品として圧倒的に人気があり、男子は髪を伸ばしはじめると草刈正雄を目指して髪を整えたりしたものだ。

彫りの深い顔立ちと長身は、高度経済成長期の日本を象徴する青年像だった。

今回、プロフィールを紐解くと、草刈正雄が野球部員だったことに気づいた。そういえば、キャッチボールしているグラビアやＣＭがあった。

草刈正雄は夜学の高校に通い昼間働いていた。世間のイメージでは、ハンサムなバチェラーというイメージだったが、実際は当時としても珍しい苦学生だったのだ。

そうだ、草刈正雄こそ『神田川』に生きる本物の苦学生だったのだ。

関根（現在・高橋）恵子もまた、ローティーンのころから、『おさな妻』で高校生妻を演じ、裸身をさらし大人の世界で生きてきた。

自殺未遂騒動や上演期間中に失踪といったスキャンダルを起こし、お騒がせ女優のはしりでもあった。それは自我を追い込む青春期特有の生体反応だったのだろう。

映画『神田川』は草刈正雄と関根恵子が演じる宿命だったのだ。

神田川は私をいつまでも惹きつけている。

月刊現代でそぞろ歩いた後、『60年代 郷愁の東京』（主婦の友社）という書き下ろし本で、私はまたもや編集長とカメラマンの三名でこの川を散策した。

そして、ついに結ばれなかった、真とみち子に成り代わり、神田川にかかる戸田平橋《とだひら》からほど近い下流にあった三畳一間の小さな下宿跡に接する川の欄干《らんかん》に、歌碑の代わりに赤いテープを巻きつけた。

第四章　鉄腕アトムに秘められた高田馬場の謎かけ

科学省があった高田馬場

高田馬場駅早稲田口を出ると、西武新宿線とＪＲ線のガード下壁画にきらびやかな色彩で描かれたキャラクターが息づいている。

漫画の神様、手塚治虫が生み出した登場人物たちだ。

鉄腕アトム、リボンの騎士、ヒゲオヤジ、ブラック・ジャック、三つ目がとおる、魔神ガロン、ロック少年、アセチレン・ランプ、ビッグX、火の鳥……。

壁画に描かれた手塚ワールドは時折入れ替わり、生みの親がまだ健在であるような錯覚すら起こさせる。

鉄腕アトムやリボンの騎士がなぜ高田馬場駅ガード下の壁に描かれているのか。そういえば、早稲田通りのペーブメントの電柱にもブラック・ジャックや三つ目が通るのフラッグが飾られているではないか。

『鉄腕アトム』に描かれたアトムは、二〇〇三年四月七日、天馬博士の手によって科学省のあった高田馬場で誕生したとされる。

原作では、科学者の天馬博士の一人息子・飛雄《とびお》がある日、交通事故で死んでしまい、嘆き悲しむ天馬博士は飛雄そっくりのロボット「トビオ」として甦らせた。天馬博士はロボットのトビオがいつになっても成長しないことに苛立ちサーカスに売り飛ばしてしまい、サーカスの団長に「アトム」と名付けられる。

悲劇が常についてまわる手塚ワールドは、アトムの生育にも暗い影が覆っている。

アトムがいつまでも人々から愛される背景には、あの明るい素直な性格とルックスと、持って生まれた悲劇性が人々の琴線に触れたからではないか。

アトムを救ったのは、科学省長官のお茶の水博士だった。

科学者の総本山、科学省があったここ高田馬場はアトムにとって生まれ育った地であった。

作者の手塚治虫は一九七六年、この地に手塚プロダクションを創設。ここからあの名作『ブラック・ジャック』をはじめ、『三つ目がとおる』といった後期の傑作群が生み出された。

いまもＪＲ山手線高田馬場駅の出発音は、「空をこえて　ラララ　星のかなた」という、谷川俊太郎作詞、高井達雄作曲の鉄腕アトムのテーマソングが流れる。

ちなみに西武新宿線高田馬場駅では、高田馬場にあるマルコメ東京支社にちなみ、「マルコメマルコメマルコメマルコメ　マルコーメみっそ」というマルコメ味噌のＣＭメロディが流れる。

漫画の神様と呼ばれた手塚治虫は、戦後大輪を咲かせた日本独自のストーリー漫画を生み出した偉大な漫画家であった。うちの父と同じ一九二八（昭和三）年生まれである。

手塚治虫は終戦直後の一九四六年、十七歳で漫画家デビューを果たす。戦後日本漫画の出発点とされる『新宝島』（一九四七年・原作／酒井七馬）は焼け跡の残る時代に多くの子どもたちを熱狂させた。

戦前も『のらくろ』のような人気漫画は存在したが、手塚漫画は映画のように展開するストーリーとテンポのいいコマ割が斬新だった。

その後、『ロストワールド』『メトロポリス』『来たるべき世界』といった洋画のような絵と構成の漫画を相次ぎ描き下ろし、手塚治虫の名声が一気に高まった。

大阪大学医学専門部に在籍しながら作品を創作し、『鉄腕アトム』（光文社発行『少年』）、『ジャングル大帝』（学童社発行『漫画少年』）といった少年誌での連載がはじまると、宝塚市から上京し、東京を拠点にして漫画界の第一人者になる。稀代のストーリーテラーで絵も描けて量産できる漫画家は空前絶後、この時代手塚治虫しかいなかった。

手塚に憧れ、全国で漫画家志望の少年たちが大量に出現した。

豊島区椎名町《しいなまち》のトキワ荘の一室を手塚治虫が仕事場にしていたことから、寺田ヒロオ、藤子不二雄、赤塚不二夫、石森章太郎（後の石ノ森章太郎）といった後の漫画界を代表する若手漫画家たちが住むようになり、トキワ荘は伝説の地となる。

手塚治虫はトキワ荘からほど近い雑司《ぞうし》が谷《や》の並木ハウスに移った後に、一九六一年、練馬区富士見台に虫プロダクション（通称虫プロ）というアニメ制作会社を立ち上げ、日本初のテレビアニメ『鉄腕アトム』（一九六三年一月一日放送開始）を制作する。

ディズニーに憧れていた手塚はアニメを制作するのが夢で、紙に絵を描く漫画はそのための制

西武新宿線高田馬場駅ガード下の壁画

作費稼ぎであった。

漫画、アニメと二つの世界でトップを走る手塚だったが、一九七〇年代初頭、スランプに見舞われる。劇画ブームが少年誌で広がり、子どもらしい絵柄は旧世代のものと見なされ、血やエロスが大胆に取り入れられた大人の鑑賞に堪えるリアルな画風とストーリーが流行り出した。スランプからか、手塚作品に暗い作風が目立つようになる。

アニメへの過剰投資と放漫経営、漫画の不振も重なり、一九七三（昭和四十八）年、虫プロ商事と虫プロダクションが相次ぎ倒産してしまう。

成田アキラの記憶

億単位の負債を背負い、自宅と練馬区富士見台の土地も売り払って再起を期す漫画の神様。

「手塚さんは本当にお金が無かったから、アシスタントがいなくて急遽、短期のアシスタントをかき集めたんですよ。そのなかの一人が僕だった。連載していた漫画サンデー編集部から、『行ってくれないか』って言われて。当時、先生が仕事場にしていた粗末な八百屋の木造二階に呼ばれたんだよ。いまでも憶えているけど」

漫画家・成田アキラが回想する。

いまでは男女の性愛漫画の第一人者として知られる成田アキラも当時は、それほど仕事がない時代だった。

この部屋に漫画の神様がいるんだ——八百屋の二階に上がった成田青年は、生まれてはじめて手塚治虫に接する直前、足がすくんだ。

成田青年が意を決して挨拶をして部屋に入った。

するとステテコに丸首シャツを着て、リサイクル机に向かって黙々と描いている男がいた。

手塚治虫だった。

成田青年は緊張のあまり言葉が出てこない。アシスタントは成田アキラを入れて四名。

八畳間の和室が仕事場で、その隣に小さな部屋があり、そこで手塚はアイデア練ったり、疲れると寝そべる場にしていた。

手塚治虫は『ブッダ』を描いていた。

「成田さん、これ描いて」

漫画の神様がいきなり指示を出した。

見開きページで湖から飛び立つおよそ四十羽の鴨の群れのシーンだった。

「あのころはまだ絵が未熟だったから、真っ青ですよ。おれが？　ってもうパニック。『ちょっと描けません』って手塚先生に詫びると、無言でちゃかちゃかちゃかって鴨が飛んでいるサンプルを、下向き、上向き、横向きと三種類描くの。『これを散らばせてくれればいいから』って。すごいなあと思った」

成田青年は飛んでいる鴨を必死になって描いた。

「青鉛筆で下書きするんだけど、手塚先生は構図だけぱぱっと描いたらいきなりペン入れするんです。下書きしなくてもいきなりでも描けるはず。まっ白な原稿用紙にものすごいスピードで描く。マジックだよ！」

手塚治虫は休憩時間に、成田青年にこんなことを見せてくれた。

「成田さんは何ペンで描くの?」

「僕はGペンです。最初は砥石で研いで描き心地を良くします」

ペン先は漫画家の命だ。

成田アキラはGペンの先を丁寧に何度も砥石で研いで丸くするのだ。新しいペン先だとケント紙に引っ掛かってしまう。

「僕はこうするんですよ」

手塚治虫はマッチを擦ると、丸ペンの先に炎を当てて消えるまでじっくり炙った。そうするといくらかペン先が柔らかくなるのだ。

机の上にはいつもマッチ箱があった。ライターの炎で炙るのではなく、温度と炎の勢いからマッチでなければならなかった。

手塚治虫は紳士的であり、年下の人間に対しても、「氏」という敬称をつけて呼んだ。トキワ荘にいた石森章太郎、藤子不二雄、赤塚不二夫といった若者たちにも、「石森氏」「藤子氏」「赤塚氏」と呼んだ。彼らも漫画の神様に倣《なら》って、トキワ荘の仲間でありライバルである相手に「氏」をつけて呼んだ。

成田アキラは手塚治虫とまだ親しくなかったので、アシスタント期間中、「成田さん」と呼ばれた。いつか自分も漫画の神様から、「成田氏」と呼ばれたいと思った。

「偉ぶらない普通のおっちゃんだった」

二つの会社を倒産させた手塚治虫は、自宅も売却して借金返済に充て西武新宿線の各駅停車しか止まらない杉並区下井草《しもいぐさ》の貸家に住んでいた。

このときから七年後、成田青年はまた漫画の神様と再会する。

場所はアメリカ。

二人だけの、緊張しながらも夢のような日々は本章の後半に登場する。

手塚治虫最大のスランプ

一九七〇年代初頭は手塚治虫最大のスランプだった。

虫プロダクションと虫プロ商事を失い、莫大な借金を背負い、持ち家すら無くし、借家住まいとなった漫画の神様。

長者番付の常連だった手塚は、借金まみれに陥っていた。

雑誌の連載もヒット作がなくなり、手塚治虫に声をかける漫画雑誌もなくなった。

出版業界では手塚はもう終わった、と噂された。

そんなとき、秋田書店の『少年チャンピオン』で手塚治虫に漫画を描くチャンスが訪れた。声をかけたのは、少年漫画誌のカリスマ編集者、壁村耐三《かべむらたいぞう》編集長だった。

「手塚先生の死に水はおれたちがとろう！」

壁村耐三は編集部で豪語した。

壁村は背広に袖を通さず肩に羽織って歩き、私生活上のトラブルを処理するために左小指をみずから詰め、いつも酒臭い息を吐き罵声を浴びせる。漫画の神様・手塚治虫にだって容赦しなかった。原稿が遅れている漫画の神様に向かって「手塚！」と罵声を浴びせ、やっと仕上がった原稿を「遅い！」と言って天高く巻き上げる、恐れを知らぬ編集者だった。

手塚治虫最後の賭けだった。旧世代の遺物扱いされた漫画家に声をかける壁村耐三も、生涯を賭けた戦いだった。

何をやってもウケない手塚治虫にいったい何が残されているのか。

テーマは医学だった。

手塚治虫が医学部を卒業していることから、医者をテーマにした漫画が構想に上がったとされる説と、医師に関する新聞記事を読んだ壁村が思いついたという説がある。

医師をテーマにした作品は、少年漫画としては危ない賭けであった。

長期連載としてではなく、巻頭カラーでもなく、五回読み切りで『ブラック・ジャック』は、少年チャンピオンにひっそりと登場した。それが漫画の神様が置かれた当時の厳しい現実だった。

呻吟《しんぎん》しながら脂汗を流し、机に向かう姿が『ブラック・ジャック創作秘話　手塚治虫の仕事場から』（原作・宮崎克／漫画・吉本浩二）に描かれている。壁村は、チャンピオンの作品群を『ドカベン』（水島新司）以外、一話読みきりにしていた。読者は待ってくれないから、というのが持論であり、この読み切り方式は実際に当たったこともあって、手塚の『ブラック・ジャック』も一話読み切りというハードルの高い指示だった。

手塚は大脳が沸騰しそうなくらい考えに考え抜き一話につき最低四話分の構成案を考え、厳選して作品に仕上げた。天才的な技術を持つ外科医ブラック・ジャック。黒いマントにツギハギの顔、無免許医師ながらその腕前を頼り、あらゆる人々が彼のもとを訪れ、ドラマが生まれる。

『ブラック・ジャック』を読んだ読者の反響は日増しに大きくなっていく。回を追う毎に人気が高まり、手塚治虫畢竟《ひっきょう》の傑作になった。さらに少年マガジンにて『三つ目がとおる』も大ヒット、巨額の負債を返済し、おつりがきた。

手塚プロと高田馬場

「天下の手塚治虫が下井草の借家住まいじゃちょっとみっともないからって、『引っ越したらどうでしょうか』と言ったら、うーんと考えてしまうんです」

手塚プロダクション社長の松谷孝征《まつたにたかゆき》が証言する。

「じゃあ、あまりいい思い出もないから富士見台の事務所、引っ越しましょうかって言ったら、『あ、それいいですね』ってすぐ反応するんです。自宅のことは生返事なのに、事務所変わりましょうって言ったらもうあっという間に、『そうしましょう』って。じゃあどっか探してくださいって」

一九七六（昭和五十一）年六月、高田馬場駅から早稲田通りを下り右手にある新築のセブンビルが候補にあがった。

「ちょうどセブンビルができたばかりだったんですね。二階がまだだれも借りてなくて、ここならいいなと思って手塚に見てもらったら、『場所的にいいですねここは』ってすごく気に入ってくれて。高田馬場を選んだのは、何よりも出版社から近い、便利がいいというところがよかった。（神田神保町の）小学館も近いし、（飯田橋の）秋田書店なんか東西線一本で来れるし、（護国寺の）講談社も近いし。

その当時、仕事場があった（練馬区）富士見台はコンビニも何もないし、夜になるとどこもかしこも店が閉まっちゃって、夜食と言ったってどうしようもない。ところが高田馬場は飲食店も多いし活気があったし。その当時は、高田馬場駅から西友のところまでずっと歩道にアーケードがありましたよね。だから雨でも濡れずに行けたんですよ」

セブンビル二階がアシスタントたちとの仕事場になり、四階に手塚治虫の仕事部屋があった。埼玉県新座《にいざ》市にスタジオが完成し手塚プロの制作部門が引っ越すまでの十二年間（一九七六〜一九八八年）、ここ高田馬場のセブンビルでペンを握っていた。

一九七六年というと私が大学二年生のときであるから、高田馬場の駅近くですれ違っていたかもしれない。

高田馬場には手塚治虫が出前をとったり、昼時に食事をした飲食店がいくつもあった。

「まあ唯一食べるのが楽しみでしたし、編集者も原稿を待っていてずっとたまってると、夕飯何にするってそのときだけ和やかになりますからね。『なんか出前とりますよー』って。寿司屋、蕎麦屋、中華屋がメインですね。手塚は、寿司だったらいつも一・五人前頼む。歯がちょっとわるかったので、タコとイカは食べなかった。『トロも筋があってダメです』とか言って、イカとタコとトロ抜きで一・五人前。あとは納豆がダメでしたね。お蕎麦屋さんだと、必ずふたつ。たぬき蕎麦と親子丼とかね、そういう頼み方してましたね」

一九五二（昭和二十七）年開店の中華料理店「一番飯店」からはよく出前をとっていた。手塚治虫によりオリジナル中華料理ができたほどだ。

松谷孝征は一九四四年生まれ、神奈川県で生まれ育った。中央大学法学部在学中から演劇活動をしてきた。

劇団はカネがかかる。しかも松谷青年がやっていたのは前衛演劇に近い難解なものだった。

「学生時代、僕はもう中央大学へはほとんど行ってなくて、高田馬場から早稲田辺りにしょっちゅういたんですよ。この辺は劇団や演劇部が多いんです。そのうち仲間の連中とつきあうようになって、その仲間の一人が寺山修司さんの作品をひとつやって。それから寺山さんと仲良くなって、天井桟敷《てんじょうさじき》をつくって。僕はけっこうチケットを売らされましたよ」

大学卒業後も、仲間と一緒に学習塾を運営して日銭を稼ぎながら、芝居の夢を追いつづけた。ところが演劇ではやはり食っていけない。虫歯になったり腰痛になったりして、やむなく健康保険証が持てる会社に勤めることにした。

戸別訪問のセールス会社で、地方を一軒一軒回って百科事典や映画レコードをセールスした。給料は歩合制で成績は上位だった。支社でトップセールスマンとなり賞をもらうと、翌月からまったく働かなくなった。

職業を転々とし、先輩のツテで実業之日本社に入社。『漫画サンデー』編集部に配属され、手塚治虫の担当となる。

「子どものころ、少年誌で『鉄腕アトム』なんか読んでましたけど、大して思い入れはなかった。戦闘シーンだけは楽しかったですけど。当時は『イガグリくん』とか『赤胴鈴之助』とかね、そっちのほうがずっと興味があったんです。二十八歳になって漫画サンデーに配属されて、手塚の原稿百ページ取るのに僕は富士見台の手塚の仕事場に二ヶ月半泊まり込んだんです。そのときに手塚の全集があって、もう一度『鉄腕アトム』も『ジャングル大帝』も『リボンの騎士』も読み直してみたんですよ。なんだよ、手塚治虫はこんなすごい作品描いてたのか！　って二十八になってはじめて気づいたんです。雑誌だと当時は八ページかそこらしか載らないから気づかなかったけど、全部通読したら全然違って」

転々と職を変えていた松谷も、漫画サンデーに二年半もいた。こんなに長くいたのは生まれてはじめてだった。

手塚治虫と信頼関係が構築され、手塚プロの前任のマネージャーが辞めるときに声がかかり、一九七三年四月、手塚プロダクションに入社。この年は虫プロ商事倒産（八月）、虫プロダクション倒産（十一月）、そしてブラック・ジャック連載開始（十一月）と、手塚にとっても激動の年だった。以降、松谷孝征は手塚治虫の最期までマネージャーを務めることになる。

高田馬場に隠された符丁

八〇年代後半、手塚治虫の体に限界がやってきた。

車のなかでも飛行機のなかでも紙とペンで作品を描き、一人部屋にこもってストーリーを練り上げ、アニメの指揮をとる。四十年以上にわたって休み無く働きつづけた体は悲鳴をあげていた。

「一九八八年の年末に上海で国際アニメーションフェスティバルというのがあって、審査員で呼ばれてたんですが、具合が悪いので、『先生やめましょう。病気なんだからいいんじゃないですか』って言ったら、『いやいや、これは大切ですから行かなきゃだめです』って。奥さんも付いて行って、帰国と同時に成田から半蔵門病院へ入院して、そのまま出れずに翌年二月九日に亡くなりました。本人にしてみると、世界中のアニメーターみんな知り合いが集まって、上海には自分の尊敬する中国のアニメーターがいて、その人とも会えた。よかったんじゃないかなとは思うんですけどね、無理して行っても」

世界二十ヶ国以上で放送されてきた鉄腕アトムをはじめ、手塚治虫がつくった作品はいまも世界中で根強い人気がある。

現在、高田馬場四丁目にある手塚プロ館内には、アトム、リボンの騎士、ブラック・ジャック、三つ目がとおる、といったキャラクターのリトグラフが飾られ、キャラクター人形が展示されている。

松谷孝征社長が着ている黒いポロシャツにもアトムがワンポイントで息づいている。

韓国、中国、フランス、ブラジルといった各国から来日する外国人に聞いてみると、手塚作品をはじめとしたジャパニーズアニメで日本語と接した、という答えが返ってくる。

彼らが親日家になるのも、ジャパニーズアニメがもっとも影響を与えているのだ。

松谷社長がもうひとつ、高田馬場にまつわる手塚治虫のある隠された符丁を私たちに解読してみせる。

「手塚が仕事場を高田馬場に選んだというのも、『鉄腕アトム』で描いた御茶ノ水博士が長官を務める科学省が高田馬場にあった、そういうことも手塚の頭のなかにはあったんじゃないかなと思いますね。どうして高田馬場に科学省があったのか？　すべて〝馬〟でまとめてるんです。アトムをつくったのが天〝馬〟博士でしょ。天馬博士は群〝馬〟県出身で、練〝馬〟大学卒なんですよ。アトムを引き取った御茶ノ水博士が長官の科学省はここ高田〝馬〟場」

漫画の神様らしいユーモアではないか。

鉄腕アトムは高田馬場こそ似つかわしいのだ。

神様に付き添った日々

一九八〇年春。

三十五歳の成田アキラは日本を離れ、アメリカ・ロサンゼルスに留学し、英語の勉強をしながら漫画の構想を練っていた。

原稿依頼がほとんど無いからできた留学だった。

ある日、日本から連絡が入った。

漫画サンデー編集部からだった。

「手塚先生が仕事でそちらに行くから、案内してやってくれ」という国際電話だった。

秘書もつけず、漫画の神様はアメリカに単身でやってきた。『ブラック・ジャック』が爆発的な人気を獲得し、再び超売れっ子漫画家の日々を送っていた手塚は、アメリカに飛び、サンディエゴで開かれる全米の国際漫画展でアニメ版『火の鳥』を売り込みに来たのだった。

成田アキラ、七年ぶりの再会だった。

手塚が泊まっているホテルに、成田アキラは中古で買ったフォード・ピントという典型的なアメ車デザインの車を運転して行った。

ホテル前に近づくと、ベレー帽をかぶった手塚治虫本人が待っていた。

「やあ、成田さん。お久しぶりです」

「先生もお元気そうで」

半年間のアシスタント体験だったが、手塚治虫は成田青年のことをよく憶えていた。

「これ、成田さんの車？」

「ええ。フォード・ピントといいます。四十七万の中古ですけど、よく走りますよ」

「ほー。僕を乗せてってくれないかな」

そう言うと、手塚はホテル側が用意した送迎車ではなく、成田アキラの中古車の助手席に乗り込んできた。異国の地で、かつて仕事をしたことがある日本人と出会って手塚は安心したのだろう。

成田アキラは助手席に手塚治虫を乗せて、サンディエゴの国際漫画展会場まで走らせることになった。

「世界各国から集まったバイヤーたちに『火の鳥』を見せて、海外に売り込もうと思うんです」

手塚治虫を乗せた成田アキラは、今回もまた緊張の出会いからはじまった。

アメリカ大陸を走る車のなかは、手塚治虫と成田アキラの二人だけだ。手塚が何気なく話すことは、世界中でこの自分しか聞けないのだ。

夢のようだ！

しばらくドライブすると、会場に到着した。

世界各国からアニメの買い付けにバイヤーたちが集結し、会場は熱気に包まれていた。

手塚治虫が会場に現れると、歓声が起きた。握手とサインを求められる漫画の神様。試写会では大歓声が巻き起こった。

プレゼンテーションが終わると、再び成田アキラが運転する中古車で手塚治虫が宿泊するホテルまで送り届けた。

部屋に入ると、手塚はすぐに連載中の『ブッダ』を描きだすのだった。

「明後日までに二十四ページを入れなくちゃいけないんです」

常に第一線で戦ってきた手塚には、いくつもの伝説があった。そのひとつが、何本もの連載を抱えながら旅先でも車中でもどこでも漫画を描ける技量だった。

手塚はケント紙に丸ペンで流れるように絵を描いていく。

七ページを描くと、卒業証書を入れるような紙製の筒に丸めて入れる。

「成田さん、申し訳ないけど、これをサンフランシスコの空港カーゴまで持ってってくれませんか」

「はい」

漫画の神様が描いた生原稿を空港まで届ける重要な任務を請け負った。

当時はまだファックスもインターネットも普及していない、アナログの時代であった。

片道二時間かけて空港まで運ぶ。

生原稿は成田空港行きの飛行機で運ばれ、現地で手塚プロのスタッフが受け取る。

そしてまた手塚が描いた七ページが筒に入れられ、往復四時間かけて成田アキラが車で運ぶ。

ホテルに泊まる手塚の横の部屋に成田アキラも部屋をとった。

漫画の神様と異国の地で一週間、一緒にいられる時間が夢のようだった。

部屋にこもり、絵に取り組む手塚。

成田アキラは手伝おうとしたが、手助けする余地はないほど、手塚は猛烈な速度で描いていた。

昼食時間になると、手塚から声がかかり、階下のレストランで食事をごちそうになった。

締め切りが過ぎているので、腹ごしらえも満足にできぬまま、また部屋にもどって描き出さなければならない。

眠気覚ましに手塚はシャワーを浴びた。

五分もしないうちに出てきて体を拭き、下着を着て、また仕事に取りかかろうとした。

そのときだった。

「無い！」

手塚が絶叫した。

「ベレー帽が無い！」

手塚は部屋中を探しはじめた。

手塚治虫は若いころからベレー帽をかぶり、トレードマークになっていた。頭髪が薄くなりつつあるのを気にして、どんなときでもベレー帽をかぶっている、と言われたが、ホテルの部屋を半狂乱になって探している手塚治虫にとって、ベレー帽は天才がよくおこなうルーティンの一種であった。手塚にとってベレー帽は、創作活動において無くてはならない肉体の一部であった。

デスクの下、浴室、テレビ台、冷蔵庫の上、ベッドの下、ありとあらゆる所を探してみたがベレー帽は見つからない。

「困った。成田さん、あれが無いと僕は描けないんだ」

今日中にまた日本に航空便で生原稿を送らないといけない。飛行機の出発時間が迫ってくる。

「無い無い無い！」

成田アキラも一緒になって探しているがなかなか見つからない。

三十九年後、成田アキラが回想する。

「ほんとに手塚先生は困り果ててたんだね。三十分以上探していたんじゃないかな。それだけ探す時間があるんなら、絵を描いていたほうがいいのに、と自分も探しながら思ったよ。でも手塚先生にとってベレー帽は創作活動に無くてはならないものだったんだね」

床を這いずりながら二人が探す。

成田アキラはふと、丸まって床に落ちているベッドシーツを手に取ってみた。すると、ベレー帽が絡まって隠れていた。

「ありました！」

成田アキラが差し出すと、手塚が思わず握手してきた。

ベレー帽をかぶり、再び猛烈な速度で『ブッダ』を描きだした。


成田アキラが振り返る。

「一九七一年に園山俊二さんから激賞されて漫画サンデーに『フリフリダムダム』というＳＦ漫画を連載したのが僕のデビュー作だったんだ。人類が死滅した後に登場するフリダム人のフリフリとダムダムという男女が主人公で、女性器と男性器に似ている」

フリフリダムダムとは、フリーダムから来たもので、成田アキラらしい社会の枠に収まりきれない男女の自由な生き方がテーマになっていた。

報知新聞、週刊朝日で絶賛された幸運な出発だったが、その後がつづかなかった。

十年近く泣かず飛ばすだった。

運が向いてきたのは八〇年代に入ってからだ。

当時、誕生したばかりのテレクラに関心を示し、テレクラ体験記を描いたところ、リアルな描写が評判を呼び、成田アキラはテレクラ漫画の大御所となった。好奇心旺盛な彼は、仕事場にホットラインを引き、女性読者から性の悩みに応えようと愛車ポルシェを駆り、どこにでも出向き、実践した。実体験が同時進行で漫画になる。成田アキラの連載漫画はいずれも大ヒットになった。

性の深淵をのぞくために、できるものはなんでもする。成功も失敗もすべて自作の漫画で公開していく。これほど女心と女体の神秘をリアルに解明した男はいなかった。

「『ペックスばんざい』という一九七〇年に描かれた手塚先生の漫画があるんだよ。男女の性器の形をした不思議な生き物ペックスが登場する。僕が売れてから気づいたんだけど、ああ、手塚先生も同じような作品描いていたんだ、救われたって思ったよ。僕も漫画描いてきてよかった」

壮大な手塚山脈のなかにあって、『ペックスばんざい』は手塚のスランプ時代の忘れ去られた作品である。だが成田アキラにとっては、アトムやブラック・ジャックよりもペックスなのだ。

手塚治虫が帰国するので空港までフォード・ピントで送っていった。

別れ際、握手を求める漫画の神様。
「成田氏。どうもありがとう」
成田アキラはいまでも仕事に行き詰まると、ある所に愛車ポルシェを駆って向かう。
高田馬場駅ガード下の手塚キャラ勢揃いのあの壁画だ。
そこに立つとそっと壁画を撫でてみる。
思い出すのは漫画の神様に付き添ったあの奇跡のような日々だ。

第五章　野心ある若者たちはヘアバレーを目指した

エロ本の開拓者たち

「(高田)馬場にエロ本屋が集まった理由？　なんだろうなあ。もともと神田神保町に芳賀《はが》書店をはじめとしたエロ系書店や取次店が多いんだけど、その流れでこっち(高田馬場)になったんじゃないか。東西線で四つめだし、車でも行きやすいし。それに(高田)馬場はＪＲ線も西武線も走ってて来やすいし」

中沢慎一コアマガジン代表取締役が証言する。

これからはじまる奇跡の物語は高田馬場で起きようとしていた。

時は一九七二年。

中沢慎一は一九五〇年生まれ。岐阜県で生まれ育ち、神奈川大学経済学部入学のために上京し、親の勤め先である三井金属の原宿社員寮から大学に通った。

二段ベッドはさすがに二年もいると窮屈になり、そこを飛び出し、参宮橋の三畳一間のアパートで暮らしはじめた。

学園紛争で大学が封鎖され授業が無くなると、二階の住人だったバンドマンの恋人がヌードモデルをしていたので、彼女に仕事先を見つけてあげているうちにモデル事務所をやるようになった。

女と裸が目の前にある、精力を持て余す二十代の青年にとってわるくないアルバイトだ。

マネージメントするモデルがSM小説の大御所・団鬼六が主宰する鬼プロでSMモデルとして仕事をするようになると、鬼プロにいた緊縛写真の大家・カメラマンの杉浦則夫と知り合い、助手をするようになった。

七〇年代を目前にすると既成の価値観を打破しようと学生運動が盛り上がり、文化芸術も過激な作品がもてはやされた。群衆のなかを突然全裸の男女が走り抜けるストリーキングはこの時代ならではのハプニングアートであり、バケツに入った絵の具を全裸の体に塗りつけて、白い板壁にぶつかってアートと称したものもあった。裸は恥ずかしいものではなく、パフォーマンスのひとつになった。一介の学生であった中沢青年が裸の仕事をするようになったのも、学生運動に一時期身を投じた彼なりの反体制的な感覚があった。

札幌オリンピック、連合赤軍事件、上野動物園のパンダ人気。

一九七二年は騒然とした年だった。

大学卒業が迫ってくる。

中沢青年は社会人になってもモデル事務所を本業としてやっていくと決めた。

ゴーゴークラブの踊り手や赤坂・六本木で遊ぶ外国人、家出中の娘をスカウトしてエロ本の撮影やSM雑誌に紹介する。モデルのなり手がまだ少ない時代だったこともあり、儲かった。だが、モデルが約束の時間に遅れるのはよくあることで、なかには仕事をすっぽかすケースもあった。

仕事で知り合ったフリーの編集者・山崎紀雄《のりお》とカメラマンの杉浦則夫の三人で仕事をこなしていった。

山崎紀雄は団塊世代の青年だった。

一九四八年、神奈川県川崎市で生まれた。母は中央美術協会所属の画家だったこともあって、山崎少年は小学生のころから母の指導で油絵を描き、中学生で作品展に出展するようになる。

芸大受験に失敗すると立正大学仏教学部に進学し、演劇、ハプニングアートに目覚めた。学生運動で機動隊と激突した後、路上に散乱したヘルメットをオブジェとして撮ったり、建築現場で廃棄されたヘルメットをまとめて買い集め、新左翼セクトに安く売ったり、芸術とビジネスを混合した活動を得意としていく。

大学を卒業すると、日本文華社（現在のぶんか社）に就職、『週刊話題』編集部に配属されるが、組織に合わないと一年八ヶ月で退社。挿絵を描いたり、写真を撮ったりした後にモデル事務所を経営しだした。

山崎紀雄が当時の仕事ぶりを私に語ったことがあった。

「日本文華社を辞めてうろうろしているときに、ビニ本の連中と知り合ったんですよ。たまたまです。それでビニ本つくってる連中から、キャスティング頼む、レイアウト頼む、って言われて仕事受けた。だってやる人いないんだから。こっちも、キャスティングできますよ、編集できますよ、カメラマン連れてこれますよって言い切って、受けました。ええ、（ビニ本は）売れましたよ。おいしかったですよね」

ビニ本とは後述するが、女性ヌードのグラビア写真誌をビニールで包装したもので、ビニール本、略してビニ本。七〇年代後半、爆発的に売れた。

山崎紀雄は儲けたカネで別荘分譲販売の投資話に乗ったところ詐欺にひっかかり、多額の借金を背負ってしまう。

仕事で知り合ったビニ本出版社・グリーン企画代表の森下信太郎に借金を申し込むと、気やすく貸してくれた。森下信太郎は小さな出版社の営業部員をしていたが、独立してグリーン企画を起ち上げていた。

山崎紀雄は、カネを借りる条件として仕事を手伝ってくれないかと誘われ、雇われ社長としてグリーン企画の一室で仕事をすることになった。

中沢青年も、編集を手伝ってくれないか、と山崎紀雄から声をかけられ、一ヶ月後にグリーン企画に入社した。一九七七年、中沢青年二十七歳のときだった。モデルプロダクションだけでやっていくのはこの先不安だったし、結婚したばかりだったから、安定した生活を築くのが先決だった。

グリーン企画は、大手取次を通さず書店に直に持っていく「直販本」というヌードとエロ記事が載った雑誌を出版し、後にビニール包装したエロ本、いわゆるビニ本出版社として名を成す。

山崎紀雄と中沢慎一、そして慶應義塾大学首席卒業というカメラマンのMが、グリーン企画で働き出した。

グリーン企画の入る原田ビルマンションは、高田馬場駅からほど近い早稲田通りに面した雑居ビルだった。一階はやきとり屋や定食屋がのれんを出す庶民的な雰囲気で、二階に公衆浴場があった。三〇一号室はグリーン企画、隣の三〇二号室にはこちらも森下信太郎が代表を務めるセルフ出版ともうひとつ小さな会社があり、二つの会社は仲間同士がやっていた。自社のビニ本ショップ「セルフの店」も一階で営業していた。

三〇二号室のセルフ出版は、森下社長のもと、雑誌コードを取って全国販売する雑誌出版社だった。セルフ出版には末井昭《すえいあきら》という青年がデザイナーとして顔を出し、持ち前の企画力を発揮して『ニューセルフ』という月刊誌を編集する。

駅から原田ビルマンションの角を左に曲がり神田川に向かって歩いていくと、途中のアパートには明石賢生《あかしけんせい》のエルシー企画という自販機本出版社があった。自販機本とは、自動販売機で売る成人向けエロ本をさす（明石賢生とエルシー企画は、この章の後半で記述する）。

この他にも高田馬場にはエロ本を編集・刊行する小さな出版社が蝟集していた。

中沢慎一の回想に付け加えるとしたら、エロ本出版社が高田馬場に集まったのは、七〇年代前半まで都電が張り巡らされ来やすいこともあったのだろう。

中沢慎一が回想する。

「最初にグリーン企画に行ったときは、たしかまだ早稲田鶴巻町にあったんじゃないかなあ。あそこは版下、印刷、製本といった業種が多いから雑誌つくるのは便利だったんだよ。そこから隣の高田馬場に移ったと記憶してるんだよ」

七〇年代、男たちはいまよりはるかに女の裸に飢えていた。

ネットもアイフォンもＤＶＤも無い時代、男たちが異性の裸を見ることができる身近な手段は雑誌くらいしかなかった。

平凡パンチや週刊プレイボーイはグラビアに日活の田中真理、白川和子、片桐夕子、東映の池玲子、杉本美樹、松竹の藤田紀子（横綱若乃花・貴乃花の母）といった映画会社専属女優のヌードを載せて部数を伸ばし、百万部という大部数を達成した。

一方でパンチ、プレイボーイのグラビアのような上品なヌードよりも猥褻感漂う裸が見たい、という男たちが存在した。

そんな彼らは、煙草屋や乾物屋の店先に置かれているマガジンラックに立てかけられた成人向け雑誌を買うか、国道沿いにある怪しげな大人のオモチャ屋で売っているエロ雑誌を買った。

ページを開くとセーラー服を着た女が大股開きで写ったり、河原で男子高校生と乳房をむきだしにしてからんでいるグラビアがあった。たしかにパンチ、プレイボーイより猥褻感があるのだが、大いなる問題もあった。

セーラー服を着たモデルは、チリチリのパーマをかけた三十代水商売風がカネのために不承《ふしょう》不承《ぶしょう》出た、といったふて腐れた女ばかりなのだ。

これでは多くの善良なる男子たちは、夜ごとの友にはできにくかった。

制作側も、神田神保町や三崎町でエロ本編集を長年やってきた中年編集者が多かった。そこに、山崎紀雄、中沢慎一、カメラマンのＭたちが制作するエロ本が登場するとページの質が高まった。

山崎・中沢が手がけるエロ本のモデルは若かった。中身もテーマがしっかりして、ドラマ性があった。

制作側が二十代の若者なのだから、刊行するエロ本もニューウエイブで、若々しかった。

山崎紀雄の回想。

「Mにカメラマンをやらせたんです。いい写真撮るんです。慶應を首席卒業したすごい優秀な男でね、ゴールデン街で飲むといつも『山崎さん、空飛びたいですよね』って言うんですよ。とても頭がいいんだけどおじいちゃん子で甘やかされてますから、世のなかに対応できない。Mは彼女と同棲してて、『はじめて飛行機に乗るんだ』って彼女に電話があったんです。羽田から札幌に飛んだ。そして道庁が見える歩道橋から下に飛び降りたんです。目撃したタクシー運転手が『まるでスーパーマンみたいに空から落ちてきました』って証言してました。タクシーの前にドーン！」

即死だった。

「才能があったが自殺した人物、七〇年代から八〇年代にかけてサブカルシーンでは何人もいたんですよ」

若者たちは体の奥底から噴出するエネルギーを持て余していた。

高田馬場の原田ビルマンションの一室から毎晩、若者たちのノイズのような音楽が鳴り響いた。

その日の編集作業が終わると、山崎紀雄をはじめ若者たちが若さのはけ口を求めて一部屋に集まるのだ。

山崎紀雄が回想する。

「仕事が終わって七時くらいから、『おい、やろうよ！』ってだれかが言い出すと、ハーモニカ、タンバリン、笛、持ってきて、『よーし、いくぜ！』。フリージャズの真似して演奏するんですよ。中沢君、末井君、そう、ライターで出入りしていた巻上《まきがみ》（公一）君もいた。パッションは本物だったから、巻上が本気になっちゃって、自分で『ヒカシュー』ってバンドをつくった。知ってます？　テクノポップ」

中沢慎一もこのときの光景を憶えていた。

「要は暇だったんだよ。みんなで遊んでいたの。月にビニ本四冊つくるっていってもさぁ、撮影に一日、レイアウト一日、あとはモデル探しでいいんだから」

山崎紀雄、末井昭、中沢慎一――若者たちに舞い降りる奇跡はすぐそこまで来ていた。

ビニ本の芸術論

一九七九年。中沢青年がグリーン企画に入社して二年後。

突如、ビニ本ブームが爆発した。

大手アダルトグッズ会社社長の証言。

「いまだかつて、あれだけ売れた商品はありません。刷れば飛ぶように売れた。地方の書店も直接東京まで買い求めに来て、積まれたビニ本があっという間に消えていくんだから。店主さんたちが奪い合いで喧嘩になるから、最後はじゃんけんで決めたんです」

売れに売れたビニ本は、神田神保町のとある社会科学系古書店から火が付いた。

芳賀書店は戦前、巣鴨で古書店を開き、空襲で焼け出されてから戦後、神保町に移転した。

店主の苗字をつけたこの古書店は、古書通に評判のいい良書を棚にならべ、さらにはみずから出版部門まで起ち上げ、数々の名著を世に送り出した。

寺山修司『書を捨てよ、町へ出よう』。武智鉄二『伝統演劇の発想』。団鬼六・篠山紀信・宇野亜喜良『緊迫大全』。『西部劇クラシックス』『戦後日本共産党史』『戦闘的左翼とはなにか』『講座日本の革命思想』『薔薇と無名者　松田政男映画論集』などなど。

古書店は商品の売れ行き速度が遅い。店の片隅にアダルト系雑誌を控え目に置いているのも、この手の雑誌は足が早く、貴重な現金収入になるからだ。

芳賀書店でもアダルト系雑誌を片隅に置いたところよく売れた。控え目だったコーナーは少しずつ領地を拡大し、訪れる客の多くが買い求めた。立ち読み客、冷やかしも増えていく。窮余の策として立ち読みができないように商品にビニールをかぶせた。すると、中身が見えないことが客の好奇心を刺激し、ビニール包装の雑誌は置いたらすぐに売れてしまった。かくしてビニールに包装されたアダルト系雑誌は、ビニール本、略してビニ本という名称でメガヒット商品となる。

熱心にビニ本をチェックしている生真面目そうなサラリーマン、学生たちは、中身が確認できないので消しの薄そうなものを表紙で判断して買い求めた。自分の判断力を試す瞬間だから、店内は静かな熱気で充満していた。

毎週平日の昼間、ネクタイ姿の人物が大量のビニ本を買い込み、日本テレビ、フジテレビ宛の領収書をもらって帰って行く。よく見たら空き時間を利用して来店する人気アナウンサーたちだった。

芳賀書店は、ビートたけしが「芳賀書店！」とギャグネタにするほどエロの殿堂となる。

その芳賀書店に毎月大量のビニ本を卸していたのが、高田馬場のグリーン企画だった。儲けた結果、原田ビルマンションから高田馬場四丁目、シチズンボールの近くに社屋を移した。一階の倉庫ではできたての写真集にビニールを包装する中沢青年がいた。

「おれは世間体気にしなかった男だからさ。結婚するときだって、こういう仕事してるって言ってあるから。（カリスマAV監督の）代々木（忠）さんがよく言ってるように、女の股ぐらで飯食ってるって思っていたから、仕事で偽名なんか使ったことないし、全部本名だし。あのころ？　青春だったよ！」

倉庫でビニール包装している中沢青年のところによく顔を出す男がいた。

「中沢ちゃん、いいねえ、よく働くねえ、ナイスだね！　新作、ある？」

男は北大《ほくだい》神田書店という北海道に四十五店舗のビニ本専門店を広げる、「会長」と呼ばれる人物だった。販売するだけでは飽き足りず、自分のところでもビニ本を編集制作しはじめていた。

中沢青年と会長はお互いざっくばらんな性格だったせいか、気が合い、その後も奇妙な交流がつづく。会長は後にビニ本王国を築き上げるが、逮捕され一年後に釈放されると、そのころ勃興しだしたAV監督になる。後の村西とおるである。

グリーン企画の雇われ社長だった山崎紀雄は退社した。もともと借金返済したら辞めようと思っていた。根っからの自由人なのだ。

高田馬場から離れた山崎紀雄は新宿警察署裏に、共同出版という新たなビニ本出版社を設立する。

「芳賀書店とビニ本をつくったとき僕がやっていたのはポエムだった。僕は意識的にやったんです。ビニ本で意識したのは、女の子の上半身は週刊明星、週刊平凡の表紙に載るようなポートレイトの顔、下は相反して股を思いっきり開く。そういうのを載せたんです。僕らがやる前は、股を思いっきり開くと顔はアクメ（イキ顔）だった。それは絶対やるな。顔はニコッとさせて二個の電球（アイランプ）を瞳にアイキャッチで写し込む。それが愛らしく見えるんです。僕には哲学がある。悟りの境地とは男女の愛欲の心境に似ている。それは般若心経にも書いてある。禁欲してたり修行したりすると、いざ惚れてる女と合体したときの境地って、死んでもいいやというところまでいく。僕はそこにしか興味がない。ビニ本もエロもそこにこだわっていたんです」

山崎紀雄のつくるビニ本はよく売れた。

「四十年前って何にもなかった。あったのは日活ロマンポルノやピンク映画、出て来るのは長襦袢《ながじゅ》着《ばん》たおばちゃん。それに疑問を感じて、モデルは普通の可愛い子で、印刷はペントハウスやプレイボーイ級の美しさを目指した。いまはグラビアヌードはきれいだけど、昔は汚かったから」

独特の芸術論とビニ本創作術によって、山崎紀雄の名はアングラ業界で有名になっていく。

村上龍とのビニ本談義

一九八二年には、会社に村上龍がやってきて対談がおこなわれるほど、山崎紀雄の存在感は高まっていた。

〈あのですね、ビニ本もね、十年歴史があるんですよ。で、俺はもう十年くらいビニ本やってんだけどね、昔は試行錯誤して、いろんな企画を練ったわけですよ。エロ雑誌なんか、結局企画が勝負だったわけね。それでビニ本っていうのは値段が高くてページが少ないでしょう？　今から五年くらい前ってのはひどかったんですよ。つくるやつは企画で選んだわけね。企画のポイントはものを与える人間の存在じゃないんだよな。

だからカメラマンの存在なんかもうどうでもいいわけなんだよな、女なんだよ女、もう百パーセント女のすばらしさなんだよ。〉（『村上龍全エッセイ　１９８２－１９８６』講談社文庫）。

対談を終えた後、芥川賞作家はこんな締めくくり方をしている。

〈すごい対談だった。今まで作家であれ、ミュージシャンであれカメラマンであれ、このような対談は私には経験がない。

考え方が、リアルなのだ。ビニール本制作者の中に、このような人物がいるだろうという予測はあったが、実際に会ってみるとやはり感動した。〉

山崎紀雄はいまもこのときのことをよく憶えていた。

「夜七時にエレベーターが止まってしまうんだけど、村上龍さんは階段で上がってきたなあ。ビニ本の話を聞きたいということで来たんでした。対談中、印象に残ってるのは、村上さんはピカソを崇拝してる、特に青の時代を。デビュー作『限りなく透明に近いブルー』もそこから付けたとも言ってたね。宇宙をつくったのはピカソ一人を生むためだったとも言ってた。僕もまったく同じ考えだから話が合った。文章でピカソを超えたい、とも言ってたな」

山崎紀雄は映像事業として宇宙企画を創業し、出版事業として英知出版を創業し、自身の哲学が事業として花開く。

「僕はビデオでも雑誌でも印象派をやったつもりです。それでみんなびっくりしたんですから。日本って逆遠近法なんですよ。波があって富士山が見えるって、あんな遠近法って無いんですよ。日本の琳派《りんぱ》はデフォルメしてる。波の間から富士山が見えるなんて無いんだけど、心の目のなかで人間って理解できますよね。日本は琳派、究極がセザンヌなんですよ。それが現代の絵画の概念なんですよ。セザンヌ以前は絵画ではない。近代絵画はセザンヌなんですよ。

お金は持ってましたから、じゃあ、テレビ局が使っているカメラで女の子を撮ったらすごいんじゃないかって、テレビ局が使ってるのと同じカメラ一台買ったんです。あの当時で一千五百万円しました。たしかにきれいですよ。僕は写真はめちゃくちゃうるさかった。300ミリのレンズ使ったのは、望遠で空気が圧縮される。すると空間の光が分解して七色になる。色がきれいに見えるんですよ。虹色っぽく。レンズも高いのを買わせました」

徹底して細部にこだわった。

三愛の下着売り場でオーダーメイドをしてモデルたちの下着を特注した。

下着はいまより粗悪で木綿の雑巾のようだったので、股の部分が二枚重ねになっていたのをハサミで切って一枚にした。

美少女にとってなによりも目が肝心だからと、白目を徹底的に白く見せるためにスタッフに命じて、モデルに必ず目薬をささせた。一番白くなるからと目薬はアイリスＡＧ－１を指定した。

他の映像監督やプロデューサーがこだわるのはストーリー展開やキャラクターばかりだったが、山崎紀雄は徹底して素材にこだわった。

「ブラウス、スカート、ハイソックス、みんな僕が決めていた。ハイソックスは綿じゃだめだ。セーラー服は紺の汚いものではだめ。光が当たったら、そこだけとんで若干ライトブルーになるセーラー服がいい」

美少女をスカウトして映像と写真で磨き上げた。

高田馬場のファッションヘルス店「サテンドール」に在籍していた早川愛美《まなみ》と専属契約して売り出し、大ヒットにつなげた。

十八歳の美少女・秋元ともみをスカウトして、イヴ・サンローランの生地を買ってきて、オリジナルの制服を着させた。

「宇宙少女」と呼ばれた彼女たちは、ダヴィンチ、フェルメールが描く、目が訴えかけるような寂しげな微笑が特徴であり、男たちを虜にした。なおかつ宇宙少女たちは恥ずかしそうに股まで広げてくれた。

八〇年代アイドル歌手、女優がどこか嘘くさく感じてしまうほど、宇宙少女は男たちに限りなく親近感を抱かせた。

山崎紀雄は自他共に認める、美少女文化をつくった男になった。

英知出版では、宇宙企画に出演した宇宙少女たちを中心にグラビアを組み、飛躍的に部数を伸ばした。

月刊誌『デラべっぴん』四十二万部、『すっぴん』十八万部、『ビデオボーイ』二十万部。定価はいずれも六百円以上、最盛期の毎月の発行部数は総計百万部を超えた。出版不況の現在では想像もつかない数字だ。宇宙企画の主演女優が毎号誌面に登場するメディアミックスであり、ますます彼女たちの人気が上がり、売れ行きが上昇する。

天文学的な利益とそれを生み出す美少女たちの裸。PLAYBOY創刊者として有名なヒュー・ヘフナーをもじり、山崎紀雄は日本のヒュー・ヘフナーと呼ばれた。

使っても使ってもカネは減らなかった。

三十五歳のときには毎月億単位で預金口座に現金が増えていく。

大半は大好きな絵画を購入する資金に消えた。すべて本物の歴史的名画ばかりだ。ピカソ、ルノアール、シャガール、ユトリロ、ビュッフェ、レオナルド藤田、ジョルジュ・ルオー。ルオーに関しては世界的コレクターとして有名になるほどだった。

高田馬場の一室で咆哮した青年の到達点であった。

ヘアバレーの成功者たち

「七〇年代はとにかくヘア（陰毛）はダメだっていう基準だったからね。結局、ビニ本がやったことは、下着に水をふっかけて毛が見えるところまで行ったり、（股間を指して）ここにティッシュを乗っけて水かけてヘアをうっすらと見せるまでだったの。それでもウケたよ。山崎さんが濡れたティッシュでヘアを隠す方法を思いついたんだ。我々はパンツを透けさせる透けパンしか考えてなかった。まあ、いまから考えるとたわいもない話だよ。でもさ、セーフにならなかったときもあったんだよ」

グリーン企画時代を振り返って中沢慎一が証言する。

ビニ本出版社は一年に一回か二年に一回、警視庁の摘発を受けた。

わが国には刑法第一七五条という法律が存在し、猥褻な文章、図画、電磁的記録による物を不特定多数の前で見せたり、配ることは禁止されている。

〝猥褻な〟ものとは、具体的に性器そのものと陰毛があげられる。いまでは陰毛に対してはだいぶ規制が緩くなったが、七〇年代は厳しく、ヘアが数本写っているだけで警視庁から呼び出しがかかり、繰り返すと逮捕という厳しい現実が待っていた。

当時、ビニ本出版社は摘発されないように他社の消し方を窺いながら編集していった。消しが濃すぎても売れ行きが鈍るし、消しが薄くても摘発の恐れが強まる。濃さのさじ加減によって、逮捕されるかされないかの分かれ道となる。

男たちにとって、女体は人生のかなりの部分を占める関心事である。それは本能である。なかでも女性器は最大の関心事であり、女性器が見えないように修正がなされていても、できるだけ薄い修正を好む。

中沢慎一たちも客の要望に応えるべく、ヘアをいかに見せるかに職人芸的な技術をふるった。行き着いた技術が、透けパン、濡れティッシュだった。

一般出版社を目指したセルフ出版では、末井昭編集長による『ウイークエンドスーパー』が刊行された。

セルフ出版は発展的解消を遂げて、いよいよ白夜書房になる。

末井昭編集長が荒木経惟《のぶよし》をメインに据えた『写真時代』は、小学館の『写楽』に対抗して、土俗的、露悪的なヌード写真を載せて飛躍的に部数を伸ばし、糸井重里、上野昂志《こうし》、南伸坊、渡辺和博、岡崎京子、姫野カオルコ、平岡正明、といった豪華寄稿家を抱え、赤瀬川原平の連載「超芸術トマソン」は、役に立たないものが存在する不思議さをテーマにブームになった。

『写真時代』が過激な写真を載せたことで警視庁から警告を受けて休刊を余儀なくされると、暇になった末井昭はパチンコで時間をつぶしているうちに次の新雑誌の企画が浮かび、一九八八年『パチンコ必勝ガイド』を創刊。写真時代休刊で失った利益を上回る売り上げを誇った。

母が年下の男とダイナマイトで心中した暗い過去を笑いで描写したエッセイ『素敵なダイナマイトスキャンダル』はロングセラーとなり、映画化された。天才とはこういう人物を言うのだろう。

中沢慎一も数々のユニークな雑誌を創刊し、直属の部下たちに自由につくらせた。

AV専門誌『ビデオ・ザ・ワールド』、変態雑誌『ビリー』、タトゥ雑誌『バースト』、アイドルの無名時代のレアなグラビアをお宝として発掘する雑誌『お宝ガールズ』、素人投稿写真エロ雑誌『ニャン2倶楽部』。

私が中沢慎一と知り合ったのも、『ビデオ・ザ・ワールド』に寄稿するようになってからだった。

中沢慎一は白夜書房から分離したコアマガジン代表取締役社長になっても名伯楽ぶりを発揮する。AV女優のインタビューをまとめた名著『AV女優』は、元部下の永沢光雄が『ビデオ・

ザ・ワールド』に連載していたものだった。

中沢慎一のもとには、東良美季、藤木TDC、永山薫、沢木毅彦、ピスケンといった寄稿家が集まった（私もその末席を汚した一人だった）。

白夜書房は高田馬場の神田川周辺にいくつも自社ビルを建てていく。

一時期、建て替えのために仮社屋に移ったときも、神田川沿いの保育園を改築した社屋だった。

末井昭の白夜書房、中沢慎一のコアマガジンは、英知出版のライバル出版社として発展し、山崎紀雄とともに人もうらやむ名声と収入を得る。奇しくも高田馬場・原田ビルマンションの一室で肩寄せ合って仕事をしていた、貧しく無名の若者たちが巨万の富を得たのだった。

エロ本出版社は高田馬場を目指し、神田川沿いの谷間に群がった。

サンフランシスコ南方に位置するコンピューター関連企業の中心地を「シリコンバレー」と呼ぶ。この地域は谷（Valley）と呼ばれる盆地であり、巨大企業、インテルをはじめとした半導体メーカーが多数集まっているため、半導体の材料であるシリコンの名を冠してシリコンバレーと呼ばれた。日本でIT企業が林立する渋谷をシリコンバレーにちなんで、渋谷の〝渋〟をもじり、渋い（ビット）から、「ビットバレー」と呼ばれた。渋谷も地形が谷（Valley）になっている。

高田馬場の谷とも言える神田川沿いにかつてエロ本出版社が蝟集し、彼らは女性のヘアをいかに見せるかに心血を注いだ。だから私はこの地を「ヘアバレー」と名付けたい。

シリコンバレーやビットバレーに集った若者たちが大成功をおさめたように、神田川沿いからエロ文化を発信しヘアバレーの若者たちも大儲けした。

七〇～八〇年代は女の裸が大金に化ける夢の時代だった。彼らは幸運な時代と巡り会ったとも

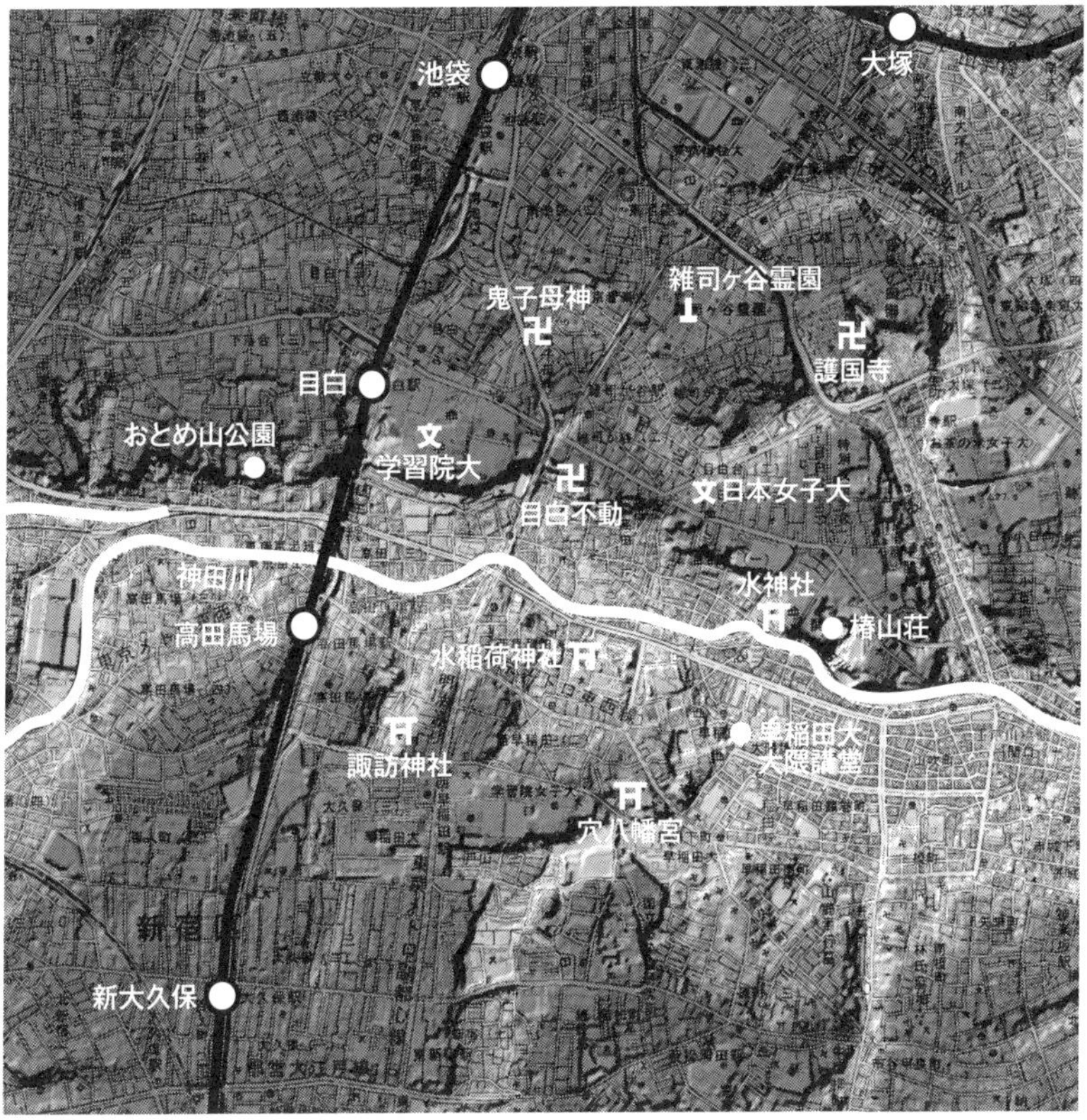

高田馬場から早稲田にかけての地形図。神田川に沿って谷（Valley）になっている（※この地図は、国土地理院の電子国土 Web を使用したものである）

いえる。

カネは儲かったけど

「大儲けした。カネもバカバカ残った。三十五歳のときにはもう通帳に宇宙（企画）だけで毎月一億残っちゃう。そんなの無いですよ。でも無いよってわけにもいかないしさ。わかります？英知（出版）をやりはじめたら、また同じくらい残りはじめたんです。そしたらやっぱり普通じゃなくなってくるんですよ。よくないなあ。体、調子悪かったもん」

山崎紀雄は成功者だけが味わう奇妙な孤独感を味わっていた。

食費だけで月に百万円以上使い、別荘を入れて四軒家を建てた。

西荻窪の二階建ては黒川紀章設計のアトリエ付き邸宅だった。

豪邸を持ちながら十年以上、新宿京王プラザホテルのスイートルームを使ってきた。

名だたる絵画は買い漁った。

日本のヒュー・ヘフナーに破滅がやってくる。

「放漫経営もあるっていえばあるのかもしれないけど、そんなことより……警察です」

警察は山崎紀雄がビニ本で膨大な利益をあげていることを掴んでいた。警察からロックオン状態になっていたのだ。

英知出版の雑誌がコンビニで売られ、過激なページだったこともあってテープで封印することになった。

「いまでは当たり前になっているけど、最初にやったことってものすごくインパクトがあるんですよ。私が先陣を切ってから第二、第三勢力が出てきた。最初はバーが高過ぎてものすごく抵抗があるけど、二派、三派は意外に過激なことをやっても認められるんです。おれ、それがよくわかった。

日本では最初にやるもんじゃない。最初は叩かれる。恥の文化、儀式の文化、共同幻想が関係するんですよ。警察に言われましたよ。『おまえんところが先例をつくったんだろう。（AVメーカーが）百社あるのもおまえがつくったようなもんだろう。コンビニにおまえがヌード入れたんだろう』って。コンビニで雑誌にテープが貼ってあるのも、うちが原因だもん。マガジンラックをレジの前に置けっていうのもうちが原因だし。笑っちゃうよ、自治省（現在の総務省）まで出てきたからね。コンビニも自治省の管轄なんですよ。『このくらいハガキが来るんだが、これは全部母親からだぞ。子どもたちがコンビニでエロ本買っているけどみんな英知のだぞ』って言うわけ。コンビニの経営者って地元の名士だよ。子どもたちを学習院や慶應に入れてる。だから警察もやらざるをえない」

コンビニから撤退を余儀なくされ、英知出版の売り上げは激減した。毎月七千万円の赤字になり、山崎紀雄は個人資産で補塡したが、それでも追いつかない。

「資産を全部注ぎ込みましたよ。家はとられ、別荘はとられ、絵画も無くなった。宇宙（企画）やる前の姿にもどったんですよ。でもそれでいいと思ってる」

英知出版は倒産し、宇宙企画はまったく別の企業グループのひとつになった。

日本の美少女文化を創った男に、私は以前からグリーン企画時代の盟友、中沢慎一を通してインタビューを申し込んでいた。

なかなか許諾が下りなかったが、六年目にしてやっと実現に漕ぎ着けた。『オール讀物』という文藝春秋が出している老舗の小説誌でインタビューするということが効いたのかと思ったが、山崎紀雄はその誌名を知らなかった。

二〇一二年盛夏。

「カフェ・ミヤマ高田馬場駅前店」で山崎紀雄と会った。

インタビューの冒頭、彼はこう言った。

「僕がやってきた仕事は使命感がありました。達成したと思ってます。自分で言うのも変だけど、だから（表に）出たくなかった。でももういい。それを覚悟でここに来たんです」

私は二十六年前に山崎紀雄と一度、英知出版社内で会ったことがあった。あのときの口ひげと長髪は私が見かけたときとほぼ同じ、髪の白さだけが増えていた。

このときのインタビューから何度か私は、山崎紀雄と新宿の喫茶店で会い、今後の話を聞いた。伝説の男は巨額の借金を背負いながら、新たな事業を興す気でいた。

だが話を聞いていると、創業者として勢いのあった三十年ほど前の力は感じられなかった。経営者というのも旬があるのだろうか。伝説の男はいつもベージュのサファリジャケットを着て、会うたびに汚れが目立つようになった。

山崎紀雄の人生を追った『裸の巨人　宇宙企画とデラべっぴんを創った男』（阿久真子・双葉社）の巻末には、かつての盟友だった末井昭、中沢慎一の三者による鼎談が掲載されている。

「もう一回、なんかあるんですよ」

再起をみずからに言い聞かせるかのように、山崎紀雄は最後にそう発言していた。

それから一年足らずで、伝説の人物は永眠した。大腸癌だった。

コアマガジン代表取締役社長になった中沢慎一が振り返る。

「たしかにカネは儲かったけど……成功？　してねえよ」

原田ビルマンションは取り壊され、成城石井が入る巨大ビルに生まれ変わった。

闇市風の名残は霧散した。

かつて夕方になると若者たちが咆哮し、即興のノイズを奏でたものだ。


おい、やろうよ！

よーし、いくぜ！

寺山修司と自販機本

伊藤裕作の部屋には古びた五月人形が飾られている。

独身主義者だった彼には子どもはいないのだが、このベテランライターが、なぜ五月人形とともに高田馬場を転々としてきたのか。

仕事仲間で物書きの先達でもあるこの人物について、五月人形の他にもいくつか聞きたいことがあった。

二〇一八年晩秋の宵、伊藤裕作と私は高田馬場駅で待ち合わせた。

「どこから回ろうか？」

大柄な伊藤裕作がよく通る声で話しかけてきた。

一九五〇年二月二十八日、三重県津市生まれ。

幼いころから神童と呼ばれ、団塊世代の一番ラストに生まれた伊藤少年は、詩人の寺山修司に夢中になった。都市と地方、前衛と土着、相反する世界を止揚する寺山修司の世界こそ、伊藤少年の核になっていたのである。

一九六八年、名門・津高校から、寺山修司が学んでいた早稲田大学教育学部に現役合格。伝統ある早稲田短歌会に入り、創作活動に励む傍ら、心酔する寺山修司を招き、講演会を開いた。

同級生に連れられて大阪・飛田の遊郭に突撃した。

童貞とおさらばできる。やつれが顔に残る娼婦が伊藤青年の前で寝そべり、スカートまくってパンツを下ろした。

「何してんの？　にいちゃん」

何もできず退散。

妄想派の伊藤青年は生身の女を口説くこともできず、ひたすらストリップ通いで妄想を満たした。童貞喪失のチャンスはあったものの、生身の女を前にすると、硬くならず、何度も悔しい思いをした。

大学生活は六年目に突入した。

酒を飲んだ後、伊藤青年のアパートで映画好きの女子大生と一緒に寝て、朝起きてみたら朝勃ちしていたので挿入に成功した。二十四歳、遅い童貞喪失だった。

何か書くことを仕事にしようと思っていた伊藤青年は、吉本新喜劇の文芸部が新人を募集していると知ると、応募してみた。気が合い、内々定をもらった。ところが、ここから運命の摩訶不思議さがはじまる。

「卒業したら吉本新喜劇の専属作家になる予定だったし、大学六年になってたから今度こそは卒業しないとと思って、授業に出るために大学近くのソバ屋・金城庵があるでしょ、あそこの近くに引っ越したんだよ。取りこぼした体育は短歌研究会の後輩に頼んで、行かせてたんだ。そしたら身代わり頼んでいた後輩が裏切ってたんだよ。授業の最初から講師にバレたもんだから、自分は身代わりで来てますって言っちゃってたんだ。三月になって成績表見たときにわかった。体育の項目に〈否〉って書いてあるんだ。優良可のさらに下に否っていうのがあるって知ってた？もう話にならない。それでもう一度留年することになった。吉本もパアですよ」

七年かかって卒業したものの仕事のない伊藤青年はアルバイトで生きながらえた。

バイト先の友人から、新勢力になりつつあった隔週刊女性誌『微笑』の取材記者の仕事を紹介してもらった。

書く仕事に近づいたものの、これだけでは食えない。幼児教育関係の出版社で原稿を書くことになった。ところが、経営が傾き原稿依頼が無くなってしまった。人間関係の連鎖で、伊藤青年はエルシー企画という小さな出版社を紹介された。

「それがいまから行こうとしている所」

六十八歳の伊藤裕作が水先案内人となって、高田馬場駅方面から神田川沿いに下っていく。

「エルシー企画って、あの明石賢生さんがやっていた自販機本会社でちょうどこの神田川近くに事務所があったもんだから、毎年のように洪水になると在庫の雑誌を抱えて避難したもんだよ。神田川って夏になると水が溢れてたじゃない」

七〇年代半ば、山崎紀雄、末井昭、中沢慎一たちがこの地でビニ本やエロ雑誌を制作していたころ、明石賢生という青年がここ高田馬場の神田川に近いアパートの一室で、エルシー企画という小さな出版社を創業した。

「明石さんっていうのは、早大社学の学生でブントの活動家として早大全共闘運動やってたんだ。大学を中退するといろんな仕事して、下落合でスナック店長やったりしてたの。赤塚不二夫のフジオプロの近くで。そのときスタジオジブリの『コクリコ坂から』の原作になった漫画の原作を書いた佐山哲郎と一緒にエルシー企画をつくったんだよ」

エルシー企画が製作していた「自販機本」とはいかなる代物だったのか。

七〇年代半ば、一冊五百円のエロ本を商品にした自動販売機が建物の陰や道端に置かれていた。これらのエロ本を自販機本と称した。店員の前で恥ずかしい思いをしてエロ本を買う気苦労もせず、いつでも買えるところが重宝がられた。

自動販売機の取り出し口に大仰な音をたててブツが落ちてくる。五十歳以上の男性なら、こんな体験を二度や三度したことだろう。

通常、書店で売られる雑誌は「雑誌コード」という資格を取り、大手取次会社によって全国に配本されるが、自販機本は雑誌コードを取らずに自販機で販売する独自のルートに乗ったものだ。裸さえ載っていればあとは何を書いてもいいという自由が横溢し、エロ本というよりも前衛グラフィック誌の先駆け的な自販機本もあった。

「あれぇ、どの辺だったかなあ。エルシー企画、たしかこの辺りだと思うんだけど」

四十有余年前という歳月は、思った以上に記憶を混乱させている。

「ああ、ここかなあ。違うな」

神田川沿いにあった人気つけ麺店「べんてん」（二〇一四年六月二十八日移転）前に立つが、なかなか思い出せない。

私たちは神田川沿いを歩く。

「この辺りだったかな。アパートの一階だったエルシー企画は」

自販機本の発祥もいくつか説がある。伊藤裕作によれば——。

「中島規美敏さんという自販機本の総元締めがいて、東京雑誌販売（東雑）を通さないと販売できなかった。たしか新宿の神社の前に事務所があって坊主頭だったなあ」

東京雑誌販売は自販機本を出版する版元を統括する会社であり、自販機に従来のエロ本を入れて売るよりも自社で制作したエロ本を入れたほうが儲かるとして、いくつも版元を設立させた。有名なのは、『劇画アリス』の版元だったアリス出版だった。劇画アリスの裏表紙には毎号上半身裸の男が載っていて、過激な編集ポリシーを語っていた。沢田研二に似た容姿から「三流エロ劇画界のジュリー」と呼ばれた同誌編集長であり、後に作家・評論家になる亀和田武の若き姿だった。

エルシー企画から出ていた自販機本『Ｊａｍ』は、山口百恵の家から出るゴミを収拾して中身を公開し大騒ぎとなり、後継誌『ＨＥＡＶＥＮ』（群雄社）もアングラ的な誌面としゃれたデザインで、これからはじまる八〇年代サブカルチャーシーンを予感させた。『ガロ』でデビューしながらくすぶりつづけ、漫画家を引退しようとした蛭子能収《えびすよしかず》を起用して復活させたのも『Ｊａｍ』であった。

突撃風俗ライター誕生

「エルシー企画とアリス出版が合併してこの辺に事務所ができたんだよ。そこからまた明石さんが群雄社出版という出版社を独立してつくった。僕は『漫画Ｑ』という雑誌で、ライターとしていろんな企画出して、愛染恭子さんがまだ青山涼子という芸名でやっていたときに、河原でお医者さんごっこの相手役を務めたりしたんだよ。ライターとして政治ネタや社会問題をえぐるような記事は無理だし、落ちこぼれという自覚があったんですよ。でも、自分の恥ずかしい部分を全部さらしていけば食っていけるんじゃないかと思ったの。そしたら風俗という道があった。寺山修司はトルコの桃ちゃんという架空のキャラクターをつくった。芸術では僕は寺山修司に敵わないけれど、寺山がつくったトルコの桃ちゃんに会いに行くために全国のトルコ風呂を回ってみよう、だれもやっていないネオンジャーナリズムを書こうと思ったんです」

伊藤裕作の懐古とともに私たちは神田川と平行する道を歩き出した。

煙草屋の角を曲がる。

私は三十六歳から四十九歳までの十三年間、この近くにあるコーポ坂口という積み木のような四階建ての二階を仕事場にしていた。高田馬場でももっとも思い出深い場所である。

スランプから抜け出そうと、ライターのＩという男と二人で借りた仕事場だった。

「この辺にね、じつは女と一緒に暮らしていたんだよね」

歩く伊藤裕作が意外な告白をした。

「その部屋、どの辺ですか？」

「えーっとね、ああ、ここ、ここ」

入口が狭い六階建て、神田川沿いに面したそのマンション……うん？

私のかつての仕事場から目と鼻の先のその建物は、私が毎日のように目にしていたものではないか。このビルには、椎野礼仁という人物が率いる椎野企画という編集プロダクションが入っているのだ。一水会代表・木村三浩、元一水会顧問・鈴木邦男、元赤軍派議長・塩見孝也といった左右の人物たちの書を編集し、最近では『なぜ柳家さん喬は柳家喬太郎の師匠なのか？』（柳家さん喬・柳家喬太郎著／徳間書店）をプロデュースした。椎野礼仁自身も、『テレビに映る北朝鮮の98％は嘘である　よど号ハイジャック犯と見た真実の裏側』（講談社＋α新書）という書き下ろしもある。

椎野礼仁は慶應の学生時代、学生運動をしてきた。社会人になると校正の事務所を起ち上げた。左右の論客と仕事をこなし、「連合赤軍事件の全体像を残す会」では司会進行をする。

事務所のドアをノックすると、本人が出て来た。

伊藤裕作と椎野礼仁は今日の昼、電話で話したという。なんだ、顔見知りだったのか。意外な組み合わせに三者三様で驚いた。

伊藤・椎野の二人は趣味の短歌が取り持つ縁で、数年前に面識をもった。

高田馬場の狭いエリアで人々が交錯する。さらにここから二、三軒隣のマンションが、あの名曲『神田川』の作詞者・喜多條忠《きたじょうまこと》が早大生のころ、恋人と同棲していた三畳一間の小さな下宿があったところである。この地はフォークソングの聖地でもあるのだ。

意外な結びつきを酒の肴に、椎野企画でしばし歓談すると、伊藤裕作がセンチメンタルジャーニーを再開する。

「部屋に帰ったら彼女の持ち物が何も残っていなかった。ハハハハハ。ショックだよ。二十八歳のころで、けっこう稼いでいたんだけど、『週刊大衆』で突撃風俗ライターになる前だったかな。恋人に逃げられたということと、部屋の窓から見えるアパートの二階で女の人が着替える裸の思い出くらいしかないの。残念ながら神田川は僕のいた部屋からは見えなかった。反対側だったから」

二十八歳で双葉社に出入りするようになり、男性誌『ミスターアクション』にかかわった後、同社の『週刊大衆』に呼ばれ、風俗情報コーナーを任された。

風俗業界はいまより裏稼業の匂いが立ちこめ、イニシャルで店名を出すのが精一杯だった。名物編集者林幸治と斬新な連載コーナーはないかと考えた末、見開き二ページ連載「ピンク特報部」が誕生、初の試みとして店の電話番号まで掲載すると、風俗情報に飢えていた読者が飛びつき、同コーナーは人気ページとなった。

アイドルのような風俗嬢、いわゆるフードルが誕生するのはその後のことだ。

「女の子っていうのは、確実に勢いがある業界に向かうんです。つまらない業界に青春捧げたくないから。八〇年代はトルコ風呂（現在はソープランド）も勢いがあったから、素人がけっこう入ってくるんだよね」

プロ野球で二百勝投手と二千本安打の打者にだけ入会資格がある「プロ野球名球会」が話題になったころで、しゃれっ気たっぷりの伊藤裕作は、「トルコ名球会」なる会をつくり、年間トルコ嬢二百人斬りを入会資格にした（そんな人物、この男しかいない）。

「突撃風俗記者をやって一番よかったと思うのは、ソープ嬢にひたすらしゃぶってもらうわけじゃないですか。むいてフェラしてもらってるうちに真性包茎が治ったの」

二十四歳で遅咲きの童貞喪失を果たした男は、以後、人生のほとんどすべてをトルコ取材に捧げる。

残された五月人形

歩きながら伊藤裕作が語る。

「なんで高田馬場に住んできたのかというと、在学中に仕事してて、早稲田の学生ですって言ってもなかなか信じてもらえなかったんだ。せめて近くに住んでみたらと思って。それに土地勘もあるし」

私たちは明治通りをわたり、印度大使館邸脇の坂道を上がる。

「ここ、印度大使館邸裏に寺山修司が住んでいたんだよ。ネフローゼ症候群で社会保険中央病院に入院してしばらくして退院してから住んだのがここ」

当時の地名は諏訪町。

寺山修司が住んでいたのは幸荘だった。

いまではどこにでも見かけるようなマンションに変わっている。

「寺山さんは大学受験のとき、青学や同志社を受けてるんだけど落ちてるんですよ。だから受かった早稲田に愛着をすごく持ってたの」

このあたりは私もよく通る道である。館邸の大木に覆われて昼なお薄暗い坂道で風情がある。普段見慣れた景色でも、過去を紐解くとドラマが埋もれている。

「僕は寺山さんの後を追ってるなあ。まったく偶然」

トルコ名球会なる酔狂なパフォーマンスを演じてきたこの突撃風俗記者は、風俗取材の一線を退いたいま、故郷津市と東京を行き交い、演劇プロデュースをおこない、寺の境内で劇団公演を実現させた。経費節約のために自宅を劇団員の宿泊施設として開放した。演劇の情熱が無ければここまでのことはできない。地道な演劇活動によって、二〇一六年には津市文化奨励賞まで受賞した。

伊藤裕作はなだらかな坂道を上がり、左に折れて私を導く。住宅地のなかでももっとも高い丘に到着した。住宅やマンションが密集するものの、幹線道路から離れていることもあって静寂に包まれている。

「それで僕は、ここのマンションに引っ越すわけですよ」

地上五階建て、築四十年、デザインの凝ったマンションである。できた当時はこの付近でもおしゃれな建物だったのだろう。

「明石さんのエルシー企画は自販機本の大手・アリス出版と合体するんだけど、また分かれて群雄社出版をつくったんだ。明治通り沿いにあるオリンピックビルに移ったんだよ。僕は高田馬場のアパートを転々としていて、さっき話した女に逃げられた部屋から、今度は高田馬場公園に近い米屋のアパートに引っ越したの。そのときに群雄社のスタッフに、『ここが空いたから住めよ』って言われたの。それがここのマンション。高杉弾や隅田川乱一、山崎春美がつくっていた『Jam』や『HEAVEN』の編集部が入っていた部屋ですよ」

ちなみに群雄社出版はその後、中野に移り、レンタル系AVメーカー、VIP（後にアトラス）となる。明石賢生が代表となり、八〇年代半ばのAV黎明期にメーカー側を牽引する実力者になった。何度かパーティー会場で見かけた明石賢生は、口髭をたくわえ、押し出しの利く人物だった。一九九六年急逝。

「ああ、久しぶりだな。一階にあったんだよ。十五年くらいここにいたんじゃないかなあ。このときはもうけっこう稼いでいたからね」

目的のマンションの一階に立った。

トルコ風呂取材で明け暮れる日々で、米屋のアパートには毎週のように『週刊大衆』の編集者が用も無いのにやってきた。出はじめたばかりのラブホテル流出裏ビデオを鑑賞したり、それを女子大生たちに見せて反応を私が記事にしたりしてきた。人を招くならもっといい部屋に住んでもいいだろうと思っていた。

そんなある日の夜、トルコ風呂の社長に声をかけられて断り切れず、六本木の高級クラブにつきあった。

その店は、デビュー前のタレントのタマゴや引退した女優がホステスになっている有名なクラブだった。

突撃風俗記者の横にホステスがつく。

どこかで見かけた子だ。

伊藤裕作は記憶を掘り起こした。

そうだ、池玲子の東映女番長《スケバン》映画シリーズに出演していた田島晴美ではないか。

巨乳で愛らしい顔をして人気があった。その田島晴美がまさか、ここにいるとは。

東映映画にやたら詳しい伊藤裕作と田島晴美は初対面にもかかわらず話が弾んだ。

「離婚して子どもをとられて、いま住んでいるところももうすぐ出なきゃいけないの」

偶然だが、伊藤裕作にはまだ住んでいない2DKの部屋があるではないか。

「僕が借りようとした2DKがあるんだけど、よかったら住まない？　いや、一緒にというわけじゃなくてさ、僕は部屋があるから大丈夫」

話はあっという間に決まった。期限は一年間ということにした。

田島晴美は伊藤裕作が住むはずだった小高い丘の上の築浅のマンション一階に住みだした。賃貸マンションなので、いくらか田島晴美に負担してもらうことになったが、破格の安さだった。

独身の男女のことだ。色恋をまったく期待しなかったといえば嘘になる。

だが、仕事に忙しい突撃風俗記者はこの部屋をのぞく余裕もなかった。

一年が過ぎた。

約束通り、田島晴美は新しい部屋を見つけ、そこで再スタートを切ることになった。

何事もなく過ぎた伊藤裕作は、田島晴美が消えた部屋に引っ越した。

いままで住んでいた米屋の古びたアパートとは異なり、柱も壁も床も豪華だ。

ふと見るとリビングに妙な物が置いてあった。

五月人形だ。

男児が兜をかぶった武者人形である。五十センチほどはあるだろう。

田島晴美には男児がいた。親権がとれなかった彼女は、離ればなれで暮らす男児に渡そうとしたのか。そして子どもへの思いを吹っ切るために部屋に置いて出て行ったのではないか。

田島晴美が部屋を出て何年かたったある日、伊藤裕作はスポーツ紙の小さな記事を見つけた。

スクリーン上でも六本木のクラブでも溌剌《はつらつ》としていたあの元女優が癌で亡くなったことを知った。

「いつか五月人形を返そうと思ったんだけど、いなくなってしまったからいまだに僕のところにあるというわけ」

伊藤裕作は高田馬場の夜空を見上げ歌を詠んだ。

雲のない夜空に　光る星ひとつ　「孤高に生きる」の　意味が染み入る

第六章　性と死が織りなす街

軽佻浮薄の時代

大学に入った私は、卒業せずに中退して物書き稼業に殉じようと本気で思っていた。文章力を早いうちから磨いて、学生のうちからデビューしようと思ったのだ。

だがやっと青春の門が開かれた青年にとって、高田馬場は刺激的だった。

企画演出部というできたばかりのサークルで、まだ女性ファンが圧倒的だった甲斐バンドのコンサートを神田共立講堂で開いたり（前座が浜田省吾という豪華版だった）、スキーツアーを催したり、テレビやラジオの番組で軽佻浮薄の大学生代表として出演したり、似たような連中のキャスティングを手伝った。

『アメリカ横断ウルトラクイズ』が企画段階で、どうやってクイズを出していくか、十五名ほどの大学生を引き連れて、頭に重たいシルクハットのような帽子をかぶらされて、クイズに答えるテスト版に駆り出されたりした。クイズの答えがわかりスイッチを押すと、シルクハット型の帽子のてっぺんに伏せてあった番号付きのパネルが跳ね上がる仕掛けになっているのだが、改良前なのでとても重たく、リハーサル中は拷問のようだった。

新番組にもよく呼ばれ、横山やすし・西川きよし司会の番組『象印ライバル対抗大合戦！』（テレビ朝日系列）では、早慶戦の巻に登場した。早稲田の芸達者な学生を集め、自分も羽織袴で登場した。このとき一緒に出たサークルの後輩は「万歳同盟」というなんでも万歳するパフォーマンスグループを起ち上げ、テレビ出演五十数回という記録を打ち立てた。就職試験ではそんな軽さが仇になってかどこも受からず、冷やかしで受けたＮＨＫアナウンサー試験に合格、現在では幹部になっている。

早稲田側からエルヴィス・プレスリーのものまねをやった学生がいて、もみあげまでつけエルヴィス風の衣装を着て、『好きにならずにいられない』を熱唱してスタジオ内を寒くさせた。その学生は現在、神奈川県知事になっている。

収録の合間、西川きよしがひな壇にいた私の隣に腰かけると、学生たちのコントを評しながら「笑いというのは間《ま》が大切なんや」とぽつりと言った。いまでは素人までもが「間が大事」と訳知り顔で言うが、あのころは間（タイミング）の意味合いがよくわからなかったのでとりわけ印象に残っている。

日本テレビ系列の特番で、『三大学対抗芸能合戦　東大早稲田慶應』という九十分番組を放送したときには、早稲田側のキャスティングを任され、ついでに自分たちも画面に登場した。寸劇やらのど自慢をやるのだが、ゲスト審査員としてジャイアント馬場が登場、移動するときは巨大な岩がゆっくり大陸間移動しているようだった。

1977年11月「ライバル対抗大合戦」早慶戦の巻。羽織袴で応援する長髪の男は21歳だった私。優勝トロフィーをかかげるエルヴィスに扮した学生は黒岩祐治・現神奈川県知事

1979年3月、都電荒川線「面影橋」付近にて

この番組ではじめて総合演出をまかされた若手ディレクターと息が合い、その後もつきあいがつづいた。私が卒業間際、就職先が決まらずにいたら、自分が在籍する制作会社に誘ってくれた。この面倒見のいい若手ディレクターはその後、テレビ番組の歴史を塗り替える天才ディレクター、テリー伊藤という名前で知られるようになる。

軽薄な日々を過ごすうちに、帰宅する最終電車に乗り遅れるときもあったので、いっそのこと大学近くに三畳一間のアパートを共同で借りて、泊まれる部屋を確保しようとした。

共同で借りた相手は、高校時代の同級生で同じ大学の法学部の学生だった。地頭がよく司法試験を目指すと言っていたが、就職することになり、県庁と住友商事に合格した。それから数年後、読売放送の『11PM』を見ていたら、司会の藤本義一が新人アナウンサーを呼ぶとき、どこかで聞いたような名字を言った。顔もあの法学部の旧友とそっくりだった。まさかと思ったら当人だった。就職シーズン終盤、同級生は冷やかしで受けたフジテレビのアナウンサー試験で最終まで残り落ちたものの、読売放送から各局の最終選抜で落ちた学生だけを集めて採用試験がおこなわれ、みごと合格した。

後に彼はニュースキャスターとして全国区の知名度を誇るようになる。名前を辛坊《しんぼう》治郎《じろう》という。学生時代はうつむき加減で、ナイーブな印象が強かっただけに、いまの威風堂々たる司会ぶりは別人の感がある。

下積み時代のビートたけし

軽薄な大学生、というやつをみずから愉しみながらメディアに登場するうちに、テレビ業界の裏側を知る機会に直面した。

一九七七年夏。

テレビ朝日で日曜日昼、公開お笑い新番組がはじまることになった。

学生カップルが舞台に登場して、女子が歌をうたい、男子が歌詞に即して身振りする、当て振りコーナーがあった。番組制作者から声がかかり、私が出場するはめになったのだ。

舞台でうたう女子は、番組側が用意したタレントのタマゴ、十代半ばの女子だった（いまごろ、どうしているだろう）。

放送当日、楽屋ではじめて顔を合わせ、打ち合わせした。私はコンパでよく披露した『巨人の星』を踊ることにした。兎跳びをしたり、大きく片脚をあげる星飛雄馬《ほしひゅうま》の投球フォームを真似たり、電信柱の陰からそっと弟を見守る星明子《ほしあきこ》の真似をしたり。

舞台で本番がはじまる前に、客席に客を入れて当日の進行をディレクターが説明しだした。その際、客席を温める（笑いやすくする）ために、新人の漫才師を登場させて、客席を沸かせようとする。客側はテレビでまったく見たこともない新人漫才師のギャグを見させられるのだから、そんなに笑いが起きない。

私が渡された台本には〈ここで前説〉と書かれていた。前説とは、本番前に観客に説明したり客席を沸かせることを言うのだとこのとき知った。そして、テレビに出られない芸人が存在するのだ、という厳しい現実を思い知らされた。

新人漫才コンビが舞台に登場し、芸を披露した。客は本番のほうに気が行ってるから、前説どころではないだろう。

私と即席のカップルが『巨人の星』をやると、少しだけウケた。

プロでもない私たちがテレビに映り、苦節何年か知らないが本業で漫才をやっている前説の漫才師らがテレビに出られない、という厳しい現実を知り、後ろめたい気分になった。

翌年の一九七八年十一月三十日。

就職シーズンがそろそろ終わろうとしていたころ、高田馬場の芳林堂書店で「マラソン漫才」というイベントが開かれた。このところ勢いのいい話題の漫才師が、出ずっぱりで漫才を披露するという。

芳林堂書店の案内板を見ると、「出演者・ツービート」と書いてある。

昨年、前説をやっていたあの漫才師だ。私は他人事ながら、よかった、と思った。下積みからでも表舞台に立てることだってあるのだ。

ビートたけしはすでにこのときから、毒舌・残酷ネタを披露する本音トークで話題になっていた。

最近、この日の音源も発見された。

このときのマラソン漫才は、戦後最大級のカリスマがブレイクするきっかけになった記念すべき舞台になった。

ア式蹴球部と堀江忠男

大学では経済学を学んだ。社会構造とその矛盾を解明するには経済学が一番だと思っていた。いまは社会学がブームになっているが、当時はまだマルクス経済学も元気で、近代経済学とならび、マル経、近経と二大経済学が論争する活気ある時代であった。

私は日本における資本主義成立分析をやりたかった。大学三年の春、堀江忠男教授の「マルクス経済学の根本的再検討」というゼミに受かり、マルクスの資本論と格闘した。マルクス経済学の理論に潜む脆弱性を論破しようというもので、マルクス主義全般を批判的摂取するのである。毛沢東語録に経済に関する事項が少ないことからもうかがわれるように、毛沢東主義では経済は立ち行かなくなり、必然的に毛沢東批判が起きるだろう、と卒論で書いた。当時、毛沢東は中国において神以上の存在だったので、毛批判は起きるはずがない、と思われていたが、歴史を振り返れば敢然と毛沢東批判が起きて、経済改革がおこなわれた。卒論は優だった。

ゼミの堀江忠男教授は、日本初のサッカー日本代表選手として一九三六年、ベルリンオリンピックに出場した。日本におけるサッカーは戦術も技術も発展途上で、英語の原書を取り寄せてヘディングのテクニックや戦法を学んだという。

初戦対戦国は優勝候補のスウェーデン。戦前の予想では、東洋の無名国はスウェーデンに完敗するだろうと言われた。実際、前半で0対2。後半でも苦戦がつづいたが、倒されて倒されても日本選手は猛攻し、ついに後半戦3点を叩きだし逆転勝利した。

この戦いは「ベルリンの奇跡」としていまもオリンピックの歴史に刻まれている。スウェーデンのアナウンサーによる実況中継「日本人！　日本人！　日本人がここにも！」という絶叫はいまも伝説の中継になっている。

後に堀江忠男教授は早稲田のサッカー部監督になった。早稲田ではサッカーのことをア式蹴球部と呼ぶ。アソシエーション式フットボールに由来するもので、イギリスをはじめとするヨーロッパ圏ではサッカーのことをフットボールと呼び、サッカーという用語は世界的には少数派である。

私がゼミ生だった一九七〇年代後半、日本はサッカー後進国で、堀江教授の夏のゼミ合宿で、合間にやった球技はソフトボールだった。堀江教授が一人で巧みなドリブルをやっていたのを夏空とセットで記憶している。

私がゼミに入った翌年、ア式蹴球部所属の学生が入ってきた。眼鏡をかけたスタイルのいいゼミ生で名前を岡田武史といい、まさか後年、日本をワールドカップに二度導く日本代表監督になるとは、まわりはもちろん、当の本人も夢想もしなかっただろう。

私の進路だが卒論のできがよかったので、大学院という道もあったが、文筆で身を立てるつもりだったから、四年で卒業することにした。

逆説的な言い方をすれば、中退もできず卒業してしまった、のである。学生のうちから華々しく文筆家としてデビュー、というわけにはいかなかった。

在学中に何もしなかったわけではなく、小さな出版社に高校時代の思い出を綴った短い手記を送ったところ、アンソロジーの一編として収録された。

もともとフリーになるつもりだったから就職試験も気乗りがせず、だからといって卒業前にすでに一端《いっぱし》の物書き屋になっていたわけでもなかったので、就職試験を受けた。

ところがどこにも引っかからず、私は学生時代に知り合ったテリー伊藤のいた制作会社に世話になったもののわずか二ヶ月で退社し、第二章に登場したビッグボックスで日本初の大学ミスキャンパスをおこなったイベント会社に拾われた。

そこを一年半で辞めて、イベント会社に在籍していたときに知り合った双葉社から出ている週刊大衆を舞台にライター業をはじめた。

やっと本業のとっかかりをつかんだことになる。その前にお世話になった前出の二つの会社と先達にはいまでも恩義を感じ、交流を許していただいている。

いつか自分で書いた本を出したい、と夢見ていたが、在学中に手記を書いて面識をもった先の小さな出版社から、一九八一年に『ザ・キャンパス』という書き下ろし本を出版した。種は蒔いておくものだ。運もよかった。そこの出版社が新刊書を出す予定のところ、フリーランスになった私にうまく舞台が回ってきた、というわけだ。

駆け出し記者時代の悲劇

フリーランスの物書きになってからも、高田馬場は打ち合わせや取材でよく使った。

八〇年代初頭、駅近くにはガラス張りのしゃれた「ボストン」という細長いビルの喫茶店や、駅前ロータリーが見渡せる「ローリエ」という喫茶店があった。ＦＩビル地下一階、「カンタベリ」はいまも健在である。

早稲田通り沿いでは、うなぎの寝床のように奥まった客席の「ユタ」というコーヒー専門店もよく使った。

ビッグボックスには「フェイスオフ」という喫茶店があった。駆け出し記者時代にもよくここで待ち合わせをした。

忘れもしない悲惨な思い出もある。

初夏のある日、お嬢様育ちの女子大生を数名、週刊誌の誌面で取り上げる企画だった。

一人目の慶大生は社長の娘でありながら「アルバイトで朝早く出かけなければならない」という健気な申し出を受けて、朝八時の田園調布で待ち合わせた。取材が済むとその足で今度はビッグボックスに向かった。

到着したのは昼前で、「フェイスオフ」が待ち合わせの場だった。

私が着席してしばらくすると、白百合女子大の学生が登場した。スタイルがいい、細面の品のいい女子大生だ。母に買ってもらった純白のスーツがよく似合っている。

私はアイスコーヒー、白百合女子大生はアイスティーを注文した。

小さなテーブルに注文した二つのグラスがならんだ。ストローをさして飲みながら、雑談としゃれこむ。

大学を卒業するまでまともに異性と話もできなかった私だったが、二十四歳で物書き稼業をやりだしたころには物怖じすることもなく、どこでもだれとでも話すことができるようになった。あの複雑過ぎる自分はどこにいったんだ。

白百合女子大生の純白スーツについて話を聞くと、フランスの超高級ブランドだった。

「それでつきあっている恋人の話ですけど」

私が異性について話を聞こうとすると、「まだいないんです」と意外なことを言う。

二十五歳だった私は思わず彼女を見る目が違うようになりかけた。

「ところでどんなタイプが好きなんですか？」

個人的関心事も混ざっていた。

ノートに書きとめようと、右手をノート上に置いた。

その瞬間だった。

一本脚のテーブルがバランスを崩し、スローモーションのようにテーブルが傾き、上に乗っていたアイスティーとアイスコーヒーが音をたてて純白スーツに襲いかかった。

哀れ、女子大生は純白スーツを茶色と黒色で汚され、なおかつグラスのなかの氷が股の部分にすべて集まり、彩りを添えた。ストローもふたつ股部分に挟まっている。

白百合女子大生は、声にならない悲鳴をあげながら、立ち上がるべきか腰かけたまま氷を取り除くべきか、しばし固まっていた。

私は自分がしでかした人生最悪のミスに、頭がまっ白になって、すいませんすいません、とあやまりながらハンカチとおしぼりで彼女の高そうなスーツを拭いた。

「いいんですいいんです」

白百合女子大生は私に気を遣ったのか、それとも愛想を尽かしたのか、自分のハンカチでスーツをぬぐった。

私は店員を呼んでおしぼりの追加をしてもらい、白百合女子大生に手渡し、あたりを拭いた。

取材は終了を余儀なくされた。

クリーニング代を払います、と何度も念を押して彼女と別れた。

その後の記憶が無い。

人間、突然の悲劇に見舞われると記憶が飛んでしまうのだ。

ビッグボックスは甘くほろ苦い思い出がつきまとう。

新雑誌『スクランブル』の編集長に

学生時代の頭でっかちな生き方は、実社会に出てから鍛えられていった。

腰の引きがちな男が何事にも前に出て行くようになった。

仕事によって鍛えられたのだろう。

物書きの要諦は体験や思考を具象化することにある。若いころは体験が少なく、どうしても理論先行になりがちだが、体験を積み重ねることによって、自身の思考も容量が増えていく。様々な人間と出会い、話を聞き出すことが最高の鍛錬になり、糧になった。それを活字として記録することが私の役割になる。観念の男が泥んこリアリズムで鍛えられ、たくましくなった。

八〇年代初頭は、女子大生がアルバイトでホステスをするだけで週刊誌が特集記事を組む時代だった。大学を出たばかりの私に、女子大生をテーマにした企画の仕事が毎週のようにやってきて、そのたびに声をかけたり電話をかけて、交渉した。

所沢の自宅二階が原稿執筆の仕事場になり、毎日のように西武新宿線所沢駅から高田馬場駅まで出ていった。高田馬場は大学生時代の学びと遊びの場から、都内で仕事をする橋頭堡《きょうとうほ》になった。

東京に仕事場を設けたくなるときもあったが、収入面で家賃を負担するのはまだ無理があった。八〇年代はパソコンが普及しておらず、締め切り日になると編集部や周辺の喫茶店で原稿を書き、デスクのもとに書いたばかりの原稿を持って行く。用事が無いときでも記者やカメラマンは編集部や喫茶店にたむろしていた。

八〇年代後半になってファックスとワープロが普及し、九〇年代後半からパソコンが普及すると、用事がなくても編集部と喫茶店にたむろする、という風習は激減する。

高田馬場にはじめて部屋を借りたのは、一九八三年春だった。

雑誌が元気な時代だった。

一九八〇年代初頭、新潮社から発行された写真週刊誌『フォーカス』は一九八三年に二百万部にせまる勢いで、発売日の金曜日には山手線の一車両で二十名以上がフォーカスを読んでいた。スマホを乗客の八割が見ているいまの光景に似ている。

これに目を付けた男がいた。

ビニ本、裏本というエロ本を全国展開で制作発売していた北大神田書店グループの首領、地下経済界で〝会長〟と呼ばれた男だった。

「これからうちも同じやつ出しますよっ！」

その〝会長〟と呼ばれる男から、フォーカスのような新雑誌を創刊させたいのでスタッフで参加してくれ、と打診された。

なんでもやってやろうという二十六歳の私は、引き受けた。

肝心の編集長にだれもなり手がいなくて、気づくと自分が手を上げていた。学生時代の引っ込み思案が嘘のような展開だった。

急造の編集部を起ち上げた。

場所は高田馬場の明治通りと早稲田通りの交差点角、できたばかりの十三階建てビル、サンパークマンション高田馬場の二階、新築建材の匂いがする一室だった。

スーパーのチラシ専門カメラマン、元美容師、業界紙記者、大手スポーツ紙の広告部員、フリーランスカメラマン、大学を出て就職浪人していた青年、といった寄せ集め集団だった。

新雑誌の名は『スクランブル』に決まった。

編集部解散と「村西とおる」の誕生

「新雑誌の配給ルートはうちのルートを使います」

会長は北大神田書店グループが制作した裏本を全国の支店にばらまくルートを確立し、私たちの新雑誌も同じルートでばらまくと言い出した。

雑誌はトーハン、日販といった大手取次を介して全国の書店に配本するのが出版界の常識になっていた。会長はこの常識を根底からひっくり返そうとしたのだ。パ・リーグとセ・リーグのプロ野球に、さらに別リーグを起ち上げるようなものだった。

総勢十七名の編集部は一九八三年二月の創刊に向けて、夜を徹して働いた。

政治、事件ネタを得意としていたフォーカスに対して、私たち編集部は、芸能人の知られざる過去、裏話を中心に集めるようになった。威力を発揮したのが、現役早大生の芸能研究会会長がもたらす情報だった。

創刊号には、当時もっとも人気のあった新人・中森明菜の中学生時代の修学旅行写真を載せた。部屋でくつろぎ、リンゴにそっと口をつける、すでにアイドルになる宿命を予見させる写真だった。

私の個人的関心から、GS最大のスター、ザ・タイガースのドラマー、ピーこと瞳みのるのいまを知りたかった。タイガースといえばジュリーこと沢田研二を筆頭にもっとも人気のあったバンドで、二番人気が瞳みのるだった。一九七一年武道館解散コンサートを最後にファンとメディアの前から姿を消した。

その瞳みのるが慶應高校の漢文教師をして、多摩川べりで犬をつれて散歩している、という未確認情報が入った。

山口百恵とならび人気絶頂で姿を消した瞳みのるのいまをとらえてみよう。さっそくカメラマンとライターを取材に走らせた。

ライターはアルバイトの早大生、カメラマンはスーパーのチラシを撮っている若手カメラマン。一、二ヶ月かけて無理だったら諦めよう。無理を承知で指令を発した。

その初日。

三時間ほどしてライターとカメラマンが編集部にもどってきた。

「早すぎるぞ。もっと粘れよ」

私が苦言を呈すると——

「撮れちゃったんです」

即席コンビのライター&カメラマンは顔を真っ赤にして報告しだした。

車が多摩川の土手に着いたところ、犬をつれた瞳みのるとばったり遭遇、カメラマンはいきなり前に出てフラッシュをたいた。

暗室で現像された写真は、GS時代の長髪を保った瞳みのるが驚愕の表情で写っていた。

創刊号は中森明菜、瞳みのるが評判を呼び、複数の女性週刊誌から、写真を貸してくれ、と懇願された。

報道写真は現場で被写体と遭遇しなければならない。腕のよしあしはさほど関係がなかった。フォーカスと対抗できるかもしれない。

混成部隊の私たちは号を追うごとに自信をつけていった。

「フォーカス編集長にインタビューを申し込みたいのですが」

私が直接、フォーカスの後藤章夫編集長に電話を入れると「そんなの漫画になっちゃうよ」と嗤《わら》われた。

だったら漫画でいいかもしれない。

後藤章夫編集長の自宅をつきとめ、自宅から新潮社までの通勤光景の隠し撮りに成功した。隠し撮りを得意とするフォーカス編集長自身が人知れず隠し撮りされていた、という筒井康隆的な世界観が翌号のスクランブル誌上に載って反響をよんだ。後藤編集長はサングラスにトレンチコート、まるでハードボイルド小説の主人公のようであった。

様々な物議をかもしながらスクランブルは号を重ねていったが、スポンサーの北大神田書店に警察の捜査がおよび、全国の支店に踏み込まれ、会長のもとに入る莫大な売上金は激減、私たち編集部にまったく資金が流れなくなった。

スクランブルは十号を出したところで無念の休刊、編集部は空中分解となった。

「うちでやらないか」と複数から声がかかった。そのなかに少年漫画誌史上最大のカリスマ編集長と呼ばれた秋田書店・少年チャンピオン元編集長の壁村耐三もいた（第四章参照）。手塚治虫が極度のスランプに陥り連載が一本もなくなった七〇年代初頭、「手塚先生の死に水はおれたちがとる！」と豪語し、描かせたのが手塚治虫最高傑作の『ブラック・ジャック』だった。傷害事件で逮捕されれどこの出版社も縁を切っていた梶原一騎に原作を依頼しようとしたこともあるように、壁村耐三は滅び行く者に手をさしのべる気質があった。

いまから思えば、私たちに声をかけてくれたのも、壁村耐三なりの敗者に対するエールだったのだろう。

スクランブルは会長との信頼関係で創刊したものであり、他で出すことにはためらいを感じ、せっかくの誘いを断った。それに疲弊していたのだ。スクランブルに結集したフリーランスのカメラマン、ライター、デザイナー、編集者たちには多大なる迷惑をかけたといまでも痛痒の記憶とともに私に刻まれている。

伝説の編集長・壁村耐三と会ったのも、高田馬場の喫茶店だった。

早稲田通り雑景

会長は北海道で捕まり半年後、保釈され黎明期のＡＶ監督となる。
新しい名前は村西とおるだった。

悪の錬金術師

編集部は解散になり、無一文になった私は再びフリーランスの物書き稼業にもどろうとした。だが虚脱状態でなかなか立ち上がれない。

気分転換と家賃を減らすために、神田川沿いのマンションを解約し、なけなしのカネで高田馬場一丁目の古びた二階建ての二階部分を借りた。

一階は何が仕舞われているのかわからない真っ暗な物置、二階は写真家が書斎に使っていたという板張りの部屋とキッチンだった。

こう書くとしゃれたアトリエ風に思えるが、歳月がたった建物なので、あちこちからすきま風が吹き、ガラスはひび割れ、キッチンは薄暗く、二階に上がる階段は戸山公園の箱根山に登るような急勾配だった。

建物の周辺は雑草が生い茂り、ケヤキやカシの木が成長して建物に覆いかぶさり、室内への日差しをさえぎっていた。

仕事仲間が私の安否を尋ねて来訪したときは、「お化け屋敷みたいだな」と本音を漏らした。

建物は高田馬場のど真んなかにあったが、幹線道路の騒音や生活音はまったく届かず、耳奥の鼓動だけが聞こえた。

まだ二十七歳だった。

諦めるには早すぎる。

かといって燃焼し尽くした状態で、いますぐ何かを再開しようとしても腰が定まらなかった。

ガラス窓を風がたたき、冬枯れの木々のシルエットが窓の向こうに映る。

思い出として残っているのは、代々木公園でフリーマーケットが催され、売り手側として参加してあまった小物類をならべた秋のときだった。

公園をそぞろ歩く若い男たちがいままで見たことがないスタイルなのだ。

何が違うのだろう。

服装ではなく髪型だった。ビートルズに端を発し六〇年代後半から勢いを増し七〇年代に全盛となった、男の長髪ブームがあった。永遠につづくものかと思っていたが、編集部を解散してゼロにもどったとき、目の前には襟足のすっきりした男子ばかりが歩いていたのだ。

いままで雑誌の創刊、編集作業、資金繰りに追われて、ファッションが変遷したことに気がつかなかったのだ。

自分の青春が幕を閉じたと思った。

これ以上高田馬場に居座ってもしょうがない。

私は軽トラックを借りて、スクランブルの部下だったHに頼み、一緒に荷物をまとめて所沢の実家にもどった。

Hはすでに編集部の同僚と一緒に事務所を起ち上げて、編集プロダクションをやりだしていた。

軽トラックを運転しながら、新青梅街道を下る。

高田馬場からの脱出だった。

翌年の春先まで関東地方はよく雪がふった。

やんだと思ったらまたふりだし、茶垣が枯れてしまうほどだった。

私は部屋にこもり、太宰治や芥川龍之介、江戸川乱歩などを読み耽った。

さすがに何ヶ月もこもっていると、春の木の芽のように胎動が起きてくる。

これからは自分がやりたいことを最優先してやっていこう。

当時はサラ金の取り立てがやり放題だったころで、なかでも債務者宅に押しかけ、催告のビラを貼ったり、杖でドアを乱打したりなど過酷な取り立てをすると噂の杉山グループ会長・杉山治夫が悪名を響かせていた。

縦縞のスーツに金ぴかの眼鏡、金のブレスレッド、金の腕時計といった出で立ちで、悪趣味満載だった。債務者から取り立てたカネを事務所に敷き詰めて悦に入ったり、壁一面に備え付けられた重要書類棚を、「夜逃げ」「一家心中」「自殺」「逃亡」といった債務者の項目別に分類していた。

悪を演じている、とでも言おうか。

会ってみたいと思った。

連絡先を調べて何度か電話をかけてみたが、女性秘書や強面の男の声で拒否がつづき、なかなか本人にたどりつけない。だめなら直接事務所まで訪ねてみようとしたところ、電話口でいきなり早口で男がまくしたててきた。

杉山治夫会長だった。

飛び込みで取材を申し込んだ私だったが、杉山会長はどういう風の吹き回しか取材を受けた。正面切って取材を申し込み、何度も通う物好きな人間は私くらいしかいなかったらしく、様々な舞台裏をのぞく機会に恵まれた。

「どんな奴でも必ず取り立ててみせる。不可能なのは、あの世にいってしまった奴だけや」

サラ金規制法ができる前に、杉山式残酷取り立ては凄まじかった。

かたくなにドアを開けない債務者宅には「このままほっぽっておくと鍵屋が鍵をあける」「給与差し押さえ予告」と真っ赤な文字が印刷されたビラを貼った。

債務者の夫がいない留守をねらい、ドアからでてきた妙齢の人妻には、四十八手の体位が描かれたハンカチをプレゼントし、「いやあ、奥さん。あんた美しいおひとや。すばらしい。これなら立派に吉原で働けますよ。どうですか。わしがソープ紹介しましょう」とささやき、債権を取り立てる。

逃亡している債務者宅には、「おめでとうございます。あなたに現金一千六百二十円が当たりました」と運命学協会という差出人名のハガキを送り、一円でもカネがほしい債務者が現金を受け取ろうといま住んでいる住所を書いて運命学協会に送ると、翌日には行方を伏せていたはずの家に、運命学協会を運営する杉山軍団が急襲するといった取り立てをおこなう。杉山会長は〝地下経済界の首領〟の名を欲しいままにしていた。

私が名刺を渡したときこんなことを言った。

「大物ジャーナリストや作家がわしのところに取材に来るんやが、『名刺忘れた』言うてだれもわしに名刺わたさんのや」

杉山会長はそう言うと大笑した。

そして恐ろしい話をつづける。

「借金返せる最後の方法もあるんや。腎臓や、あんたのいきのいい」

過酷な取り立てが法律で規制されると、今度は臓器移植が遅れていた日本の事情を逆手にとり、臓器ビジネスをはじめたのである。杉山会長は片手に腎臓らしきものが入ったビーカーを高々とかざし、もう片方の手には売りさばいた腎臓で儲けたとおぼしき札束をにぎっている写真を公開した。

杉山会長が高い値段で腎臓を買い取ってくれる、という評判が流れ、全国から腎臓を売りたい希望者が訪れた。

実際、借金のカタに腎臓を売るというにわかには信じられない場面にも遭遇した。人知れず杉山会長の事務所を訪れ、二つあるうちの一つを売ろうというのだ。

たまたま私が棚の陰から目撃したのは、関西から来た自動車工場経営の社長だった。運転資金に行き詰まり、このままでは不渡り手形を出して倒産、という事態に直面して、社長は腎臓を売ることを決意したのだった。杉山会長は淡々と臓器密売の段取りを語る。一部メディアが、日本では臓器売買は成立していない、という報道があった。だが実際は医師にヤミ金を渡して臓器移植させるヤミ手術が密かにおこなわれていたのだ。

〝恐怖の人体切り取り魔王〟の名をあらたに私からかぶされた杉山会長は、「これからはみんなが幸せになるんや。みんな幸せやみんな幸せや」と転向宣言を発し、金満家教会を設立。自身が教祖におさまってしまい、会得したマネー哲学をひろく知らしめようとした。

杉山会長は悪の振る舞いを楽しんでいるふしがあった。私がインタビューに行くと、腎臓売買で見せたビーカーの腎臓らしき写真も、実際は近所の精肉店で豚のレバーを買ってこさせて撮影させていた。

そんな裏側を私が勝手に書いても、まあええがな、と鷹揚《おうよう》なのだ。

脇が甘いというか、刺激を求めて悪を演じているところがあった（悪人には違いないのだが）。失業して自暴自棄に陥り、杉山会長のもとに腎臓を売りに来た青年に対して、「あんたはまだ若いんやからこれからなんでもやれるやろ」と逆に励ます一面もあった。

杉山会長は昭和十三年、高知県長浜で生まれ育った。船乗りの父は家に居着かず、取り残された母と杉山少年は燃料用に松の葉をかき集め、売り歩いていた。たまたまもどってきた父が感染していた梅毒によって母は二次感染で盲目になり、杉山母子は「目なし婆」「乞食の治坊《はるぼう》」と近所から差別され、困窮した親子は農家の小屋の軒先で暮らすようになった。

栄養失調で小便が真っ赤になった杉山少年は、絶望のあまり小学二年生のときに便所の梁《はり》に縄を吊して自殺しようとしたが失敗、九死に一生を得る。

学校は中学二年で中退、時計修理工をへて独立、時計店をいとなむが、放漫経営がたたり負債をかかえ、大阪の暴力金融に取り立てられ、返済が滞ると六甲山山中に生き埋めにされかけた。首から上だけ地面に出した状態の杉山青年は、一か八か、自分を取り立て屋に雇ってくれ、と哀願し、自身が苛烈な暴力金融の一味となる。

東京進出してからは、持ち前の邪悪の脳細胞がフル稼働し、めきめきと取り立て率を上げ、ついに新宿に杉山グループを立ち上げ、過酷な取り立てをおこなうようになる。

多くの取材を通じて、私はどんな人間も多面的な生き物であり、完全なる善人もいなければまた完全なる悪人もいない、という結論に達したものだ。

世紀の悪人に違いない杉山会長だったが、私は周りからよくあそこまで書いて無事でいられるな、と呆れられた。

新宿ロフトプラスワンという、居酒屋形式で毎日ゲストが好き放題語り尽くすライブハウスが歌舞伎町にある。ここに杉山会長を招いたときがあった。

すでに悪の事業は頓挫し、以前のような羽振りのよさも消えた杉山会長だったが、得意の札束を宙高くばらまくパフォーマンスを律儀にも披露した。さすがに一億円をぶん投げるわけにはいかず、客席に放り投げた額は三万円だった。一万円札が三枚でも客席は湧いた。

その杉山会長も唯一怖い存在があり、ぽろっと口にしたときがあった。

「オウムは怖い」

まだオウム真理教一連の犯罪行為が露見する前で、世間的には象のような帽子をかぶり、コミカルなテーマソングを歌う新興宗教というとらえ方であったから、杉山会長が漏らした言葉は印象的だった。

闇社会においてオウム一連の犯行はどこかで漏れていたのだろう。

杉山会長はその後、愛人とのあいだに幼い女児をもうけ、親馬鹿ぶりを発揮していたが、経済事件を起こし投獄され、体を壊し獄中死した。

風俗もやれば左翼もやる

一九八五（昭和六十）年早春。

戦後学生運動を綴りながら、先導していったマルクス主義陣営の路線闘争を一冊の本として描こうと思った。巻末には中核派・革マル派両派のインタビューを載せるつもりだった。

革マル派は残念ながら断られたが、中核派が了承してきた。

当時、山手通りに面した中核派本部・前進社で単独インタビューがおこなわれることになった。有楽町線要町《かなめちょう》駅で降りて目的の場所までたどり着く。ニュースでよく見る分厚い鉄板でできた入口前に立った。家宅捜査の際、機動隊の電動ノコギリで切断された跡がいくつもある。

相手をするのは全学連委員長だった。

最高幹部が出てきたわけだ。

武装闘争をやりつつ、情宣もしっかりやるという両軸路線をとっていたことが大物登場につながった。さらに私がどこの色にも染まっていない若い書き手だったことも幸運だった。

八五年当時はまだ革マル派との内ゲバが継続中だった。本多延嘉書記長を殺害された中核派は革マル派殲滅路線をとり、革マル派は防戦一方だった。

中核派本部で革マル派との内ゲバを停止して、せめて言論戦でやれないか、その可能性を探ったが無理だった。若者同士がセクトが違うだけで赤い血を流す無念さは、見たくなかった。

殺し殺される党派闘争のなか、中核派の本部で革マル派との停戦を提案するのはそれなりに覚悟がいったものだ。

私が『全学連研究』を出したのは一九八五年五月だった。

刊行当初は反応もほとんど無かったが、一九八五年十一月二十九日、中核派人民革命軍による国鉄分割阻止の同時多発ゲリラが発生。浅草橋駅が火炎瓶攻撃で炎上、首都圏六路線二十五か所、計三十三か所が炎上、破壊された。全軍を指揮していたのが、インタビューに登場した全学連委員長だった。

人民革命軍は主に革マル派との内ゲバ部隊やテロ・ゲリラ戦専門の地下組織で、その存在は極秘だった。

国鉄同時多発ゲリラが起きてメディアは一斉に人民革命軍について報道したが、すでに全学連委員長は逮捕され、中核派は取材拒否だった。

結果的に私とのインタビューがスクープになってしまった。新聞、週刊誌、テレビが相次ぎ私に取材を申し込んできた。

気づくと私は地下経済の帝王から地下軍事組織まで、深部を探訪する若造としてメディアに刻印されていた。

最近、新宿ロフトプラスワン席亭の平野悠との対談（二〇一八年十二月）に登場したとき、こんなことを話している。

平野：本橋さんは社会派でありながら、下半身の風俗の取材をしているじゃない。それでありながら、『全学連研究』なんていう本も出しちゃってて、そこから繋がって塩見孝也の取材に繋がるんだと思うんだけど。いやほんとに、よく中核派の取材をしたよね。

本橋：中核派は一九八五年当時、武装闘争をガンガンやっていたけど、情宣活動もちゃんとやらなくちゃいけないっていう時代だったんです。

平野：狙いは何だったの？

本橋：実際に行動している人間のセクトの話を聞いてみよう、と。論理で入りながら、実践もしっかり押さえるのはわたしのテーマですから。革マルは丁重に断られたんですけど、中核派は全学連委員長が出てきて、豊島区千早にあった「千早城」で。駅を出て歩いていたら、上から「到着!!」って大きな声で言われて。ずっと見られていたんですよね。

平野：すごいねぇ、緊張ある取材だよね。

本橋：いつも家宅捜査のとき機動隊が電動ノコギリで破壊していたあの鋼鉄製の入り口を開けて、正々堂々となかに入りましたよ。

平野：なにか得るものはあった？　なんだったんだこいつらはっていう感じでしょう？

本橋：ありますよ。ごく普通の紳士的な若者でしたけど、でも当時まだ革マルとの闘争があったから、党派闘争については頑迷なところがありましたね。

平野：「やられたらやり返せ、やられる前にやっちまえ」っていうのがあの世界だもんね。

本橋：延々と五時間くらい、インタビューしましたよ。中核派の本部で革マルとの内ゲバを中止しては、と論陣を張るのは覚悟はいりましたよ、それは。

平野：本橋さんはほんとうに広いよね。ヤクザもやれば風俗もやれば左翼もやる。最後は塩見孝也だもんね。企画でおっぱいパブに連れていって喜んでるんだもんね、アハハハ！　まったく、左翼バカにするんじゃないよ（笑）。

本橋：でも、本当におとしめたのは『ＴＡＢＬＯ』編集長ですからね！　久田君（※本橋注・『実話ナックルズ』二代目編集長）は当時のわたしの編集担当（笑）。

平野：でも、本橋さんは、塩見さんのことをけっこう尊敬してたよな。

本橋：塩見さん大好きでしたよ。はじめて会ったのは、雑誌『Ｖｉｅｗｓ』（講談社）の企画で、テリー伊藤さんがレフリーで入って、新右翼一水会の鈴木邦男さんと元赤軍派の塩見さんが激突するっていう企画があって、そこでわたしは構成者として入っていたんですよ。平野さんは塩見さんが現役だったころから知っているんですよね？

平野：だいたい知ってるよ。俺よりぜんぜん偉かったけどね。塩見さんは、関西から流れてきたんだよ。でも結局、塩見孝也は「9条の会」から追放されたっていうのが面白いよね。そんな塩見さんをはめて、おっぱいパブに連れていったりして、本橋さんの意図はなんだったの？

本橋：獄中生活が長かった塩見さんは観念が先走るところがあったので、庶民が働く現場を見せたかった。それに風俗嬢はいつも右派が籠絡《ろうらく》するので、左派からの巻き返しを、と思ったわけです。塩見さん、感激してましたよ。あとは久田くんの連載タイトルでもある『偉そうにしないでください。』っていう。これはね、実はわたしの生涯のテーマでもあるんですよ。右でも左でも、そんなに偉そうにしないでくださいよ、って。

平野：ほうほう。

本橋：わたし、こう見えても結構緊張しぃなんですよ。物書きってね、人と話すのが苦手な人は多いですよ。有名人コンプレックスもあるし、えらい人と会うときは緊張するんですよね。そんなときに、深呼吸するとか、相手の顔を野菜と思えとか、いろいろ言うけど、わたしの場合は違っていて。この人がどんな顔でクンニしてるんだろうって思うんですよ。

平野：アハハハ！　どこかで足をすくってやろうって思うわけ？

本橋：いやいや、そうじゃないんですよ、そうすると相手も察するから。あとね、わたしの体験から言って、つまらない小説っていうのはあるけど、つまらない個人史っていうのはないと思っているんです。

平野：おっとと、かっこいいこと言いますねぇ。

本橋：どんな人間でもその人は一人しかいないから、すでにオリジナリティなんですよ。だから、つまらない半生を聞いたためしがない。人の過去の話を聞くのが大好きだし。人間っていちばん悲しいことは、「自分の存在を無視される」ことだから、自分に関心を持ってくれる人がいるのは嬉しくて、しゃべってくれるんですよね。

（ロフト席亭・平野悠の『暴走対談』〈ＴＡＢＬＯ〉二〇一八年十二月五日配信より）

塩見孝也との日々

塩見孝也は戦後社会においてもっとも過激だった組織、赤軍派を創設した委員長で、日本のレーニンとも言われた。

京大生のころから学生運動に没頭し、ハイジャック闘争をはじめ数々の闘争で獄中二十年を過ごした。出所して塩見孝也事務所を設けたのがここ高田馬場だった。

革命戦争を呼号し極端な武装闘争を掲げてきた赤軍派はその後、パレスチナでゲリラ闘争をおこなった重信房子グループや、ハイジャック闘争で北朝鮮に飛んだ田宮高麿グループ、国内に残り京浜安保共闘と組み、冬山であさま山荘銃撃戦を展開し、十二名の同士をリンチ殺害した連合赤軍といった派に分かれ、多くの犠牲者を生み出した。

その親玉でもある塩見孝也元議長は、出所してから、かつての仲間たちからは責任をとっていないと批判が相次ぎ、孤立していた。

それでも反体制運動のカリスマを慕う若者たちが塩見孝也のもとに集い、学習会をしたり、運動体として何ができるか模索していた。

面倒見がいい塩見孝也の事務所にはいつもフリーターや無職の若者、引きこもり、元ヤクザが姿を見せて、日本のレーニンと呼ばれた男を慕ってついてきた。

塩見孝也は長年の独居房生活で腰痛になり、戸山公園の新宿スポーツセンターのプールでリハビリのために水泳をするようになった。

悠然と平泳ぎでプールを遊泳する元闘士を見て、孤独な影を感じたものだ。

「おれはよお、やはりベトナム戦争反対が（闘争の）はじまりやったな」

アジアの民衆がアメリカ軍によってナパーム弾で焼かれ、機銃掃射を浴び、無慈悲に殺害される光景は当時の日常だった。日本はアメリカ軍の中継基地として機能していた。

塩見元議長の義憤は当時の青年たちの多くに共通するものだった。だが、アジアの民主を救うために武装闘争をおこなったはずが、仲間を傷つけてしまう。そこに運動体が抱える矛盾があった。

私の事務所が早稲田通りをはさんですぐ近くだったので、しばしば会って会話したものだ。時には論争になった。

かなり激しい論争で一時期は連絡をとりづらいときもあった。

高田馬場は闘士を招く土地柄で、塩見孝也以外にも、新右翼・一水会（初代代表・鈴木邦男、現在・木村三浩）の本部がある。

昔から理屈好きの若者たちが喫茶店や居酒屋で激論を戦わせた土地柄でもある。

二〇〇二年、日本人拉致事件を北朝鮮が公式に認め謝罪した。

拉致事件についてほとんど蚊帳の外に置かれていた塩見孝也は愕然とした。よど号メンバーに問い詰めても要領をえない。「断じて拉致は間違っていると言わねばならない」と塩見孝也は言い切ったのだが、よど号の仲間たちへの裏切りだ、と非難する人々もいた。

日本人が拉致されたのだから、右も左も関係なく一刻も早くオールジャパンで救出するべきではないか、と私が言うと、思い悩んでいる様子だった。板挟みにあっていたのだろう。

塩見孝也だからこそ、拉致事件について一点突破できる力があると思った。北朝鮮の最高幹部と間接的にだが話をもっていける存在なのだから。私はいまでも塩見孝也こそ拉致事件を解決に導く可能性のある男だった、と思っている。

塩見孝也の主張を広く伝えるには、書店やコンビニで買える雑誌に登場するのがいちばん手っ取り早く効果的だ。私が連載するコラムに登場してもらい、その際、論争でもなんでもすることにした。最初はしぶっていたが、一般読者に知らしめるためには、週刊金曜日や朝日ジャーナルだけではなく、週刊プレイボーイや宝島といった雑誌にも登場するのが効果があると口説いた。そこで論争するのだ。

マルチメディア戦略を私が説明すると、「きみは諸葛孔明みたいな男やなあ」と三国志時代の知将の名をあげた。

私が塩見孝也のトークライブに、篠原さゆりという村西とおる率いる元ダイヤモンド映像専属女優を連れていったところ、塩見孝也が一目惚れしてしまい、勉強会に誘いながらも「失恋してしまった」と寂しそうに打ち明けたのも懐かしい思い出だ。

最後は清瀬市の駐車場管理人として働いていた。

二〇一七年十一月十四日没。

享年七十六。

最期まで革命に殉じた一生だった。

性欲は落差に比例する

会社員、教師、OL、主婦、公務員といった人々とも出会い、話を聞き出すうちに、どんな人間にも裏と表が併存していることを痛感した。

億単位の豪華クルーザー所有者たち十数名のグループは、全員が僧侶である。

地元では高僧として尊敬の念をもって崇められているが、毎週、洋上でモデルやキャンペーンガールを集め、乱交セックスを繰り広げている。地上では檀家の目があるが、洋上なら安心して肉交できるからだ。

地元で良識の人、として有名なある教育委員会の重鎮が、密かに集めているコレクションがあった。ヨーロッパ旅行に行くたびに集めてくる少女姦写真集である。庭先のプレハブ小屋には密かに持ち帰った禁断のコレクションがすし詰めになっている。

性欲は落差に比例する。

ビルの屋上から真下を見るとき、高ければ高いほど、足がすくんで動悸が速まる。日ごろ、道徳的な生き方をして社会的地位が高い人間ほど、劣情を催したときの落差が大きい。人格者ほど裏の顔が不道徳になるというのも、その高低差の興奮に陶酔しているのだ。

深夜、ドライブをしていた。

二十九歳になった私はそろそろ身を固めるかと思いながら、助手席にいる十九歳の彼女とのことを考えた。

ビニ本・裏本の会長と呼ばれた男は刑務所から釈放されると、そのころ普及しだしたビデオデッキで再生するアダルトビデオという新しいメディアに飛び込み、クリスタル映像という新会社の雇われ監督になり「村西とおる」を名乗っていた。

脚本を手伝え、と言われて何本か書いているうちに、時間が空けば撮影現場を手伝った。そこで知り合ったのがいま助手席に座るYだった。

高校を卒業した彼女は浪人をしながら一人暮らしをしていた。

小顔で体のバランスがよくて、後に沖縄から出て来て九〇年代最大の歌姫になった歌手に似ていた。

この子と一緒になる。

漠然と近い将来が見えた気がした。

だが、ためらいもあった。

彼女の奔放な生き方が果たしてこの先、自分の人生と重ね合わせることができるだろうか。

湘南海岸をドライブしていると、陽気になった彼女が体を寄せてきた。

不思議なことだが、つきあいだして一年近く経過したというのに、体の関係はなかった。

幼いころYは見知らぬ男に悪戯されかけて、それがトラウマになって性行為にブレーキがかかるというのだ。こういう話を聞くと、男の性欲という罪深さに嫌悪を催す。

Yは酒を飲んできたのか、浮かれて私にしがみつき、普段なら積極的にしないキスを求めてきた。運転しながら受け入れる。

その瞬間、甘苦い液体が口中に流し込まれた。Yからの返礼だった。吐き出すのも失礼かと思い、飲み込んだ。

十分もたたないうちに、バックミラーが七色に光り輝き、全身が至福感で満たされた。

私が感嘆の声をあげると、Yは勝利の凱歌をあげるかのような高笑いを発した。

Yが流し込んだのは、大手製薬メーカーから出ている睡眠薬で、六本木や新宿の歓楽街で「赤玉」と称してその世界では人気のドラッグだった。

普段、ケミカルなものを摂取するのを敬遠していた私の体は、劇的にこのクスリが効いてしまった。

七色の光に彩られて宇宙遊泳しているかのような感覚になり、これ以上運転するのは危険だと思い、街道沿いのホテルに車を入れた。

そして泥のように眠った。

突如訪れたスランプ

私は仕事仲間二人と高田馬場一丁目に仕事場を設けた。

七階建ての古びたマンションの六階で、上には刑事ドラマで人気をほこった俳優とその家族が住んでいた。

二十九歳で共同の事務所を持ち、出はじめたばかりのワープロを入れファックスも備えた。こんなに仕事の効率がアップするんなら、もっと早く仕事場を持つんだったと思った。

バブル目前だった。

仕事場に泊まり込み、ワープロを叩いた。

村西とおる監督は泣かず飛ばずだった時代から脱皮をはかり、売れっ子になっていた。

AVデビューしたばかりの現役横浜国立大生・黒木香が仕事場にやってきたこともあった。

「わたくし」という聴き慣れない山の手言葉を普段から口にしながら、見たこともないような脇毛を生やしている。イタリア美術を学ぶ女子大生でありながら、肉交をするときの豹変する淫乱ぶりが収められた『SMぽいの好き』は歴史的傑作となり、八〇年代後半、最大級の前衛的女性になる。まだブレイクする直前だった黒木香は、私の仕事場でとりとめのない話をする時間の余裕があったわけだ。

私は高田馬場の仕事場に入ってくる原稿の依頼を次々にこなし、自分がたてた企画を各雑誌編集部に送った。仕事場には編集者やカメラマン、ライター、デビューしたてのAV女優といった多彩な顔ぶれが連日、顔を見せた。

人が集まるところに情報と仕事が寄ってくる。最終電車に間に合わず、仕事場に寝泊まりする日も増えた。

明け方、仕事仲間と高田馬場を散歩しながら昼間とは異なる清廉な空気を肺に入れると、充実感がみなぎった。

一九八六年。時代はバブルへ突き進んでいった。

仕事場を設けて一年が過ぎ、仕事の量も増える一方だった。

異性とのつきあいも増え、彼女たちが仕事場に顔を出すことが多くなった。

仕事に追われながら、私生活でも結婚を考える時期だった。

所沢と高田馬場の往復二時間は長かった。

高田馬場に居を構えようか。

仕事仲間との信頼感が希薄になり、私は自分で部屋を借りて独立することに決めた。

高田馬場のはずれにできた新築の大きな賃貸マンションに移ることにした。

ピンチの後にはチャンスがある、という野球の格言があるように、好調の波があれば不調の波がやってくる。絶好調のときに陥穽《かんせい》が待ち受けている。

引っ越した部屋に一晩寝て翌日、目覚めたとき異変が起きた。

違和感としか言いようがなかった。

部屋に一人きりでいる状態がこんなに居心地のわるいものだったとは。

部屋の環境と人間関係が一夜にして変わったために、適応障害に陥ったのだ。

仕事も私生活も最高潮のとき突如襲った引き潮だった。仕事を再開しようとしたが、できる状態ではなかった。

借りたばかりの部屋を三ヶ月で解約すると、前の事務所にまだ未練が残っていたのか、離脱した事務所のすぐ近くに小さな部屋を借りて引っ越してみた。

だがそこでもやる気は起きなかった。

一九八七年晩秋、今度は百人町に接する閑静な住宅街、高田馬場四丁目のコンクリート打ちっ放しのマンションに引っ越した。窓からは終戦後に建てられた百人町の給水塔が望めた。寒風にさらされる給水塔は私の孤独な心象風景と重なる。

仕事先から帰宅して、留守番電話に吹き込まれた録音を再生するときの最初に鳴るピーという機械音が部屋に流れる。私一人だけが部屋にいた。

以前は共同の仕事場で仲間たちがそれぞれ勝手に机に向かい仕事をしていたが、いまは私だけが部屋にいる。だれの視線も気にせず仕事に打ち込めるはずが、自分の作業をだれも見ていないことへの虚しさがあった。だれかがいてほしかったのだ。

いつになってもやる気がおきず、またもや引っ越した。

今度は駅に近い大型スーパーのピーコックが入った十階建マンションの十階だった。

眼下には高田馬場駅とビッグボックスが一望でき、都会の喧噪が静かに渦を巻いていた。

ホームを通過する電車の警笛が私を孤独に押し遣った。

孤独を紛らわせようと私の隣にはたいてい異性がいた。

身を固めようと思いながら踏み切れない。異性との交情に溺れているあいだはいくらか孤独を紛らわせることができたが、解決策にはならなかった。

気がつくと私は湘南のドライブで味わった睡眠薬を思いだし、不眠症ということで病院から手に入れて飲み出した。空腹時に通常の三倍服用すると、決まって二十分後に体が浮遊して、至福感に包まれる。アルコールで酔った感覚である。

酩酊しているあいだはスランプや孤独は忘れられた。

気分がハイになるとその反動で通常にもどったときの落ち込みが大きい。

気がつくと濫用状態になっていた。

薬が抜けると、十階のベランダに出て眼下の高田馬場を見下ろす。

一年前はあれほど仕事に熱中していたのに、いまの状態はいったいどうしたというのだ。

このまま真下に落ちたら、どうなるか。

一瞬、そんなことが頭をよぎった。

肌寒い夕方、電車の警笛が灰色の上空に消えていく。

仕事場をここに残して、普段の住まいは違う住所にしてみようか。

中野区に哲学堂公園がある。哲学という用語を考案した井上円了《えんりょう》博士が私有地をもとにつくった広大な公園だ。その近くの新築マンションの二階を住まいとして借りて、高田馬場の十階の部屋は完全に仕事専用にした。

プライベート用と仕事用とはっきり分けたほうがやる気が出ると考えたからだった。

ところが昼間、哲学堂公園のベンチで睡眠薬を噛み、浮遊したかのように時間をつぶすばかりだった。

なんとかしなければ。このままでいいわけはない。濫用といっても止めている時期が一週間でもつづくのだから、うまくつきあえばいいだけの話だ。

自分にそう言い聞かせながら、ふらふらと高田馬場をさまよい歩く。

友人から、「昨日、どこ行ったの？」と尋ねられるが、友人と会ったことすら忘れている。

薬の影響で前向健忘《ぜんこうけんぼう》（最近の記憶が薄らぐ症状）に陥っているのだ。

仕事場にしていた高田馬場の十階の部屋を退出して、今度は神田川沿いにある古びたマンションの二階に引っ越した。後に高田馬場ラーメン勢力図を塗り替えるつけ麺屋「べんてん」が開業するその近くだった。

高田馬場を転々としても、調子は上がらなかった。

皮肉なことだが、収入面ではこのスランプ時のほうが多かった。バブル景気と重なり、物書きよりも広告制作の収入のほうが多くなっていたので、暮らしには困らなかったのだ。

満足感を得られなかったのは、本業で稼いでいないからだった。

神田川沿いのマンションでは、夕方五時半になると、隣の雑居ビルで仕事を終えた運送会社の運転手たちが会社で麻雀を打ちはじめ、牌をかきまわし、奇声を発したり、怒鳴ったり、騒然とした。これが連日つづくのだ。

そろそろ潮時かと思って一年足らずでそこを出て、今度は高田馬場駅と神田川のあいだの繁華街に建つ、大家が下に住んでいる小さなビルの二階に移った。

アルコール依存症の相棒

「僕も事務所に入れてくれませんかぁ？」

そう言ってきたのはIという二十九歳の男だった。

取材先の撮影現場で知り合った兵庫県北部の但馬《たじま》地方出身者である。但馬弁の訛りで標準語をしゃべり、なおかつ育ちの良さからお坊ちゃん風の言葉で話す。

「部屋にいてもお酒ばかり飲んじゃうんですぅ。昨日、オシッコしたらタール色でしたぁ」

Iが喫茶店で紅茶を飲もうとテーブルに置かれたカップを持とうとすると、小刻みに震えて受け皿とカチカチぶつかり、薄茶色の液体がカップから半分近くこぼれた。

さらに口元までカップをもっていこうとすると、震えはひどくなり残りの液体はほとんどこぼれてしまった。

どれくらい飲んでいるのか、尋ねた。

「毎日飲んでますぅ。昨日はビールとワンカップ、どれだけ飲んだのか憶えてないなあ」

そう言うとIは両目をまぶしそうにこすった。

私とIは二人で共同の仕事場を借りようと、高田馬場二丁目のコーポ坂口という小さな建物の二階を借りた。

高田馬場の隣、中落合の新目白通り沿いにある中古の事務机売り場をのぞき、二人で安い椅子とスチール製デスクを買った。

仕事場に二人の机をならべたら余裕がなくなった。風呂場とトイレが一緒で、しばらくすると風呂場は書類と書籍で埋まった。なんとか低調な日々から飛躍しなければと、日の当たらない窓からかすかに見える空を見上げた。

Iは世田谷のアパートから高田馬場の仕事場に毎日通い出した。

部屋にいるより仕事場にいたほうが酒と無縁の時間が増えるから、というのだ。

時々、仕事場から消えて半日が過ぎてもどってくるときは、酒臭い息を吐きながらソファに倒れ込んだ。

ほぼ連日の飲酒と運動不足によって大学時代はひょろっとしていたIの体型も、下腹が突き出し、ズボンのベルトも締め忘れ、尻の半分近くまでずり落ちても平気で歩く。眼鏡は酔ったときに割れたものをセロテープでとめてかけていた。肥満化は止まらず、松本零士作『男おいどん』の大山昇太《おおやまのぼった》を十倍太らせたような姿になっていた。

Iは中学生のころから映画少年でシナリオライターに憧れ、国際基督教大学在学中からシナリオコンクールに応募、私と仕事場を共有するころにはいくつかの賞を受賞してきた。

非商業主義的な芸術作品を制作・配給し、日本映画史に重要な位置をしめたATGが主宰する新人シナリオコンクールに、Iは愛読する中上健次『枯木灘《かれきなだ》』ばりの土俗的な家族の物語を描き佳作に入り、受賞式では映画評論家の重鎮、佐藤忠男をはじめ、多くの映画関係者から祝福された。

前途洋々とした未来が待ち構えている、はずだった。

「昨日、僕、どこで飲んでいたんだっけぇ？」

飲酒した前後の記憶がなくなったＩが尋ねてくる。

仕事場にもどってくると顔から血を流しているときが増えた。千鳥足で電信柱にぶつかり、流血になっているのだろう。

夜中に原稿を書いていると、世田谷に帰ったはずのＩがふらりと入ってきて、小脇にかかえたワインボトルをラッパ飲みしだした。

仕事場を設けたものの、アルコールはＩのもとから離れることはなかった。

Ｉにとって念願のシナリオ大作が映画化される話もあったが、いつしか立ち消え、生活費稼ぎの雑誌コラムを書き飛ばす日々になった。

消息不明になり、いくつもの締め切りに間に合わず、私が代役を務めるときも出てきた。

「もう僕はお酒を飲んではいけないということですよ」

私が戸山公園でジョギングをやりだしたので、Ｉを誘うとトレーニングウェアに着替えてついてきた。

スポーツセンターのまわりを走ると、Ｉも遅れまいとついてくる。私から離れたらまた連続飲酒してしまう、とでも思うのか、あまりにも後ろに近づきすぎる。私がスピードをあげるとＩもぴたっと背後にくっついてくる。

端から見たら随分、不思議な走り方をする二人だと思ったことだろう。

走り終わり、駅前の芳林堂書店に行くと、ここでもＩは私の背後にくっつき店内を移動した。

頼れるものがいなかったからなのだろう。Iなりに必死だったのだ。

お正月には「ちょっとだけ飲んでみる」と言って、お猪口に口をつけたところ連続飲酒がはじまり、仕事場に姿を見せたのは一週間後だった。顔に乾いた血糊がこびりついていた。

最悪の事態は目前に迫っていた。

夕暮れ時に、電話がかかってきた。

新宿警察署からだった。

「Iさんはそちらで仕事していますか？」

「はい」

「歌舞伎町でほぼ全裸状態で寝ていたところ、声をかけたら大暴れして取り押さえ、現在署の保護房に留置しているんですが、関係者の名前を尋ねたらこちらの連絡先を答えたので連絡しました」

いつかこんな日が来ると予期していた。

新宿警察署に行くと、Iは泥酔者の保護房、いわゆるトラ箱に入れられていた。鉄の檻である。そこにうつぶせになって呪いの視線をだれにでもなく向けているIがいた。ズボンが尻まで脱げている。薄暗い空間に閉じ込められたIを見て、私はふと山椒魚を連想した。

すでに人間の体《てい》をなしていなかった。

アルコール依存症は確実にIの心と体を犯していたのだ。

「僕はもう飲まないよっ。家に帰ったらポカリスエットを飲むんだよ。本当だよ」

酩酊状態にあるIは気まずい思いを断ち切るかのように、ポカリスエットを飲むんだと延々と繰り返していた。

警察官が哀れみの視線を投げかけた。

翌日。

仕事場に到着した私は、Ｉのいなくなった机を見渡した。

机の上は乱雑を極め、資料と本の山を崩すとワンカップの空き瓶があちこちから顔を出した。私に注意されるからと、隠れて飲んでいたのだろう。

午後、Ｉから電話がかかってきた。

辛そうな声だ。

「僕、アルコール依存症治療の開放病棟に入院することになりました。入院先の場所、一応教えておくね」

自分の力ではどうしようもなくなり、最後の手段として入院治療だけが残されていた。

Ｉが入院することになったアルコール依存症治療の開放病棟は、中央線を下った東京郊外にあった。

新宿警察署に保護されてから約一ヶ月後、春まだ浅い曇天の午後、私はＩに面会するために開放病棟のある敷地に足を踏み入れた。

木立の下でしゃがみこんでいる入院患者らしいパジャマ姿の女性に、道を尋ねてみた。すると、彼女は何かを抱き、撫でながら、ちょっとわかりませんと首を傾げた。

彼女が大事に抱えているのはレンガ大の石だった。

しばらく歩いているうちに、目的の病棟にたどり着いた。

みずからの意志によって三ヶ月間、入院して依存症の治療に専念するアルコール依存症患者のための専門の病棟だ。

無精髭をはやし痩せこけたIがジャージ姿で現れた。

医師の話だと、アルコール依存症治癒率は二パーセントだという。

「この病院の統計だから、すごい現実的なんですよ。あとは依存症と闘いながら、結局飲んでしまって再入院したり、また退院して社会に復帰してみたり、また飲んでしまって入院したり、その繰り返しらしい。僕？　実家にもどったって、何もやることないし、それに僕がすぐできることといったら、ライターくらいしかないでしょう。ベッドの上でも書いていいっていうから、やれることからやって後はどうするか考えるしかないし。もう一度、やり直しですよ」

開放病棟から立ち去るとき、何かもっと私にできることはなかったのかと後悔した。

小水の入ったワンカップ

二人、机をならべて原稿を書いていた部屋に、また私一人が残された。

Iの机の引き出しを開くと、サラ金からの督促状が山のように出てきた。

入院前のIの破滅的な行動がわかってきた。

目をしばたたかせていたのは、自室でワンカップを何本も飲んでいるうちに酔いつぶれ、トイレに行く気力もなくなり、空になったワンカップに放尿し、西日の当たる窓辺にいくつもならべておいたところ、太陽光熱でアンモニアが蒸発し、部屋中に充満して目をやられたのだった。

おのれの小水で失明しかけた男！

失踪するたびに顔から血を流し、仕事場にもどってきた真相は、当時の目撃者やら関係者から話を聞くとこうだった。

酔いが回ると本能が開放され性欲が昂進し、店舗型の風俗店、箱形ヘルスに入店しようとする。泥酔者は入店拒否されるが、それでもIは執拗に頼み込み入店。個室でヘルス嬢とプレイするのではなく、酒を飲んだときに派生する人恋しさのあまり、ヘルス嬢に身の上話をするのだった。時間になるとまた料金を追加して話し込む。店側もヘルス嬢も、カネになるので泥酔していても黙認していたのだ。

なかには、Iの財布事情を盗み見して、帰りの電車賃だけ残してすべてふんだくる悪質なヘルス嬢もいれば、帰り際に虫の居所がわるかった店長から突き飛ばされて顔を腫らして帰宅するのだった。道ですれ違うとき、通行人とぶつかり、殴られたときもあっただろう。

アルコール依存症は不治の病とも言われている。一度アルコールという薬物依存になってしまうと、神経も脳も記憶しているために意志の力ではどうにもならない。治療法はたったひとつ。二度とアルコールを摂取しないこと。

Iのようにためしに飲んでみると、アルコール依存症の特徴でもある連続飲酒が再開してしまう。たとえていえば、坂道に停車しようとしたところサイドブレーキを引き忘れ、坂道を下ってしまうようなものだ。

Iは三ヶ月間の入院が終わり、退院した。

「アルコール依存症の人はほとんどが、酒を遠ざける生活を送りながら、いつまた口にしてしまうかぎりぎりの暮らしをしながら、アルバイトで暮らしてるんですぅ」

小水の入ったワンカップはつきあっていた恋人がすべて捨ててくれた。

部屋に、別れの言葉を書き残して。


Ｉがシナリオライターの駆け出し時代に、アダルト系出版物によく見かける三尋狂人《みひろくると》という風俗ライターがいた。

実はこの人物、後に文藝春秋に入社し、退社してからはコラムニスト、評論家、作家として活躍する勝谷誠彦であった。

灘高を出て家業の医師になろうとしたが、医大受験に失敗。浪人後早大文学部に入学、医師の道を放棄した勝谷に親からの仕送りが無くなり、生活費稼ぎのために学生ライターをやりだした。その際のペンネームが三尋狂人だった。

私も何度もこの風変わりなペンネームを見かけたときがあったが、出自がわからずじまいだった。学生時代からライター業をはじめる、という私がやるべき道のりを勝谷誠彦は実践していたことになる。

勝谷誠彦はフリーランスになってから、七年以上にわたって一日も欠かさず毎朝五千字のエッセイを発表しつづける、という尋常ならざる意志の力があった。

その勝谷もアルコール依存症だった。

亡くなる一ヶ月前、ネット配信に姿を見せたときの彼は、死相が浮き出ていた。

あれだけ意志の力が強くても、酒の誘惑には勝てない。アルコール依存症の恐さである。

空回りの日々からの脱出

カネも仕事も恋人も信用もすべて失ったＩは、郊外に六畳一間の部屋を借りて、仕事に復帰した。アダルト系雑誌の記事をコツコツと書き、暮らした。

夜、外に出ると自販機で酒を買ってしまう危険性があるので、部屋にこもった。

ＡＡ（アルコホーリクス・アノニマス）というアルコール依存症患者たちの自助グループに参加して、今日一日の出来事を報告しあった。

「高田馬場にもどってこいよ」

何度私が言ってもＩはもどってこなかった。

自助グループは、言いっ放し聞きっぱなし、同じ病を抱える者同士が励ましあいながら暮らしていく。

Ｉと病院で同期だった患者が五人いたが、そのうちの三人は自殺と連続飲酒によって内臓を壊して死亡していた。

Ｉもいつ同じ運命にあうか、生と死の瀬戸際にいた。

アルコールの代わりに仕事がＩの依存の対象になった。

一日中、部屋にこもって原稿を書く。何を食べるのか考えるのも面倒なので、一日三食吉野家の牛丼で三ヶ月を暮らす。さすがに飽きてくると今度は一日三食のり弁にした。

眠気ざましでシャワーを浴びるときは、洗濯代わりということで服のままだった。

寝る時間も惜しみ、仕事の合間、倒れるように床に寝た。

一日に締め切りが十五本もあったり、一冊まるごと編集作業をする仕事が月に五冊も舞い込んだ。週の半分は徹夜をした。

過労によって盲腸をこじらせ緊急手術、危うく命を落とすところだった。半年もしないうちに今度は過労で顔面マヒになって、入院した。入院先のベッドでも仕事をして、医師から「これ以上仕事をすると死にますよ」と叱責された（それでも夜中、トイレで仕事をしていた）。

Ｉはエロ本の付録に安価なＤＶＤをつけることを考案し、ＤＶＤを安く焼き回しするために日本に数台しかない機械をアメリカから直輸入、これをもとにＤＶＤ作品を大量コピーし付録につけたところ、猛烈に売れた。ＤＶＤに収録する動画は、歌舞伎町で密売されている盗撮、流出ビデオをそのままコピーしただけなので元手はかからなかった。

サラ金からの借金五百万円は最初の一年間で完済した。

仕事に明け暮れるうちにスタッフは増えつづけ、ついには株式会社を設立、社員アルバイトをふくめて四十名近くに成長した。

「あのころは明日から絶対飲まないようにしようとしてたんですよ。でもそれだと飲んでしまうんです。明日飲んじゃってもいいから今日一日は飲まないでいよう。そう考え方を変えたら飲まなくなったんです。飲酒欲求は一日のほんのわずかなんです。その時さえうまく乗り越えればいいだけなんですよ。いままでの僕は一日のうちのほんのわずかな欲求に飲みこまれていたんです」

すべての悩み、不安は未来に存在する。

ところが未来はまだ物理的に存在していない。

存在していないものに勝とうとしても勝てっこない。

出版不況で会社経営が苦しくなった老舗出版社を相次ぎ買収し、己の小水で失明しかけたＩは気づけば七社を率いる代表取締役になったのである。

Ｉのアルコール依存症を心配していた私だったが、自分自身についてもなんとかしなければならなかった。

睡眠薬から縁が切れず、相変わらず週の半分は夢のなかだった。

真冬の深夜、仕事場で原稿を書き終え、哲学堂公園近くの部屋に帰宅しようとした。

ふと、仕事場から歩いて帰ろうと思った。

ここからだと歩いて四十分ほど。

外に出たら夜空に星がきらめいていた。寒風が体温を奪っていく。

神田川沿いを歩きながら落合を抜け、山手通りを横切り、中井の急な坂道を登った。

登り切ると、彼方に新宿副都心の超高層ビル群がそびえ立っていた。

途中寄り道をしながら歩き、部屋にたどり着いたのは九十分後だった。

凍えるような夜空の下、歩いてきたけれど、体は芯から火照っていた。

その日以来だ。低空飛行をつづけてきた複葉機がエンジンの復調とともにゆっくり上昇に転じた。

振り返れば、最初に部屋を移ってから五年近くがたっていた。

三十代前半、気力体力ともにもっとも充実していた時代に空回りしたことは、私にとって取り返しのつかない悲劇だった。

あのとき、しらふでいたならもっと仕事も恋愛も違ったものになったであろう。

だが、空回りのない時代を過ごしていたとすると、その後息切れしてだめになっていたような気もする。

西城秀樹と高田馬場

一九七二（昭和四十七）年早春。

等身大パネルを抱えてはにかみながら横断歩道を歩く長身の若者がいた。

西城秀樹最期の著作『ありのままに　「三度目の人生」を生きる』（廣済堂出版）を開くとこのモノクロ写真がある。

写真に写った風景は遠い昔、見た記憶がある。これは高田馬場ではないか。いくらか風景が変わっているが、写真に写っているのは高田馬場駅ロータリー付近にちがいない。

この年の三月、「ワイルドな十七歳」のキャッチフレーズでデビュー曲『恋する季節』を歌う新人歌手・西城秀樹だった。

駅前の大規模複合ビル・ビッグボックスができる二年前で、まだそこだけぽっかり空間ができて遠くの早稲田予備校の看板が見える。

西城秀樹はなぜ高田馬場をキャンペーン幕開けの地に選んだのか？

渋谷・原宿・新宿・銀座。若者に訴えるならそんな街が真っ先に思い浮かぶ。

そうだ、横断歩道の先には、一九二三（大正十二）年創業「ムトウ楽器店」があったはずだ。みずからの等身大パネルを掲げてムトウ楽器店に向かう途中の写真だったのだろう。

高田馬場は若者の街、しかも人気ヒット曲の市場リサーチをするには由緒ある老舗のレコード店が最適だった。調べていくうちに、スポニチテレビニュース社がこのときのキャンペーンを撮影したフィルムを見つけた。動画はカラーで、西城秀樹が着ていた七〇年代アイドルといったジャンプスーツは薄いブルーだと確認できた。

高田馬場は広島から上京してきた新人歌手にとって晴れやかなデビューの場になった。

広島のロックバンドでドラムスを叩いていた中学生の西城秀樹を発掘しスカウトしたのが、伝説のスカウトマン上條《かみじょう》英男《ひでお》だった。

西城秀樹、舘ひろし、クールス、ジョー山中、小山ルミ、五十嵐じゅん（淳子）、安西マリア、川島なお美、吉沢京子、ゴールデン・ハーフ、浅田美代子、カルメン・マキ、三東ルシア、田中真理、田口久美、テレサ野田（西園寺たまき）……。

上條英男にスカウトされたスターは芸能史に燦然と輝く。

私は最近、七十八歳になったこの伝説のスカウトマンから、デビュー前の西城秀樹の貴重な話を聞きだした。

「あいつは地元の広島でスカウトして、芸能界でやるんなら東京に出てこいっておれが言ったんだよ。そしたら親に内緒で来ちゃったのよ。はじめての東京だから、原宿の表参道と明治通りの交差点にいたんだよ。そこから電話をしてきて、『原宿に来ました』って。迎えに行ったら、派手な格好してるんだ。『芸能界めざしますから』って（笑）。グリーンっぽいスーツ着てるんだから。こっちは、なんだそれは？　だよ（笑）」

上條英男が妻と暮らす目黒のアパートの三畳一間が、広島から上京してきた十六歳の若者のねぐらになった。箪笥が入った部屋だったので背の高い若者は脚がはみ出してしまった。

リズム感を養うために若者に毎朝縄跳び三百回を課した。上條が暮らす部屋は最上階にあるので、若者が屋上で飛び跳ねる音が響いてくる。毎朝上條は、若者が跳躍する数を数えていた。

ある朝、数えていると百八十五で止まった。疲れているのか、またはじめるだろうと思っていたが再開する気配もなかった。

「ボス。終わりました！」

息せき切って部屋にもどる若者。

いきなり上條のビンタ。

「土下座して、二度と嘘つかないから勘弁してくださいって。びっくりしたんだろうな」

広島から出て来た若者は翌年の一九七二年三月、西城秀樹という芸名でデビューした。

少女向け月刊誌『女学生の友』で芸名を公募したところ、サイジョウヒデキという漢字は異なるが同じ芸名を投稿した手紙が四通あった。恩人である上條英男の名前の「ジョウ」と「ヒデ」が入っているから、これで行こう。編集長の判断によって命名された。上條英男と西城秀樹は運命共同体だったのだ。

その後、西城秀樹は上條英男のもとを離れ、大手芸能プロダクション芸映に移籍する。

芸能界で生き残ることはたやすくはない。

デビュー曲『恋する季節』（作詞・麻生たかし／作曲・筒美京平）はオリコン四十二位止ま

り。華々しくデビューした割には不本意なランキングだった（『恋する季節』は魅力的な曲ではあったが）。

前年一九七一年にデビューし『青いリンゴ』でブレイクしていた野口五郎、翌年秋に『男の子女の子』でデビューした郷ひろみの人気が先行し、西城秀樹は三番手にもならない位置にいた。

芸能界では一人で売るよりも三人で売ったほうが人気が出るというジンクスがある。美空ひばり・江利チエミ・雪村いづみの三人娘、橋幸夫・舟木一夫・西郷輝彦の御三家。

いまでは新御三家といえば野口五郎・西城秀樹・郷ひろみとして有名だが、当初、新御三家は顔ぶれが違っていた。

『恋する季節』でデビューした西城秀樹、『青い麦』でデビューした伊丹幸雄、『恋のパスポート』でデビューした田頭信幸が日劇ウエスタンカーニバルで競演したのをきっかけに、新人三羽《さんば》烏《がらす》と呼ばれた。

西城秀樹のスタッフは野口五郎、郷ひろみの二人に加わって新御三家として売り出したい、と目論んでいた。

西城秀樹は一九七三年六月発売『情熱の嵐』（作詞・たかたかし／作曲・鈴木邦彦）で激しいアクションを取り入れ、オリコン週間チャート初のベストテン入りとなり、人気に火がつく。この段階で遂に五郎・ひろみ・秀樹の新御三家が誕生するのだった。

もしも伊丹幸雄・田頭信幸との新御三家で売り出していたら、運命は違っていただろう。

伊丹幸雄はその後苦戦し、八〇年代になってビートたけしのオールナイトニッポンで、ファンに向けたウイスパーカード（音の出るブロマイド）が放送で流され、これをきっかけにいじられ役で復活、元アイドルとして厳しい生き残り戦術に身を投じた。

田頭信幸は歌手デビューする前、沢田研二（ジュリー）のいた超人気GSのザ・タイガースの新メンバー候補にあげられたときがあった。タイガースから加橋かつみが脱退したために、メンバーを募集した際に最終候補者に残ったのだ。ところがタイガーズにまったく関連のないメンバーを入れるよりも、ある程度関係をもっている人間を入れたほうがいい、ということで、ギターはひけないけれど岸部一徳の実弟・岸部シローが加わることになった。田頭信幸はその後、役者に転身している。

西城秀樹はいままで脳梗塞を二回わずらったと報道されていたが、実際には結婚直後の二〇〇一年にも発症していたほか、隠れ脳梗塞をふくめると計八回発症していた。

躍動感にあふれ、新御三家のなかでももっとも生命力にあふれていた存在だっただけに、西城秀樹の死は同世代としてこたえた。

西城秀樹がパネルを抱えて横断歩道を渡ってから四十七年。

享年六十三。

よく生き抜いた人生だった。

ムトウ楽器店は閉店してしまったが、十七歳だった無名の青年の野心を包み込んだ高田馬場はあのころと変わらず、若者たちでにぎわっている。

第七章　伝説の風俗店

高田馬場マダムマキの伝説

青年は高田馬場駅を降りてロータリーの電話ボックスから店にかけた。

一九九五年盛夏。

携帯電話が普及する直前だった時代、風俗店とのやりとりはもっぱら電話ボックスでおこなった。

ここ高田馬場は新宿・池袋という二大殷賑地帯に挟まれた穴場で、秘密クラブとでもいうべき超個性的な店が密かに存在している。かつて風俗業界最高峰、男の願望をかなえる究極のパラダイス、という伝説の店があった。

その名も「高田馬場マダムマキ」。

料金は五万五千円、六万五千円の二種類。どちらも超高額コースなのに本番NG。極上の美女が待つプライベートルームで洋酒を飲みながら会話を愉しみ、大人の時間に酔いしれる、というそれだけの内容という触れ込みだった。

夕刊紙の三行広告に控え目に載っているだけだが、好事家の間では、いつかマダムマキで遊んでみたい、と評判になるほどだった。

常連客のなかには様々な有名人がいた。

業界通から聞こえてくるのは、七〇年代歌謡界で激しいアクションとともに大ヒットを相次ぎ連発した長身長髪のワイルド系歌手。角界で異常人気となって後に最高位まで登り詰めた不世出の大横綱。保守政界のエースの呼び名も高く、いまも首相候補者として必ず名前が出てくる政治家。口の軽い風俗店だとプライバシーが漏洩してしまうので、芸能人、力士、政治家といった公人はこんなところで癒やしを求めるのだろう。

冒頭の青年もその一人だった。

「僕はまだ入社して数年目で週刊誌編集部に配属されていたんです。マダムマキの情報を知ってから気になって、いつか行ってみようと思ってました。若いときは背伸びしたくなるじゃないですか、性欲も」

現在、その青年は同社の総合誌編集長としてわが国の言論界をリードする出版界の重鎮におさまっている。

総合誌編集長となるとかなり特定されてしまうので、ここは名前をXとしておこう。

大手出版社に勤務するX青年は、ボーナスをもらうとさっそく高田馬場の謎めいた超高級風俗店マダムマキで遊んでみることにしたのだった。高年収の大手出版社社員だからできた贅沢だった。

「たしか本橋さんの事務所があった近くを歩いて神田川を渡るんですよ。しばらく行って右に曲がったあたりにそのマンションがありました。マダムマキの部屋は高田馬場に六室あったみたいで、そのひとつなんですね。あとは諏訪神社の近くの高級賃貸マンション、シチズンボールの近くのマンションでした。電話に出たのはかすれ声の四十代くらいの女性です。その人がマダムマキだと思います」

ソープランドなど店舗型風俗店の出店は各都道府県の公安委員会により厳しく規制されており、店舗を構えるにあたって高額の家賃と補償金を支払わなければできないビジネスだが、マンションの一室を利用した風俗店ならば、当時は比較的気軽に店を起こすことができた。無店舗型風俗で長年働いてきた元風俗嬢が、中年になってから店主になるケースが多い。幻の女主人、マダムマキもその一人だったのだろう。

マダムマキがかすれ声で「本番はできません」と言っても、高額料金ゆえに何もなかったで終わるはずもない——X青年の読みははたしてどうでるか。

壇蜜似の口から漏れた意外な言葉

胸の鼓動を感じながら神田川を渡り、しばらく歩き右手に折れると、目的の瀟洒《しょうしゃ》なマンションにたどり着いた。

三階までエレベーターで上がる。

目当ての部屋の前に立つと、鼓動は最速になった。

スケベチャイム。

しばらくすると、なかから若い女性の愛らしい声が聞こえた。

重厚なドアがゆっくり開く。

X編集長がそのときの記憶をたどる。

「なかから僕を迎えてくれたのは、ロングの黒髪で身長は百六十くらい、和風系ですね。いままで例えるなら壇蜜みたいな子でしたね。まさか、こんな美人が出迎えてくれるとは。長めの下着っていうか、ランジェリー？　肩紐がこんなふうになっているんですよ」

そう言うと、X編集長は大柄な体で科《しな》をつくるように両手で肩紐の位置を示した。半裸に近い想像図が浮かぶ。

X青年が入室した超高額店マダムマキは、風俗業界の分類で言うと、マンションで本番以外のプレイをするマンションヘルス店、という括りだろう。その上で女性がモデル、アイドルタレント級である、というのが売りなのだ。

「二十代前半。品がいいんですよ。細身ながら出るところは出てるし。室内は三部屋あって、全体で百平米くらいはありました。リビングがやたら広いんですよ。ソファに座って世間話してたら、『ちょっと暑くないですか？』って誘い言葉があって、『脱ぎましょうか』って僕を脱がしてくれるんです。パンツ一丁、そしたらいきなりしゃぶってくる！　シャワーも浴びずにですよ」

X編集長は二十年以上前の出来事を、つい昨日のことのように覚えているのだった。よほどその時の感動が深かったのか。

室内には金庫が備わっていた。数百万円の現金を持っている裕福な客が多いために、金庫を置いて保管しておくのだ。

入室してすぐに口舌で奉仕するのは「即尺《そくしゃく》」と言って吉原高級ソープの定番コースであるが、若い独身女性の部屋で恋人同士の雰囲気で迫られるのではまた格別の味わいがあるだろう。

「そこで一回抜かれた記憶があります。キスが妙にうまいんですよ。つきあいはじめたばかりの恋人のように、互いの唇を欲しがるみたいな。二十分くらいまどろんで、『シャワー浴びましょうか』って連れて行かれて、彼女は脱がないで僕のカラダ洗ってくれて、蒲団が敷かれた部屋に行って、そこでも彼女が脱いでいた記憶がない。脱がない設定なんだと思います。それでもかゆいところに手が届くというか、包み込まれるような言葉と気遣いで幸せな気分になるんですね。言ってましたよ、『有名人もお忍びでよく来ます』って。ワイルド系の歌手がアメリカで大ヒットした振り付けのある曲、『あれを目の前で踊ってくれたの』って」

密室で初対面の男女がコミュニケーションをとるときには、なんでもネタに使うものだ。

リビングにマットレスを敷き、そこで壇蜜似とプレイがはじまった。

若さみなぎるX青年は壇蜜似の股間に舌を這わせる。嗚咽が漏れる。

すると壇蜜似の口から意外な言葉がこぼれた。

「入れて」

二十年以上経過しても、X編集長はそのときの感動を鮮明に憶えている。

「こんな美女とまさか最後までいけるとは思っていなかったし、しかも〝付けないまま〟ですからね。向こうも感極まってやっちゃったというノリなんですよ。感動した！」

お互いのフィーリングが合致したり、女性のほうがその気になると、本番NGでもそのまま合体、というケースがあるものだ。

「ものすごいプロだったと思います、いま考えたら。恋人気分にさせて、そのまま、受け入れてくれたんですから」

私は果報者のX編集長を問い詰めた。

「ビギナーズラックはどこにでもあるものです。Xさん、当然その壇蜜に夢中になって高額にもかかわらず毎月通いましたね？　あなたの会社、高給取りで有名ですからね」

「通ったんですけどね、アハハハハ。僕、一回やると飽きちゃうんで。色々味わいたいんで、毎月違う子指名してました。でもね、最後までいったのはその壇蜜似の子だけでしたよ。部屋にはコンドームも置いてなかったし、壇蜜似は気分が乗ってたんでしょう。ああいうところだから恋人気分に浸りたい、愛人を探したいっていう中高年に最高なんじゃないですか。六万五千円っていう馬鹿高い店だから、商社やゼネコン、高級官僚の接待に使われてるって聞きました。もちろん接待費で。僕みたいに自腹で毎月行くって珍しいんですよ」

X青年は三十回近く通い詰めた。

五万五千円、六万五千円と二つのコースがあったが、違いといえば部屋のつくりだけだった。本番無し、九十分間、美女と恋人気分の時間を過ごす——高額料金のマダムマキのような秘密クラブは都内でも珍しい。

「あの店に美女が揃ったのも、マキさんの人脈と厳しい採用審査があったからですよ。美白、身長百六十センチ以上、歯ならび良好、スタイル重視。それになんといってもマナーがいい。会話も小慣れている」

女性経営者だから、気やすく働けるという面もあっただろう。

「代官山で七万五千円という高額の風俗があったんですよ。そこも女の子は一切脱がない。たまたま僕が行ったら本物の女子アナがいました。ある関東地方の地方局に出ていた女の子。どうしてわかったかというと、僕、週刊誌編集部にいたんで、その女子アナが在籍すると噂の風俗店を記事で扱ったんですよ。その後、プライベートで遊びに行ったらたまたま僕がその子に当たってしまった。その女子アナが、『この前、週刊誌でひどい記事書かれちゃった』って怒ってるんです。『編集部に文句言ったら菓子折持って謝りに来たんですよ』って。謝りに行ったのは僕の先輩だった」

X編集長は大柄な肩をゆすり豪快な笑い声を発した。

マダムマキも代官山の店も、いまはもう存在しない。

九〇年代後半はバブル崩壊後とはいえ、まだバブルの残滓による超高額店が健在だったのだ。

「いまでも高田馬場を歩くと、ついマダムマキのあったマンション前を通りたくなりますよ。かすれ声のマキさんの指示どおりに迷路のような道を歩いて、目的の部屋にたどり着く。どんな女の子が待っているんだろうってワクワク感。たまりませんでした。高田馬場がピンク色に見えましたから。あの壇蜜似、いまごろ何してるんだろう。もう四十代後半か。いいお母さんになっているのか、それとも……」

言論界を牽引するX編集長は、そう言うと、過ぎ去りし放埒の日々を懐かしむのだった。

「ビンビン」でなく「バキバキ」

高田馬場には、後に宇宙企画からデビューした初期のＡＶアイドル・早川愛美《まなみ》が在籍していたファッションヘルス「サテンドール」や、向かい側にいまもある「ルモンド」という店舗型ヘルス店が八〇年代に人気を集めた。

そして九〇年代半ば、高田馬場にはマンションヘルスが乱立する。

なかでも「元祖フードル」として知られる可愛手翔《かわいでしょう》は、一九九四年、高田馬場の性感ヘルス店「ホワイトクリニック」で働いていたところ、その愛らしさとユニークな名前によって風俗業界のアイドル、略して「フードル」と呼ばれ、指名三ヶ月待ちとも言われるほどの人気ぶりになった。

一九九六年秋、『ビデオ・ザ・ワールド』十二月号で可愛手翔にインタビューした。

市役所勤務の地方公務員と専業主婦のあいだに生まれ、小学生のころから集団生活に馴染めず、ひとりで行動するのが好きだった。

中学時代はソフトボール部に所属、本人によればスコアラーをやっていたという。

はじめての性体験は中学時代、相手はテレクラで出会った中年男だった。

「わたしって本当に集団がきらいなの。なんでみんな同じことしなきゃいけないの？　すごいいやなんだ。何々しなさいって言われたら絶対にやらない子なんだ。中学生のころから友だちに『もう大学生みたいな生活してなーい？』って言われた。好きなときに帰ってきちゃうから（笑）」

高田馬場の歓楽街・さかえ通り

集団ぎらいのために高校には行かず、十代後半からは風俗に飛び込んだ。

「性感ヘルスの『ツーショット』の店長と友だちが知り合いだったの。この子だったらやりそうだしと思ったんじゃないの。入った店がよかったんだよね。乱コーポレーション系って大きかったから」

店長につけられた源氏名が、可愛手翔だった。

本人のコミカルな性格と源氏名がぴったり合致した、風俗業界の歴史上、最高のネーミングであろう。

もっとも本人にしてみたら――

「すごいいやなんだけどね、可愛手翔って。最近知り合った子に名前言うのすごいいやだよ(笑)」

三ヶ月待ちの可愛手翔は驚異的な収入を稼いだ。

「性風俗時代は月二百万プラス取材費ももらってたから異様にバブリーだったね、いまから思うと。大阪日帰りで飲みに行ったりしてたもん。新幹線で朝帰ってくるの。それからオナベクラブやホストクラブ一日三軒行ったりしてた。いいよとか言ってわたしが(お金を)払っちゃう。ホストはいじめに行ってたの(笑)。すげえあの子高飛車だねって噂があったらしいよ。ホストの前だと、いやなヤツだったんじゃない。ホストは絶対に好きにならない」

可愛手翔が好きになったのは、ホステスが男装するオナベクラブのおなべだった。

「挿入されていったことないよ。嫌なのね、人に支配されるのが嫌なの。いかされるのがすごいむかつくんだよね。きらいじゃないんだけど、セックスは。だから風俗がつづいたのも、支配しているのがわたしじゃん、だからつづいたんだと思う」

奔放な可愛手翔は男よりも女を好いた。

そして未来の自分を占う。

「五年後十年後……。若い女の子を飼いたいのね。何でも言うことをきくペットにしたいね。これ食べなさい、これ着なさい、一緒に出かけるよって手をつないで歩くの」

その可愛手翔がいた店は、乱コーポレーションというグループ会社で、およそ三十店舗を経営し人気を博してきた。

傘下の店名がユニークだった。痴漢鉄道69《シックスナイン》、エロTTドコモE気持ち、ナイチンガール、ララむちんくん、帰ってきたホワイトクリニック……。一度聞いたら忘れられない店名であり、風俗店未経験者でも入りやすくなるユーモラスな店名だった。

そのユニークな店の多くがここ高田馬場で営業していたのである。

乱コーポレーションは、素股《すまた》プレイを普及させた。

素股の歴史は古く、江戸時代の文献にも登場している。生理になった女房が素股で亭主の相手をしたり、吉原の遊女が嫌な客と性交したくないから素股でお茶を濁したり、修行中の僧侶が若い僧侶と素股をやって性交の代償にしたり、男色のサムライが素股で情交を果たしたり、器用な日本人ならではの性戯だった。

素股が風俗業界で大流行したのは八〇年代後半にＨＩＶ問題が発生、風俗業界でも警戒感が強まり、代償として素股が用いられるケースが激増した。

九〇年代に入ると、マンションの一室を利用した性感ヘルスブームが巻き起こる。雑居ビルの部屋を借りるだけで起業できるとあって、都下で数百軒のマンション型性感ヘルス店がオープンした。ヘルス嬢側が客に対して性感マッサージをおこない、客からヘルス嬢にタッチできないことも、風俗志願者の敷居を低くした。

風俗情報誌の隆盛とともにフードル全盛期に突入する。

乱コーポレーションの最高経営者は元美容師の女性と言われ、配下に若い男性店長が数十名いて、各自が性感ヘルス店を運営していた。

素股で興奮した客があわよくば挿入しようというケースが後を絶たなかったために、個室には「本番行為を発見したら罰金百万円」という注意書きが貼られていた。それでも興奮しきって強要した不良客は、運転免許証のコピーとともに顔写真が個室に貼られた。

素股プレイの発祥説はいくつかあるが、乱コーポレーションのある店長が背面騎乗位素股を考案したというのが風俗業界における素股発祥の有力説である。

九〇年代前半、性感ヘルス業界の年間売上高はざっと五百五十億円にのぼる巨大産業に成長した。素股プレイが登場するまで、この業界は風俗嬢の口と手による奉仕だけであった。単調なテクニックに飽きて客が遠のきだし、この業界も下り坂になってしまった。ところが性交に似た快感が味わえる素股プレイが登場すると、多くの客が集まり五百五十億円市場に膨れあがったのだった。

乱コーポレーション系の店で働く彼女たちは正統派素股をおこない、ある共通した特徴があった。それは独特の擬音だった。素っ裸の客の股間に手を伸ばし「あらあ、もうこんなにバキバキしちゃってる。いやらしい」と、耳元で熱くささやくのだ。淫語プレイの一種であり、ここは

「ビンビン」ではなく、あくまでも「バキバキ」なのである。

不思議なもので、耳元で「こんなにバキバキしちゃって、いやらしい」とささやかれると、客は本気度を増してバキバキになったものだった。

ところで乱コーポレーション最大の売れっ子・可愛手翔は引退後、若い女の子を飼ったのだろうか。

風俗業界の小室哲哉

「風俗業界に飛び込んで店員になっても、一年もつのは二割ですね。半年で店長になれなければ、辞めたほうがいい。この業界、能力次第ですから。接客術、女の子の扱い方、センスが必要です。半年か一年がんばれば店長になれる世界ですから。その代わり一日十六時間労働、休日ゼロです。営業時間以外にも店の女の子のフォローしなければならないんですよ。女の子がホスト遊びした明け方、寂しくなって電話してくるんですよ。朝五時の電話にも応対しなければならない。風俗業の成功者って、女の子のフォローがうまい、ホスト的な才能が必要ですね。あとは段取り、仕切りがうまい奴。募集して女の子が店に面接にやって来ますけど、売れる子が来るかは運次第。でも来た子を辞めさせないのは店長の力です。店長が女の子をヤッて管理する〝ハメ管理〟は一切なかったです。なかにはそういう店もあったけど」

乱コーポレーションの名参謀として巨額の売り上げを誇った手腕、風貌が似ていることから当時絶頂期を迎えたある音楽プロデューサーにちなんで、私は彼を〝風俗業界の小室哲哉〟と呼んだ。ここでは小室と呼んでおこう。

一九九〇年代半ば、風俗業界はこの男がどう動くかで歴史が変わった。「ナイチンガール」や「ラララむちんくん」といった一度聞いたら忘れられないユーモラスな店名は、小室が生み出したものである。風俗嬢のルックス、マナーの良さ、どれをとっても、小室の手がけた風俗店は超一級であった。

一九六四年、愛知県ののどかな村で生まれ育った。

高校時代は生徒会長を務めた。

名古屋のある大学の経済学部を卒業、証券会社に就職、成績優秀な証券マンだった。日経平均株価が四万円になろうかとした一九八九年暮れ、バブル絶頂期に退社した。

「世間やマスコミは株価は五万、十万になると言ってましたけど、お客はかなり無理して買っていたし、もうそろそろ限界に来てると思ってました。やばい。これ以上もたないって、証券マンは噂してました」

退社した小室は、スポーツ紙で出張ホストの募集広告を見て、面接に行ってみた。すると入会金詐欺グループだったので、入会を断ると「うち、風俗店もやってるから来ないか」と誘われた。面白そうだと思って、マンションヘルスの従業員となった。

証券マンからいきなりマンヘル店員になっても、かえってやりがいを覚えた。証券会社は社員が何千人もいて、自分の意思もなく、その銘柄が下がると思っていても売らなければならない。客に買わせるまで仕事が終わらない。だれも喜ばない。風俗は、自分が面白いと思った企画がすぐ実現できて、すぐに数字に出るからやりがいがあった。

名古屋で風俗業界に丸三年いた。

東京から取材に来たカメラマンから「小室君みたいな面白い男は、東京のほうが向いてるよ」という言葉に刺激を受け、どうせ勝負するなら東京だ、と二十八歳で上京した。

歌舞伎町のキャッチバーの店員になったが、このままじゃダメになると思い、スポーツ紙の三行広告「店長候補募集　月収四十万保証」の文句に惹かれ、面接に行った。そこは、風俗業界で急速に勢力を拡大した「乱コーポレーション」グループだった。

「オーナーは僕よりちょっと上の女性でした。すごいきれいな人ですよ。元はエステ会社を経営していたけど、エステは飽きて、新しいことやりたいと風俗に乗り出したんです」

美しい女性オーナーの周りを優れた店長たちが固めていた。週一回の深夜ミーティングでの遅刻は絶対に認めない。店の女の子に手をつけた店長は罰金一千万円。厳しいグループの掟があった。ライバル店への移籍は御法度である。

小室は取材対応担当となり、記事に載りやすく覚えやすい店名を次々に考えだした。小室の名は風俗界に知れ渡り、月給は三百万円に跳ね上がっていた。

生死にかかわるトラブルにも見舞われた。

他のグループから引き抜きの誘いを受けたのだが、小室は断った。それがもとで女の子を連れて他店に移籍するのでは、という噂を流されることとなった。その気がなくても、力のついた小室は早晩潰される運命にあった。小室は新店舗にかかった三千五百万円を返済する条件を飲まされ、グループから叩き出された。

高額の借金がなかなか返せず、マグロ船に乗り込まされそうになった。

小室は回想する。

「借金返済のためにマグロ船に乗せられる、という都市伝説があるけど、本当だったんですよ」

危機を救ったのは、息子のあれこれに反対していた父親に頼み込んで借りたカネだった。

いまも風俗店を切り盛りする。

業界をもっとも知る男になったが、長い業界歴のせいで異性の裸を見てもときめきを忘れてしまった。

ブルセラを内側からのぞく

「あのころは得意ジャンルがなくて悩んでいたんです。何か売りになるものがないかと探していたときだった」

風戸遊《かざとゆう》。

風と遊ぶ――詩情豊かなこの名前は、一九八〇年代半ばから九〇年代にかけてメディアで見かけない週はなかった。

堅いコラムから官能小説まで幅広い守備範囲をこなす風戸遊の名前を私が知ったのは、マガジンハウスから出ていた『ダカーポ』『鳩よ!』で彼がコラムや掌編《しょうへん》小説を書いていたときからだった。

風戸遊は出版社の編集者だったが、ペンネームのように自由人への憧れがあったのだろう。

八〇年代に入ると独立してフリーライターになった。

トヨタの自動車工場に季節工として雇われて現場の実態をレポートした鎌田慧『自動車絶望工場』（一九七三年）が問題作として世間に衝撃を与えたように、風戸遊は全盛を誇った雄琴《おごと》のトルコ風呂店（当時の名称・現在はソープランド）に男子従業員として一ヶ月間潜入し、体験記をものにしたときもあった。

一九八七年、高田馬場の雑居ビルの一室に「ロペ」という風変わりな店がオープンした。若い女性の使用済み下着、ブルマー、セーラー服、水着、ソックスなどを売る、ブルセラブームのきっかけとなった店である。

「他のライターたちがやらないジャンルとして何ができるか。『フォーカス』にブルセラの店が載っていて、それ見て自分も取材に行って、店に通っているうちに店長と仲良くなって、店番任されるようになった。ブルセラの店員になって働いた話を書いたのも、たまたま自分が書けるテーマとして何か探していたときだからでしょう」

ブルセラの雇われ店員になって現場に身を投じ、地を這うようにレポートする。いまだかつてなかった店員からのレポートである。

「女子高生から店に『あの……下着買ってもらえるって本当ですか？』って毎日、電話がかかってくるんですよ。電話の主はほとんど女子高生と二十代のOL。あとは若妻。店主が『ええ、本当ですよ。ただし洗濯してないやつね。うちは最低一日は穿《は》いたものじゃないと売れないわけ。穿いたパンティなら一枚一千三百円。ブラは一千五百円』。そう答えると、次の日、本当に汚れて臭うパンティを持ってくるんです。当時はまだネットもないし、携帯も普及する前だから、口コミです。最初は店になかなか入ってこなかったり、もじもじしてるんだけど、二度目からは大胆になるんですよね」

店は当初、閑古鳥が鳴いていたが、『フォーカス』をはじめメディアに取り上げられるようになると、ブルセラショップは他になかったこともあって、店は連日ごった返した。

マニアにとって下着は汚れていて、臭うほど、ありがたみが増した。慣れない女子高生などは恥ずかしさもあって着用した下着を洗濯して店に持って来てしまうこともあった。

「性臭のきついパンティをビニール袋から取り出して店長に渡すとき、ばつがわるそうに下を向いてるんです。店長は渡された紙袋のなかからくるくる丸められた色物パンティを取り出すと、おもむろに股間部分をひろげて検査と称してクンクン嗅ぎはじめるんです。臭いがきついほど高く売れるんです。臭いがしなかったら返品」

最低でも丸一日穿いてこないと買い取ってもらえないのだが、お小遣いが欲しい女子高生のなかには、一日で数枚穿き替えて店に持ってくる強者《つわもの》もいた。だがプロフェッショナルの店長の嗅覚はごまかせず、返品となった。

風戸遊は、取材で知り合った店主と交流するようになる。店主もずっと店番をしていると外に出たくなる。そこで風戸遊に曜日を決めて店員をするように依頼してきた。

得意ジャンルを持たなければ、と模索していた風戸遊にとってもチャンスだった。

かくして風戸遊のブルセラ店員レポートがはじまった。

「四谷《よつや》の有名大学に通っていた日本とドイツのハーフ女子大生の下着が特に人気がありました。お尻が巨大だからパンティもLサイズで、汚れもあるし臭いも強い。いつもパンティがしっとり汗で濡れてるんで、思い切って尋ねてみたら、テコンドーの練習のときも穿いてるんで、店に持ってくるときは汗で湿ってるんだって。彼女の使用済み下着は人気があっていつも四千円以上の売値がついた」

若妻の使用済下着は派手で、シースルーの黒色だったり、赤のTバック、フリル、ヒモ付きだったりする。夫と性交した後に穿いていた性臭の強いパンティを持ってくるからよく売れた。ときには、夫以外の男の放ったモノが染みついたパンティを持ってくる不倫妻もいてこれも高値で引き取られた。

店頭では、使用済み下着の臭いをパックするためにビニールで密閉され、下着の主がわかるように手で顔を隠した全身写真が証明書代わりに付いた。

髪を赤く染め、ピアスを耳や鼻につけるロック少女はアルバイトで雇ってもらえないので、使用済み下着売りは格好のアルバイトになった。赤・青・黒といった原色の下着は汗と性臭が付着し、人気商品となった。

国立大を卒業後、中学校教師になったインテリ女性は、仕事に自信がもてなくなり退職、家庭教師をしていた。

「実績がなくて家庭教師の口も減り、何かいいバイトがないかと探していたときに見つけたのがこのモニターの仕事だったんです。眼鏡をかけた頭のよさそうな女性で、恥ずかしそうビニールに入れて持って来て、地味な綿パンを差し出しました」

元教師のインテリ女性が穿いていた綿パンは、猛烈な性臭が鼻を突き、汚れも特級で店頭に出すとすぐに売れた。

店の常連だった建設会社社長の男性は、立ち振る舞いから「社長」とマニアたちの間で呼ばれていた。若い愛人がいて、脱ぎたて下着を五千円で買い、臭いパンティを集めていた。「ロペ」が誕生すると、常連客となった。

不思議なことに、この社長が銀行に融資の依頼に行くとすぐに貸付許可が下りた。銀行融資課のなかに使用済み下着マニアがいたために、社長は汚れた下着をプレゼントして有利な条件で貸付を実現させていたのだ。汚れパンティが取り持つ奇妙な連帯感だった。

ちなみに、この手のマニアが多い職業は銀行員と教師だった。

「ロペ」には制服マニアたちも押し寄せた。

風戸遊が証言する。

「使用済み下着を買いに来る客と制服を買い求める客はまったく別人です。使用済み下着マニアは制服には見向きもしないし、制服マニアは使用済み下着などまったく無縁ですから。制服マニアには三種類あって、まずは制服コレクター。ベストセラーになった『東京女子高制服図鑑』をバイブルにしてお気に入りの高校の制服、体操着、スクール水着、靴、すべてコレクトしたい。次に女装趣味ですね。年配者に多くて、制服は学校にこだわらない。それよりも自分で着られるサイズがあるかが肝心なんです。三番目がコスプレタイプ。お気に入りの高校の制服を彼女に着させてセックスする。彼女のほうは最初恥ずかしがっていても次からは積極的になって、今度はあの高校の制服着てみたい、って有名校の制服を着たがるんです」

最盛期では一日の売り上げが百万円に達し、店長はフェラーリを乗り回すようになった。

「店に来る客の多くは童貞少年でしたよ。あとは、体にハンディを背負っている人。車椅子で来店するお客もいましたから。ソープランドや店舗型ヘルスは障害者をあまり歓迎しないけど、ブルセラ店は事前に連絡してエレベーターを使えば、気軽に使用済み下着が入手できるんです」

障害者と性という問題がここにもあった。

ブルセラの需要と供給

「ロペ」は場所を変えて現在も高田馬場で営業中だ。

学生の街というイメージが、制服愛好家にとってより説得力を増す土地になっているのだろう。

高田馬場駅にほど近い雑居ビルはアジア系留学生たちのコミュニティや食材を売る専門店があって、アジアの風が吹いている。

古びたエレベーターに乗って上階で降りると、伝説のブルセラショップは健在だった。

使用済みブラジャーが九枚セットで八千円。同じく使用済みパンティがビニールパックされて着用者のカラー写真付きで売られている。

狭い店内には人気高校の本物の制服がぎっしり天井から吊されている。

田園調布雙葉高校、目白研心高校、フェリス女学院高校、東洋英和女学院高等部……。十万〜五十万という高値で売られている。

有名企業の制服も揃っている。マックスファクターの制服が八万、ＪＡＳが二十万、ＪＡＬが四十万。退職してから売ったのだろうか。

店内は会社帰りのサラリーマン、二十代の大学生、七十代の中小企業経営者風、様々な男たちが客として入ってくる。

ブルセラは社会現象になり、行政側も青少年保護育成条例を改正、十八歳未満の着用済み下着を売買することを禁じ、ブルセラブームの勢いは止まった。

だが現在も営業しているのだから、需要も供給もあるのだろう。

風戸遊は二〇〇〇年代前半まで第一線で活躍してきたが、四十八歳のときに心筋梗塞で倒れ、長期入院を余儀なくされた。

危うく死にかけたが奇跡的に復活、現在はマイペースでやっている。

今回、風戸遊の貴重な回想によってブルセラショップ誕生時代を綴ることができた。

元祖ブルセラショップを出てビルの窓から高田馬場を見下ろすと、いつもとは異なる駅前ロータリーが箱庭のようにそこにあった。

少しだけ視点をずらすと、日常の光景がまったく異なって見える。

私をとりこにする感覚である。

高田馬場のハッテン場

「同性愛者同士がその場限りでプレイするところをハッテン場と言いますけど、ハッテン場に来るのは基本的にゲイですね。男しか愛せない。マッチョな男らしい男が好きというタイプもいるし、僕みたいなナヨナヨしたものいますし。デブもいれば痩せもいる。ゲイは男しか恋愛対象にならない。僕みたいに結婚しているゲイもいますけど」

そう語るのは、私が一昨年世に出した『新橋アンダーグラウンド』の刊行記念イベントに来てくれた読者（ここではGと呼んでおこう）である。

Gは神奈川県のとある大手都市銀行に勤務する四十手前の男だ。人当たりのよさそうな、拙著の愛読者に共通する知的レベルの高い（誉めすぎか）銀行員だ。そしてゲイである。

「バイセクシャルは両刀ってことですね。女の子でもできるし男の子もいける。僕は最初は女の子が好きだったんですよ。ところがいまの会社に入って、すごく自分のことを可愛がってくれて、他の後輩連中にも慕われているすごくかっこいい先輩がいるわけなんですね。見た目もかっこいいし、仕事もめちゃめちゃできる。その人のことを好きになってしまったということがあって。よく、ヤクザの世界なんかでもこの人のためなら死ねるとか、政治家なんかでも、田中角栄のために鉄砲玉になれるっていう、それと同じような感覚っていうか。その先輩が他の男の子と仕事やってたりすると、ちょっとイライラしちゃったりとか、そういうのありましたよ、若いときはね。さらにさかのぼると、僕が男性に目覚めたのは小学二年生のころで、スポーツ万能な男の子と北斗の拳ごっこで遊んでいて、僕は弱いから足で踏まれたりするじゃないですか。それがすごく快感だったってのはいまでも覚えてるんですよね。M的素養があるのかもしれないですね。もっとやって、みたいな」

Gがさらに自己解析する。

「僕には兄がいるんですけど嫌いなんですよ。小さいころから殴られたりしてましたから。家族自体仲が悪いとか断絶してるとかじゃないんですけど、昔からその兄が怖くて怖くて仕方なかったんですよ。兄は仕事で何回も失敗してるんですね。何回も何回も転職して。人づきあいが苦手で職場で喧嘩してきちゃうとかうまく適合できない。そういうのがもしかしたら、関係してるのかもしれないですね」

兄との被虐的関係が、もしかしたらいまのM的要素を熟成させたのかもしれないというのだ。

「奥さんはGさんがゲイだっていうのは知ってるんですか？」

「少しは知ってると思いますけど、べつに？　って感じなんですよね。僕は女性がいる風俗店も行ったことあるんです。五反田のマンションヘルスとか。巨乳が好きだったりするんです。でも最近は男性のほうが多くなってますね。新宿のデパートのトイレでハッテン場があるんです。すごいんですよ。小便器で用を足すところあるじゃないですか。みんな見合ってるんですよ。そういうとこでも、タチ（攻める側）風の男性は人気あるんですよね。小便器の隣同士でお互いのモノを見合ってるんですね。でも、相手のイチモツのサイズが小さいとすぐ無視して行っちゃったりとか。すごくタイプな人が小便器に立ってたとしますよね。こちらから誘おうと思って、隣に立ったとするじゃないですか。向こうは僕が誘ってるのがわかるんですよね。でもタイプじゃないときはすぐチャックをあげて出て行っちゃう。向こうもだれかタイプが来ないかなあと思ってるんですよね。タイプ同士だと個室に入るわけですよ。あと、都庁側に行く地下通路、あの辺もいくつかありますよ。あっち行ったりこっち行ったり同じ人が徘徊してるんですね」

男女のセックスよりも即物的だ。

男女のセックスは絶対数が多いので焦らなくても相手を探せるが、ゲイの場合は少数派なので相手を探すときは限定された場所やイベントでないとなかなか探せない。

そしてここ高田馬場にもハッテン場があったのだ。

早稲田通りを下っていくと左手のビルにひっそりと男たちを迎え入れるハッテン場が存在して

いた。

「高田馬場のハッテン場はシャワーがないんですよ。だからおしぼりが大量に置いてあるんです。高田馬場の特徴は、曜日によっていろいろイベントがあって、月曜日は競パンデー。水泳パンツ穿いて集まるんです。火曜日は仮面マスクデー。水曜日はふんどしデー。金曜とか土曜は全裸デー」

私は同席しているこの本の編集担当・杉山茂勲に尋ねてみた。

「杉山君は上野のハッテン場に潜入したとき、何デーだったんだっけ?」

「僕は手隠しデーです」

「高田馬場でも手隠しデー、ありますよ」

男同士の不思議な会話だ。

「たとえば木曜日は店が雇っているゲイの男の子が一人部屋に入って、その子を相手にしたイベントがあるんです。『木曜はスジ筋二十代の男の子が乱入しまーす』みたいなことが掲示板に書いてあるんです。〝スジ筋〟って、細い筋肉の男の子を意味します。『二十代後半、スジ筋水泳部員が乱入しますよー』とか。そうするとその一人にみんなが群がるわけですよ。五人ぐらいお客さんがいたとして、ちょっと広い部屋で一人をめぐって一人は乳首舐め、一人は下舐めってするわけです。その男の子はやられ放題ですよね。店に雇われたその男の子はゲイの場合もあれば、お金のためにバイトでやってるノンケの子もいますね。高田馬場のハッテン場は狭いんですよ。部屋に入ると昔の喫茶店みたいに、カランカランって鳴るわけですよ。入場料はだいたい一千五百円。ただしイチモツのサイズが十五センチ以上だと無料になる〝デカマラ割〟があるんですよ」

ゲイの世界ではイチモツの大きさが決定打になるのだ。

「入場料を払うと、入り口で靴を脱ぎます。ロッカーに入れて、着替えますよね。なかには休憩所があって、タイプが来るまでそこでタバコ吸ったりとか。そこでゲイビデオが流れてるわけですよ。客は多いときは常時十人とか十五人とか、基本みんなパンツ一丁です。部屋の明るさは、ほとんど見えないような感じですよね。ヤリ部屋？　ありますあります。畳一畳分くらいの部屋が何部屋かあって、そこでアナルセックスしてますね。だからゴムは各部屋に必ず置いてあります。ゴミ箱はティッシュが溢れてたりですね。プレイは入れたり入れられたりもあれば、片方だけの人もいますよね。お尻はアウトって人もいるし。四十八手の体位に名前が付いているように、ゲイの体位にも名前があるんですよね。例えばお互いのイチモツをくっつけてこすり合せるのを〝兜《かぶと》合わせ〟って言ったりとか。終わったあとは、女性が男性に寄り添うようにそうなるわけですよ。

ハッテン場では体操選手とか水泳選手みたいに筋肉隆々の男が攻める〝タチ〟のタイプは少なくて、（受け身の）〝ネコ〟のタイプが多かったりするんですよね。自分がネコになって攻められたいんですよね。絶対的にタチが少ない。だからすごくかっこいいタチがいたら、ネコ五、六人で奪い合うわけですよ。暗がりの部屋で、一人は抱きしめて、一人は下を攻めたりして」

話を聞いているうちに、今回もいよいよハッテン場潜入の段になった。

「杉山君、髙田馬場でも行ってもらおうか」

「またですかあ」

するとGが答えた。

「ああ。残念ながらつい最近、移転準備で休業してしまったんですよ。また高田馬場にできると思いますよ。穴場ですからね、この街は」

高田馬場で男色の宴とはならず、杉山はほっとしたような、何か物足りないような顔になるのだった。

人妻たちの焼け棒杭《ぼっくい》

「一戸建てを買ったんですけど、借金をこさえたからわたしも働かないといけないかなと思って、ダイニングバーに勤めだしたんです。そこで駅ビルの割烹料理の店主と出会ったことから、険しい道がはじまってしまいました」

二年前、取材で知り合った美貌の人妻がいた。女優の篠原涼子に似ているのでここでは涼子と呼ぶことにしよう。

涼子の五十代手前の夫は大手建設会社に勤務し、千葉県西部に念願のマイホームを建てたことで高揚していた。

中学、高校に通う二人の子どもたちとともに、端から見たら幸福そうな家族にちがいなかった。夫が社内の後輩だった涼子に入れあげて結婚したとあって、出世頭の夫と所帯をもった涼子は良縁だと羨ましがられた。

「うちの主人、またひとつ役職が上がったんですよ。ローン返済も短縮できそう。幸せ？　うーん、実は内心不安だったりしますよ。いろんなものを持つと執着が生まれてくるから、家を持ったら他はいらない、持たざるように心がけてるんです。断捨離の精神は〝持たない〟です」

ダイニングバーのアルバイトも終わりにしようと思っていたのだが、客の割烹店主からあるサロンを紹介された。

「そこは銀座にあるサロンで二十四時間オープン、ラウンジにはピアノが置かれて、二十代から三十代の女性会員と五十代以上の男性会員が交流するんです」

ピアノの音色とともに夜がふけ、会員同士、グラスをかたむけ、酔いにまかせて笑い声が大きくなっていく。

涼子は、社会的成功者の空間と酒に酔いながら、自分もそのなかの一員になっていることにプライドをくすぐられた。

「主人が二年間、仙台に単身赴任することが決まって、わたしと子どもたちが残ったんです。もうちょっと新居の匂いを嗅いでいたい、とか主人は言ってたけど、赴任が終わったら幹部の門が開けているから、割とすんなりと赴任しました」

涼子は夏と冬、亭主の暮らす仙台の部屋を掃除しに行った。

「見つけてしまったんですよ、女物の化粧品。ゲランとシャネル。わたしよりずっと高い高級品なのがよけいショックでした」

負けず嫌いの涼子は怒りを抑えて帰京した。何も見なかった、と思えば、いいのだ。

そんなとき、ダイニングバーのアルバイトを終えると、割烹の店主から誘われて銀座の会員制サロンに久しぶりに顔を出した。

大人の男女のやりとりを見ているうちに、涼子は違和感を感じた。

「サロンの裏の顔は交際クラブだったんですよ。有料会員の男性が無料の女性会員を指名して、お互い外で会ってお食事したりお酒飲んだりして、意気投合したら大人の関係へというシステム。そこはセレブの社長さんや医者、弁護士、IT系経営者がほとんどでした」

最近、この手の出会い系的なサロンは都下に密かに増殖中である。出会い喫茶よりも限定された男女だけが交流する場である。

涼子は何人かに誘われたが、決して外についていかなかった。ところが仙台の高級化粧品の一件が顔をのぞかせると、つい男の誘いに乗ってしまった。

「向こうからLINEを聞いてきたんだけど、わたしは何度か断ったんですよ。でも憂さ晴らしがしたかったというか、やりとりしていたら、つい外に連れ出されてしまって。その日にホテルに行きました。相手は三十五歳、わたしより年下ですよ。浮気するつもりはなかったんだけど、ホテルに行ってそうなったらすごくよかったんですよ。向こうもよかったみたい。相性っていうのか、何かがちがう。主人よりよかった。相性は絶対ある。体の相性が合いすぎて離れられなくなるっていう話わかります」

「ご主人以外の男性とそういう関係になるというのは、これがはじめてですよね？」

するとと人妻は意外な返答をした。

「いいえ。ほんとのこと言いますね。主人から猛烈にアタックされて結婚したんですけど、主人とつきあう前に交際していた彼がいたんです。大学時代の音楽サークルの同期です。彼と将来一緒になるのかなあと漠然と思ってたんだけど、彼もまだ若くて自由にやっていきたいと思っていたのか、なかなか〝結婚〟という言葉が出てこなかったんです。その隙に主人から押されたから決めてしまったんです。女は最後は下で受けとめてくれる人がいないとなかなか飛び降りられないから。主人と結婚して一年くらいたったとき、サークルの彼からメールが来て、たまには会おうということになって、数年ぶりに、まあそういうことになったというか」

「奥さん、罪の意識は？」

「うーん、あんまり」

昔つきあっていた元彼と復活した場合、罪の意識は軽減されるというのだ。

愛人《パパ》率の高い大学

「彼が高田馬場のマンションに引っ越しするので、お手伝いに行ったんですよ」

涼子の愛人《パパ》が鹿児島県から上京し、単身赴任することになった。

愛人《パパ》は定住先を探しながら、涼子が出入りする銀座の会員制サロンに顔を出したのであった。

鹿児島の男は大手流通会社に勤務する四十代の既婚者だった。

「うっかりその人と会ってから、おかしくなったんです。この人、好きになっちゃうかも。本気で好きになるのはこれで最後にするって自分に言い聞かせて」

高田馬場駅から早稲田通りを明治通り方向に行くと、右手に早稲田松竹というレトロな建築デザインの老舗映画館がある。この真裏は昔はアパートが建ちならび、現在は一人暮らし用マンションが密集している。

単身赴任してきた鹿児島の中年男はこの一画で暮らしはじめた。

「どこが気に入ったんでしょうね。もう主人も帰京して、主人とも（セックス）するんですけど全然よくない。鹿児島の愛人《パパ》とするようになってから主人としたくないんですよ。相手するんですけど、相性は愛人《パパ》のほうがいい。顔的にはけっして好みではないんですよ。かっこよくないし不細工に入る。でもあっちが抜群にいい。会うたびにすごく燃えるんですよ。『好き？』って聞かれたらわたしも『好き』って返す。だんだんのめり込んでしまった」

話していると涼子のスマートフォンのＬＩＮＥに連絡が入った。夫からだった。

「（ＬＩＮＥを開いて）でも主人は薄々気づきますよね。おかしいって。危険ですよね。わたしはスリルとサスペンスを味わいたかったんです。高田馬場のマンションでしばらく一緒に過ごして帰宅するんですけど、『今日は遅いから。飲み会があるの』とかＬＩＮＥするんです。場合によってはママ友に協力してもらって、『ママ友の家に遊びに行ってる』って。そしたら主人がわたしのスマホではなくてママ友の家電にわざとかけてくるの。『うちのやつ、いますか？』って。『いま買い物に行ってます』って、ママ友がとっさに答えてくれたから、その場はセーフ。またその後、『うちのやつ、帰ってきましたか？』ってかかってきちゃった。すごい、疑ってる」

涼子は意外なことを証言した。

「銀座の会員制サロンで知り合った十人の愛人《パパ》さん、早稲田卒が九割ですよ」

そう言うと涼子は私の顔を見て意味ありげに微笑んだ。

サロンのある銀座という場所柄からいっても、慶應卒のほうが圧倒的に多そうなのだが、元早稲田マンは好色揃いなのだろうか。

大学別社長の最終学歴といった調査がよく登場し、慶應や東大が早稲田を上回るが、愛人《パパ》たちの最終学歴を調査したら早稲田卒が圧勝するのだろう。

この手の交際クラブ、出会い系サロンでは、経済的に裕福なことが入会条件に入っている。社会的に成功した人物が早大卒に多い、ということなのか。それに加えて元気な男が多い、猟色家が多い、ということなのか。

「高田馬場って夫も愛人《パパ》も暮らすマンションが多いんです。やっぱりつきあう男が卒業した母校の街だし、土地勘もあるからじゃないかしら。高田馬場って学生と若者の街のイメージだから、かえって新宿や渋谷ではなくて愛人を住ませやすいんじゃないですか」

涼子の夫も愛人《パパ》も社会人になってからまったく活字を読まなくなったらしく、せいぜい新聞をぱらぱらめくる程度だという。

「別に書いちゃってもいいですよ。名前出さなければ」

そして背筋を伸ばすと「ああ、さっぱりした。主人にも言えない秘密ってずっと一人で仕舞い込めないから、すっきりしましたよ」

高田馬場の午後。

人妻が路地裏を歩く。

第八章　乱歩の下宿屋

なぜ下宿屋だったのか

いまから三十年ほど前、仕事場にデスクを追加しようと、高田馬場にあった老舗の家具屋に行ったときのことだ。

スチール製の安いデスクを購入して、代金を払おうとしたとき、見たこともない大型のキャッシュ・レジスターが視界に入った。

金銭登録機とでも呼んだほうがいいような、古色蒼然としたものだった。数字を印したボタンとそれを支えるキイが長年の歳月で茶褐色に艶光りしていた。

私が、このレジスターは何年くらい前のものなのか尋ねたところ、八十代とおぼしき店主が、

「昭和五、六年くらいかなあ」と記憶を思い起こした。

「乱歩さんちに、机持って行ったことあったよ」

店主が言う「乱歩さんち」とはあの江戸川乱歩である。

当時、店主は二十代前半だろうか。ちょうど金銭登録機がこの家具屋に来たころ、若き店主が乱歩の仕事場に新品の机を運んだというのだ。

乱歩は一八九四（明治二十七）年十月二十一日、三重県名賀郡名張町《なが ぐん なばりちょう》（現・名張市）に生まれた。日本の探偵小説界の始祖と呼ばれ、耽美、怪奇、残虐、妖気の作風と理知的な推理を特徴とした。戦後は主に探偵小説研究に費やし、一九六五（昭和四十）年七月二十八日死去。

明治四十五年から大正五年まで早稲田大学政治経済学部経済学科で学んだ乱歩にとって高田馬場は馴染みのある街であり、昭和三年三月から六年十一月まで、ここ高田馬場で下宿屋を営んだ。

下宿屋があったのは、当時の地名で戸塚区源兵衛。明治通りと早稲田通りの交差点、馬場口の角近く。駅から早稲田通りを大学方向に歩き、明治通りを渡ったところを左折、右手にあった。現在は老人介護保険施設になっている。

家具屋の店主のところに乱歩がふらりとやってきて机を注文したという昭和五、六年当時、乱歩は『陰獣』『孤島の鬼』『蜘蛛男』『魔術師』『黄金仮面』『吸血鬼』『盲獣』といった傑作、代表作を相次ぎ発表、乗りに乗った時代だった。

収入も飛躍的に増え、立派な机も楽に買えたのだろう。乱歩の代表作がこの家具屋から購入した机の上で書かれたのかと思うと、乱歩伝説がぐっと身近に感じられる。

乱歩は福助足袋の社員寮だった大きな建物を買い取り、下宿屋「緑館」として改築すると、隣に自分たち家族の住む部屋と書斎を増築した。

ところでここでひとつ、疑問が生じる。

時代の寵児となった探偵小説作家が何故に高田馬場で下宿屋を開いたのか。

乱歩の創作活動期においてもっとも収入が多かったこの時代、原稿料や印税収入に比べたら、下宿の儲けなど微々たるものだろう。

それなのにいったいなぜ。

乱歩の自己嫌悪

答えはある資料から浮かび上がる。

乱歩の生誕から晩年までの半生をみずから綴り、自身に関するあらゆる印刷物を集めてアルバムに貼った全三巻の『貼雑年譜《はりまぜねんぷ》』という乱歩自家製の記録集がある。

乱歩の処女作『二銭銅貨』がわが国探偵小説の記念すべき第一作とされ、以後、乱歩の書いてきた作品、評論が探偵（推理）小説界の歴史にもなった。『貼雑年譜』はすなわち探偵小説の歴史的資料でもあった。

この資料をもとに乱歩は『探偵小説四十年』という半生記を書いた。

自作の舞台裏を率直に綴り、愛読者や乱歩研究家にとって『探偵小説四十年』は極めて重要な自伝になっている。

読んで気づくのは、自作についてことのほか厳しい採点をしている記述である。

雑誌『新青年』以外の誌面でも活躍しだしたころ、『写真報知』に掲載した佳作『算盤《そろばん》が恋を語る話』と『日記帳』について、乱歩は「つまらない小品を二つならべてごまかしたようなものであった」と冷酷な採点をしている。

長編『湖畔亭事件』については、「作者自身は全く一貫性のない、箸にも棒にもかからぬ愚作と信じていたので、つづきの原稿を書くのが、又、そのために、既に活字になった部分を読み返すのが、死ぬ苦しみであった」と切り捨てている。

怪奇色が濃厚な傑作長編『孤島の鬼』にしても、乱歩は「結局あんなものしか出来なかったのである」と全否定に近い。

『陰獣』『芋虫』『押絵と旅する男』という乱歩の代表作にしても「たとえそれらが一部では好評であったとしても、作者自身はどうにも自信がもてなかった。第一それらのものは本当の探偵小説ではなかった」と手厳しい。

『新青年』に三回にわけて連載された『陰獣』は、久々の乱歩登場と横溝正史編集長の熱のこもった宣伝文、作者みずからを使ったトリック、エロティックな要素が合致し、雑誌にしては極めてめずらしい三刷という奇跡を巻き起こした。

ところが自信をもって誇るべき傑作『陰獣』ですら、「『陰獣』は私が従来書いたものの総決算にすぎず、何らの新味なく、進歩性、将来性が感じられず、『またか』という感じのものであった」と極辛である。

いったい何を書いたら乱歩自身、諒《りょう》とするのだろうか。

『探偵小説四十年』の昭和四年の章では、「生きるとは妥協すること」といったタイトルがつけられている。

昭和四年といえば『孤島の鬼』『蟲《むし》』『押絵と旅する男』『蜘蛛男』といった代表作を集中して発表した年であり、流行作家の仲間入りを果たした年でもあった。

やっとつかんだ栄光なのに、乱歩は「生きるとは妥協すること」と、投げやりである。乱歩が「妥協すること」と自己嫌悪に近い記述をしているのは、戦前の出版界における事情もあったのだろう。

戦前の出版界は講談社（大日本雄弁講談社）が覇権を握り、講談倶楽部、少年倶楽部、婦人倶楽部、キングといった大部数の九大雑誌を擁し、講談社王国と称されていた。

戦前の講談社は「面白くて為になる」というのが雑誌づくりのモットーであり、岩波書店のアカデミズムに対抗する位置づけにあった。多くの作家たちにとって講談社の雑誌群に登場することは名著の証だったが、一部の純文学系作家にとって講談社の雑誌で作品を発表するのは、教養よりも営利を求めたと見なされがちだった。戦前はいまよりはるかに教養主義が尊重され、娯楽的要素が強いと「通俗」と軽んじられた。

講談社の『講談倶楽部』で通俗長編探偵小説『蜘蛛男』を連載したことが、乱歩にとっては居心地をわるくさせた。

いまでは純文学でも大衆文学でも、講談社の誌面に登場するのは書き手にとって栄誉であるのだが。

『探偵小説四十年』の昭和五年の記述では、「虚名大いにあがる」とこれまた自己卑下である。『蜘蛛男』『魔術師』『黄金仮面』という大ヒット長編作を講談社系雑誌に連載した昭和五年は、不況と軍国主義の足音がしだしたころで、庶民はレビューや映画、小説に刺激を求め、エログロナンセンスという言葉が流行った年でもあった。乱歩作品はエログロナンセンス色が濃厚であったために、時代と寝た流行作家になって知名度が全国区になった。ところが乱歩自身は、「虚名大いにあがる」と自己肯定感ゼロである。

翌昭和六年には平凡社から江戸川乱歩全集が刊行されて、乱歩の人気は頂点に達した。

それでも彼は激しく葛藤していた。

「作家仲間や、友人やインテリ読者からは、甚しくヒンシュクされながらの『虚名』であったから、私は一方で大いに気をよくしながら、一方で極度に羞恥を感じるという、手におえない惨状に陥っていたということになった」。

乱歩は明治生まれの男らしく、謙虚さから自作に厳しく、謙遜しているのではないかと思ったが、どうもそうではなくて本気で自己卑下、自作の大半を否定していた。

戦前、純文学作品だけでは食っていけず、川端康成も少年少女向けの通俗小説を書いていたし、純文学でスタートした菊池寛も新聞連載小説『真珠夫人』で大通俗作品を書き、大いに人気を博した。二〇〇〇年代に突如テレビドラマとして復活してこれも大人気となったのは記憶に新しい。

三島由紀夫も珠玉の純文学作品を発表しながら同時に週刊プレイボーイで『命売ります』という通俗エンターテイメント作品を連載し、時空を超えていまではちくま文庫に収録されている。

川端にしろ菊池にしろ三島にしろ、通俗作品を卑下していないし、むしろ幅広い創作活動の証だと割り切り、三島にいたっては平凡パンチと週刊プレイボーイに登場することもパフォーマンスだとさえ思っていた。

それに比べると、乱歩の創作にかける純粋過ぎる思いが痛々しい。彼にとっては、純粋推理の小説こそが理想の作品であり、同時代の志賀直哉、宇野浩二、梶井基次郎といった私小説作家よりも自己に厳しい創作態度だった。

江戸川乱歩全集も売れ、昭和初期の廉価版全集、いわゆる円本《えんぽん》ブームのひとつ『現代大衆文学全集』のなかに入った乱歩編も大いに売れた。

乱歩にとってはいかに売れても自信作ではないので、満足できない。だが大家族を養っていかなければならない。こんな辛い思いをするよりも、まずは収入を安定させるために高田馬場で下宿屋を営み、その上でじっくり納得のいく作品だけを書くつもりだった。

乱歩夫妻は「緑館」の前にも早大正門前で下宿屋を短い期間営んだことがあったが、本格的に営むのは緑館がはじめてだった。

乱歩は自作への嫌悪感から、崇拝する宇野浩二が緑館に来たとき居留守をつかって会わなかった。下宿屋の学生とも会わず、書斎の窓を塞いでしまい、盲目になってしまいたい、と呪詛しながら殻に閉じこもった。

乱歩は自分を厭人病、人間嫌いだったと書いているが、「緑館」時代の乱歩は対人恐怖症的であり、いままで言う引きこもりだったことがわかる。

「緑館」は乱歩にとって書きたくない作品を書かないで生きていくための最後の頼みの綱であった。ところがこの下宿屋、乱歩夫妻のマネージメントがなってないと下宿人たちが騒ぎだしたために乱歩は面倒臭くなり、三年八ヶ月という短命で廃業している。

乱歩はあらためて筆一本で食っていかなければならなくなり、妥協する日々にもどるのだった。

いまでも下宿屋があった付近のお年寄りに尋ねると、「乱歩の下宿屋」「緑館」という言葉がポロッと出て来る。代表作が生まれたこの地は、言うならば江戸川乱歩の聖地にちがいない。

江戸川乱歩『貼雑年譜』（講談社）より。乱歩がデザインした下宿屋「緑館」資料

乱歩には自作への嫌悪感が強い反面、平凡社版全集からはじまり以後何度も全集が刊行されたが、そのたびに乱歩が妥協のために書いた通俗長編作『黄金仮面』『魔術師』『吸血鬼』『人間豹』『黒蜥蜴《くろとかげ》』『悪魔の紋章』『盲獣』などを各巻のタイトルにしている。知名度のある作品タイトルを各巻タイトルに持っていったほうが売れ行きがよくなるという判断だった。それくらいの図太さは持ち合わせていたのであり、それゆえにますます自己嫌悪に陥るのだった。

なぜ自作に手厳しかったのか

講談社版江戸川乱歩全集は、一九六九年四月から毎月一巻ずつ刊行され、翌七〇年六月で完結した。全十五巻、黒い箱に入った赤茶のクロース装、タイトルと紋章のような意匠が金箔、という重厚感に富んだ体裁だった。

刊行された六九年は私が中学校に進学した年であり、まさに思春期のとば口、感受性に富んだ時として、乱歩全集は心身に染み入った。

横尾忠則、古沢岩美、永田力の三画伯が巻ごとにイラストを担当して、これもよかった。なかでも横尾忠則は原色の錦絵のような絵柄と古い写真を切り取った異様な作風が乱歩作品とマッチしていた。『白昼夢』のグロテスクで艶めかしい女の生首、『赤い部屋』で滝と男の死体が花札のような派手なピンクとブルーで処理されている。私はいまでも横尾忠則の最高傑作は乱歩全集のイラストだと思っている。

古沢岩美も妖艶な女体を描く洋画家であり、永田力の具象画的なイラストも幻想的な乱歩作品に似合った。

『探偵小説四十年』は全集のラストを飾り、上下巻に分かれていた。口絵では乱歩の生い立ちから晩年までのモノクロ写真が収められ、下宿屋「緑館」の前景、そこでくつろぐ乱歩一家（二十二歳年下の玉子という乱歩の妹が脇で雑誌を広げてはにかんでいる姿が愛らしかった）。

私がなぜ乱歩に惹かれたのかというと、作品はもちろんなのだが、『探偵小説四十年』で知った乱歩の自作に対する自信の無さ、自己に対する肯定感の希薄さが、十三歳の自分の気分に合致したからだった。

あのころ私も優等生である自分というものに自信が持てずにいた。

この性格は母に似てしまったようで、母は祖母から「下端張れ《したば》」と常々言われていたという。下端張れとは、目立つようなことはせず、おとなしく世を渡っていけ、という意味だ。

私は母から下端張れ、と教えられたこともなかったので、私の下端張ってきた青春時代は、性格のなせる技、遺伝というものだろう。

乱歩が自作に対して手厳しかったのはなぜか。

乱歩には一粒種の長男、東大をへて教授になった平井隆太郎立教大学名誉教授がいた。その子息、乱歩の孫にあたり、現在鉄道関連雑誌を発行するエリエイの平井憲太郎代表取締役に、祖父の自作に対する厳しさについて尋ねたことがあった。

すると「完璧主義でしたから」という答えが返ってきた。

乱歩は『二銭銅貨』によってわが国の探偵小説の始祖になった。他の作家とは異なる、毎回毎回問題作に仕上げてみせる、というプライドもあったのだろう。

乱歩のデビューは『新青年』誌上だったが、馬場孤蝶《こちょう》という高名な評論家のもとに処女作『二銭銅貨』『一枚の切符』を送り、読んでもらおうとした。ところが何日たっても音沙汰がない。諦めて取りもどすと、『新青年』森下雨村編集長に送った。

『新青年』では毎号、読者からの創作探偵小説を公募していた。

本来なら乱歩は最初から『新青年』の公募に応じて送ってもよかった。そうしなかったのは、馬場孤蝶の推薦という華々しい冠で掲載されることを欲していたのではないか。明治大正期、高名な作家、評論家の推薦文がつくことは箔が付いて、本が出しやすかった。

送られてきた原稿を読んだ『新青年』森下雨村編集長は、ついに日本にも本格的な探偵小説を書ける作家が登場したと歓喜し、掲載することを即断する。

『新青年』大正十二年四月号に『二銭銅貨』が掲載され、かくして乱歩は世に出た。

乱歩は得意満面だっただろう。

だが彼のプライドに影を落とすこともあった。

消えたライバルたち

わが国初の創作探偵小説は乱歩の『二銭銅貨』になっているが、実は他にもわが国初の創作探偵小説が三作あった。

『新青年』大正十二年四月号には、『二銭銅貨』の他に三作が同時掲載されていたのだ。

この号で乱歩の『二銭銅貨』だけでなく、他の作家と競い合うかたちで作品が複数載っているほうが販売部数増になるという森下雨村編集長の狙いもあっただろう。

『新青年』大正十二年四月号の目次を開くとこんなならび方だ。

『二銭銅貨』江戸川乱歩
『頭の悪い男』山下利三郎
『詐欺師』松本泰《たい》
『山又山』保篠龍緒《ほしのたつお》

乱歩の『二銭銅貨』とならんで他の三作品の級数も同じ扱いである。

華々しく登場した乱歩であったが、他の三作品と同列で扱われたことに、おや？　と思ったことだろう。

日本初の創作探偵小説になるはずだった他の三作品を、『新青年』大正十二年四月号現物で読んでみた。

乱歩の『二銭銅貨』は大正時代の高等遊民、主人公「私」とその友人、松村武が登場する。

「あの泥坊が羨《うらやま》しい」二人の間にこんな言葉が交《かわ》される程、其頃《そのころ》は窮迫《きゅうはく》していた。

出だしのうまさは松本清張が絶賛したほどだ。

「あの泥坊」の盗んだ大金が物語の核になる。友人の松村武が二銭銅貨のなかから発見した謎の紙片には、南無阿弥陀仏の六文字をバラバラにした符丁が書かれていた。

松村武は脳細胞をフル稼働して解読に成功する。

手に入れたと思った大金が実は――。

本作で注目されたのは南無阿弥陀仏と点字を組み合わせた暗号解読にあった。

今回あらためて読み直してみて感じたのは、暗号解読だけではなく推理的醍醐味がいくつも塗り込められていることだった。

泥坊が奪った大金をまんまとせしめた松村武が玩具店のおもちゃ紙幣に紛れ込ませる。一番安全な隠し方は、隠さないで隠すこと、というトリックを用いている点。記述者である「私」が犯人、という叙述トリックを用いた点。推理小説最大の醍醐味であるどんでん返しが最後に控えている点。

殺人事件が出てこないのが迫力不足と言えなくもないが、大正時代の市井を舞台にした探偵小説に仕上がっている。

乱歩の『二銭銅貨』の次に掲載されているのが山下利三郎『頭の悪い男』である。

山下利三郎は明治二十五年、京都生まれ。乱歩より早く『新趣味』『新青年』に投稿してきた最初期の探偵小説家だった。乱歩の『二銭銅貨』と同時に常連投稿者のなかから優れた作品を掲載したものだった。

大正時代の庶民が主人公で、雑踏のなか、間違って見知らぬ男から袖に大金を押し込まれる。犯罪に巻き込まれたのではないかと不安になる一方、いっそこのままいただいてしまおうか葛藤が描かれる。自宅にもどると、先ほど見かけた男がいる。記憶を掘り起こしてみると、自分が知っている人物だった。

乱歩の初期短編は、高等遊民が登場する庶民的な作品が多く、乱歩が耽溺《たんでき》していた宇野浩二のような世界が描かれている。山下利三郎の描く本作もまた市井の人々が登場する。

殺人事件が起きるわけでもなく暗号が登場するわけでもなく、主人公が犯罪を犯す過程を描く倒叙小説でもなく、登場人物の錯誤がテーマになった小品《しょうひん》である。

『二銭銅貨』がページ数にして二十ページなのに比べて『頭の悪い男』は九ページ、短編小説というよりショートショートであり、その分、衝撃度は薄い。

次に登場するのは松本泰『詐欺師』。

松本泰は明治二十年、東京生まれ。慶應義塾大学文学部卒業後イギリスに留学、帰国後、創作活動をおこなった最初期の探偵小説家であった。

『詐欺師』は質屋に質草《しちぐさ》を入れようとした男が、質屋の値付けに納得がいかず、他の店に行くが、やはり最初の質屋がいいともどってきたのだが、質屋が受け取った質草は前のものとは異なりガラクタだった。ところが騙したはずの男が受け取ったカネもまた偽札だった、というオチがつく。

これも錯誤がテーマであり、六ページという小品ということもあって、軽い。

巻末に載っているのが保篠龍緒『山又山』である。

四作品中二十二ページともっとも長い。

保篠龍緒は明治二十五年長野県生まれ。ルパンの翻訳家として知られる作家であり、ルパン・シリーズの『奇巌城《きがんじょう》』という印象的なタイトルも保篠龍緒による絶妙な意訳だった。

保篠龍緒と松本泰の二人は乱歩デビュー前からすでに活躍している書き手であった。『山又山』は刑事が潜入捜査したり、殺害された刑事が血でダイングメッセージを残したり、暗号が登場したり、四作品中本作がもっとも探偵小説的である。

暗号はアルファベットと数字が登場するのだが、これが煩雑で解読する意欲を削いでしまう。果たして理論的に解読できた読者が何人いただろうか。

乱歩の南無阿弥陀仏と点字の組み合わせの暗号のほうが合理的である。もっとも乱歩の暗号も、点字という専門知識を知らなければ解けないものであり、与えられた情報でだれにでも解ける、という暗号解読の醍醐味からは外れている。

実は乱歩の暗号にも瑕疵《かし》があった。点字のある部分の解釈が間違っていたために、一九六一年桃源社版全集のときに誤りを訂正した。

一九二三（大正十二）年の発表時から三十八年間もの間、暗号の間違いにだれも気づかなかったのだから、暗号としては未成熟であった。

四作品を見渡すと、殺人事件を扱ったものは保篠龍緒『山又山』の一作のみ、あとは錯誤を扱った庶民の日常が舞台だった。客観的な事実の積み上げで立証する近代捜査が広まる前の時代だったので、殺人事件は扱いにくかったとも言えよう。

四作品を読み比べると、あらためて乱歩の文章のうまさが際立つ。

乱歩の文章のみずみずしさは群を抜いている。ドストエフスキー、谷崎潤一郎、宇野浩二、乱歩の筆名のもとになったエドガー・アラン・ポー、といった作家に耽溺した乱歩は、探偵作家の枠内におさまりきれない文学の鬼でもあった。

乱歩の『一枚の切符』『恐ろしき錯誤』『二廃人』が『新青年』誌上に発表されるたびに、山下利三郎の『小野さん』『ある哲学者の死』『裏口から』といった作品が同時掲載された。乱歩はデビュー時に同時掲載された他の三作家のなかでも、山下利三郎をもっとも強力なライバルと思っていた。

乱歩はその後、前述したように地獄の苦しみを味わいながらもヒット作を飛ばしていく一方、山下利三郎は古典的な文体と地味な作風でいつしか発表の舞台が減り、忘れ去られた作家になっていく。昭和二十七年死去。

松本泰はこれからという昭和十四年、病死している。

保篠龍緒はルブランの「ルパン」シリーズ翻訳に主力を傾けた。

もしも山下利三郎、あるいは松本泰、保篠龍緒がその後、強力な作品を相次ぎものにしていたら、日本初の創作探偵小説は『二銭銅貨』とならび、彼らの作品が紹介され、推理小説史は塗り替えられていたであろう。

乱歩の産みの苦しみは少なくとも報われたわけである。

地図に記載された「江戸川 下宿」

私が大学に入って真っ先にしたのは、他でもないこの歴史的掲載号の『新青年』を蔦《つた》の絡まる大学図書館で探しあて、読んだことだった。

乱歩の初舞台をこの目で追えた私は、興奮しながら図書館を出て、乱歩調で言うなら、大学から高田馬場駅までの長い道をふらふらと夢遊病者のように歩いたのであった。

早稲田通りを駅方面に歩いた途中、子育て地蔵尊がある。

元禄末、小泉源兵衛がここに住んだことから周辺は源兵衛村と呼ばれた。乱歩の「緑館」も源兵衛にあった。

村の発展に尽くした源兵衛の功績を記念して享保十一（一七二六）年、村の有志が源兵衛地蔵を安置し、子宝・安産、病気治癒、商売繁盛、交通安全など願いが叶うお地蔵様として、近年では「子育地蔵尊」として親しまれいまに至っている。

関東大震災でも倒れることもなく、また空襲のときにはこの地蔵尊周囲だけは奇跡的に焼け残り、お地蔵さんが守ってくれた、と言い伝えられてきた。

子育地蔵尊には昭和十年前後のこの辺りの地図が展示されている。

乱歩が下宿屋を営んできた「緑館」が地図に載っていないか目を凝らして見たら、あった。小さく「江戸川　下宿」という記述がある。空想のなかの乱歩がたしかにこの地に住んでいたのだ。

乱歩一家は高田馬場から芝に引っ越すが、国道の騒音に音《ね》を上げて次に引っ越したのが、乱歩終焉の地となる池袋、立教大学隣だった。

借地だったが、戦後になって買い取った、都心にしては広大な敷地である。

一九九一年初頭、幻影に招かれたかのように私は乱歩終焉の家を訪れたときがあった。

門柱にある平井太郎という乱歩の本名を見て、背後から押されたかのように玄関の前に立ったのだった。ずいぶん図々しい訪問だったにもかかわらずこころよく迎えてくれたのは、乱歩の子息、平井隆太郎立教大学名誉教授その人であった。

私は前から尋ねてみたかったことを言葉にしてみた。

「乱歩先生は果たして推理小説として何が一番自信がおありだったんでしょうか？」

生前、自作に厳しかった乱歩も、『押絵と旅する男』はもっともうまく書けたものだと認めていた。だがあの作品は耽美小説とでもいうべき作品であり、推理小説ではない。果たして推理小説として乱歩自身、自信をもっていた作品はなかったのだろうか。

すると平井隆太郎先生は貴重な証言をした。

「ああ。『陰獣』はよく書けたと言ってました」

『陰獣』は私が従来書いたものの総決算にすぎず、何らの新味なく、進歩性、将来性が感じられず、『またか』という感じのものであった」と卑下していたが、乱歩は内心、手応えを感じていたのだ。身内だからこそ心を許して本音を漏らしたのだろう。乱歩研究における貴重な証言にちがいない。

平井隆太郎名誉教授は二〇一五年十二月九日、静かに地上から姿を消した。

「緑館」も私が大学に入学した七〇年代後半は当時の姿のまま、健在だったと聞く。

惜しいことをしたものだ。

知っていたら、毎日のように前を通っていただろう。

作家たちが交錯した街

高田馬場には乱歩以外にも多くの作家が暮らしていた。

乱歩が「緑館」を経営していた昭和五年、青森県金木町から一人の若者が諏訪町（現在の高田馬場一丁目）の下宿屋「常盤館」に住むようになった。

青年の名は津島修治、東京帝国大学文学部の一年生である。

後に彼は太宰治の筆名で文壇の寵児となるのだが、このときはまだ大地主の息子で、左翼運動に加わったり、自殺未遂をしでかしたり、親代わりの長兄を困らせる不肖の弟であった。

太宰がなぜ高田馬場に住むようになったのかというと、東京芸術学校（後の東京藝大）塑造《そぞう》科に在学していた三兄、圭治がこの地に住んでいたからであった。

兄弟のなかでも太宰はこの圭治を特に慕っていた。

太宰には三人の兄、一人の弟、四人の姉がいた。太宰自身、容姿端麗であったが、他の兄弟、姉たちもみな美しかった。

太宰が慕った圭治も秀麗であったが、結核によって二十八歳で病死している。

長兄、文治は太宰の素行を心配していた。

文治は政治家志向で、早大政経学部政治学科に学んでいた。だが兄自身も芸術好きで演劇青年であった。

太宰を不肖の弟と思いながら、自分ができなかった芸術の道に弟が進むことに内心では密かにうらやましく思っていたのではないか。文治の息子が後に俳優・津島康一として舞台を中心に活躍したのも、父の演劇熱を引き継いだからではないか。十和田湖畔の「乙女の像」は文治が高村光太郎に依頼して制作されたものであった。

太宰が高田馬場で暮らしていた常盤館は、現在の新宿区立戸塚第二小学校の真向かいあたりとされる。

ここで妄想が生まれる。

昭和五年、一躍流行作家となった乱歩は高田馬場駅付近にも出没したであろう。帝大生の太宰も小説雑誌はよく読んでいただろうから、乱歩の活躍ぶりも知っていたはずだ。乱歩と太宰、二人は高田馬場の駅近くでニアミスしたときもあったのではないか。もしもそこで太宰からこの流行作家に声をかけて親交を結んだとしたら、太宰は後に師事するのは井伏鱒二ではなく江戸川乱歩になっていたのかもしれない。すると文学史も変わったことだろう。

太宰が玉川上水で心中する前、『如是我聞《にょぜがもん》』という作品で志賀直哉批判をおこなった。その志賀直哉も昭和十三年四月から翌十五年五月までの二年余りを、淀橋区諏訪町（現在の高田馬場一丁目）で暮らし、『病中夢』『泉鏡花の憶ひ出』といった代表作を執筆した。現在、志賀直哉の旧宅跡には、日本児童教育専門学校が建てられ、志賀直哉旧居跡の案内図が設置されている。

昭和三年生まれの深層心理

乱歩が早大前の下宿屋の権利を売り、一時戸山ヶ原に近い諏訪町（諏訪神社に近い貸家）に住み、印税で高田馬場源兵衛にあった福助足袋の社員寮を買い取り、改造して下宿屋「緑館」を開いた昭和三年三月。

まさしくこの年の三月十五日、うちの父が生まれた。

この日は、日本共産党への大規模な弾圧「三・一五事件」が起きたときでもあった。中国大陸では満州某重大事件《まんしゅうぼうじゅうだいじけん》と呼ばれた張作霖爆殺《ちょうさくりんばくさつ》事件など、生臭い事件が起き、エログロナンセンスブームが目前にせまる時代だった。

昭和三年生まれの著名人では、漫画の神様手塚治虫、俳優では田村高廣、佐藤慶、渥美清、塩沢とき、作家では田辺聖子、芸能界ではジャニー喜多川、発明家のドクター中松、政治家ではハマコーこと浜田幸一などがいる。

父が生まれたのは昭和三年三月、早生まれであり、前年昭和二年生まれと同じ年度に小学校入学したことになる。

昭和元年は大正天皇崩御が昭和元年十二月二十五日だったために、わずか年末の一週間しかなかった。そのために昭和二年度が実質的な昭和のはじまりであり、昭和三年三月生まれの父も繰り上げで昭和のスタート世代であった。

前述したように、この世代の男は家父長制的な古い気質がある一方で、思春期に開戦と敗戦を味わい、大人の様変わりを間近で見てきたので、どこか虚無的、反体制的な部分が残っていた。

生真面目だった父は、普段の生活も枠をはみ出さぬ堅実なところがあり、朝の時間帯に歩行者専用道路では、他の車はすでに走っているのに、車が通行できる八時半になるまで道路脇に車を止めじっと待っていた。父が使った水道は栓が固く締められているのですぐにわかった。

警察官がスピード違反の摘発をやっていたり、夜、免許証を確認するために車を止めたりすると、「お疲れ様です」とお追従笑《ついしょう》いを浮かべながら陰では「警察は威張りたがっているのだから、威張らせてやれ」という冷めたところがあった。

乱歩が生み出した怪人二十面相のように父には果たしていくつの顔があったのだろう。

私が大学に入学した年、息子の学ぶ経済学とはどんな学問なのか茶の間で話題になったことがあった。まだマルクス経済学が元気で、ケインズをはじめとした近代経済学と拮抗していた。両派を略してマル経、近経と呼んでいたのだが、父は経済学などまったく学んだことがないはずなのに、私の話すマル経、近経の言葉にもっともらしくうなずき、「限界効用均等の法則」を解説すると、そんな話はとっくに知っているといった顔でうなずくのだった。

息子が知っていることはすべて知っている、理解している、というプライドがあった。私のときにだけ見受けられる反応ではなく、他者に対してもそうだった。愛想がいい反面、プライドが高いと思われていたことだろう。

ヘラブナ釣りが趣味で、クジャクの羽でウキをつくったり、竿を選んだり、餌を開発したりしていた。ヘラブナは釣り師にとって最上級であり、ヘラブナ研究会、略してヘラ研に所属し、早朝四時から宮沢湖、山中湖、西湖、小河内《おごうち》といった釣り場に行き、釣果を競った。ヘラブナ釣りは釣ること自体を楽しむもので、釣ったら最後は放流する。自然と生き物を尊重する釣りでもある。

釣りと仕事とカラオケと家族を愛する、どこにでもいる父であった。

その反面、反自民、巨人・長嶋嫌い、という反体制的価値観が併存していた。

私が大学に入った年の冬、一九七五年十二月上旬、たまたま自宅にいたときだった。

いまでも鮮明に記憶されている奇妙な出来事があった。

大学が休校日だった私は自宅でのんびり本を読んでいた。そこにいきなり父が飛び込んできたのだ。会社から飛んできた父の極度の慌てぶりが気になった。

箪笥の奥から古びた封筒にしまっていたものを取りだして、中身を確認すると、あああ、と安堵のため息を吐き、尻餅をつくのだった。普段の威厳とは裏腹の慌てぶりがずっと気になっていた。

さらに気になることがあった。

一九七五年の前年だったか。会社から帰ってきた父が、こんなことを言った。

「会社に刑事がやって来たんだ」

第九章　高田馬場女優殺人事件

職業欄でペンが止まる人々

高田馬場には人には言えない仕事をしている連中が棲息している。

ジャパンマネーを稼ごうと、韓国、中国、タイ、フィリピンから来日する女性たちは後を絶たない。長期間滞在して稼ぐにはなんといっても日本人男性と結婚するのが一番だからと、書面上だけの結婚をするのだ。

彼女たちに日本人男性を斡旋するのは国際結婚組織と自称する人間で、結婚候補の日本人男性は仕事にあぶれた日雇い労働者やホームレス、身体障害者が主だ。

一回書面だけの結婚をするだけで、夫となる日本人男性は二十万円前後がもらえる。それプラス、書類上とはいえせっかく結婚したのだからと、夫たちは一度だけ書面上の妻とセックスするのが暗黙の了解事項になっている。日本人夫にとって現金をもらえるのも嬉しいが、実は来日した歌手のタマゴや踊り子と一夜限りの性交を味わえるのも楽しみになっている。

高田馬場駅から明治通りに向かって伸びる早稲田通りは、深夜になると人通りが少なくなる。なかでも明治通りを越すと極端に少なくなる。路肩に止めて、車から降りてこない運転手とやりとりして、何かを受け取る男。コカイン・マリファナ・覚醒剤を売り買いするスポットだ。

違法薬物を売り買いするのは歌舞伎町や池袋といった歓楽街を舞台にするが、かえって厳しい監視があるために、売人も用心深くなる。お隣の高田馬場なら、適度な人混みなので売り買いするには都合がよく、監視の目も緩い。

トラブルもある。

車で売りに来る売人のなかには、ニセの違法薬物を売る業者も少なくない。要するに「まがい物」を売っているのだ。買い手からすれば目的の商品ではないので、これも悪質業者になるのだろう。

早稲田通り沿いのスポットとは別に、高田馬場駅の目の前、さかえ通りを入って居酒屋やゲームセンター、喫茶店が建ちならぶ真裏も売人がうろついている。早稲田通りもさかえ通りも、酔っ払いが多く、ドラッグでふらついていても見分けがつかない。街全体がカモフラージュしている。

朝早く、駅付近にたむろしている集団は、チケットを買うダフ屋たちだ。外見は九時五時で働く男たちとは異なるどこか世を捨てた影がちらつく。

パチンコ店に朝一番でやってくるのは、パチンコで飯を食っているパチプロだ。彼らの特徴は影を感じながら、どこか利発な動きを感じさせる。日々改良されるパチンコ台を研究するのが必須とあって、不勉強では食っていけないのだ。

履歴書の職業欄に書き込むときペンが止まる彼らの多くは、ここ高田馬場で暮らしている。

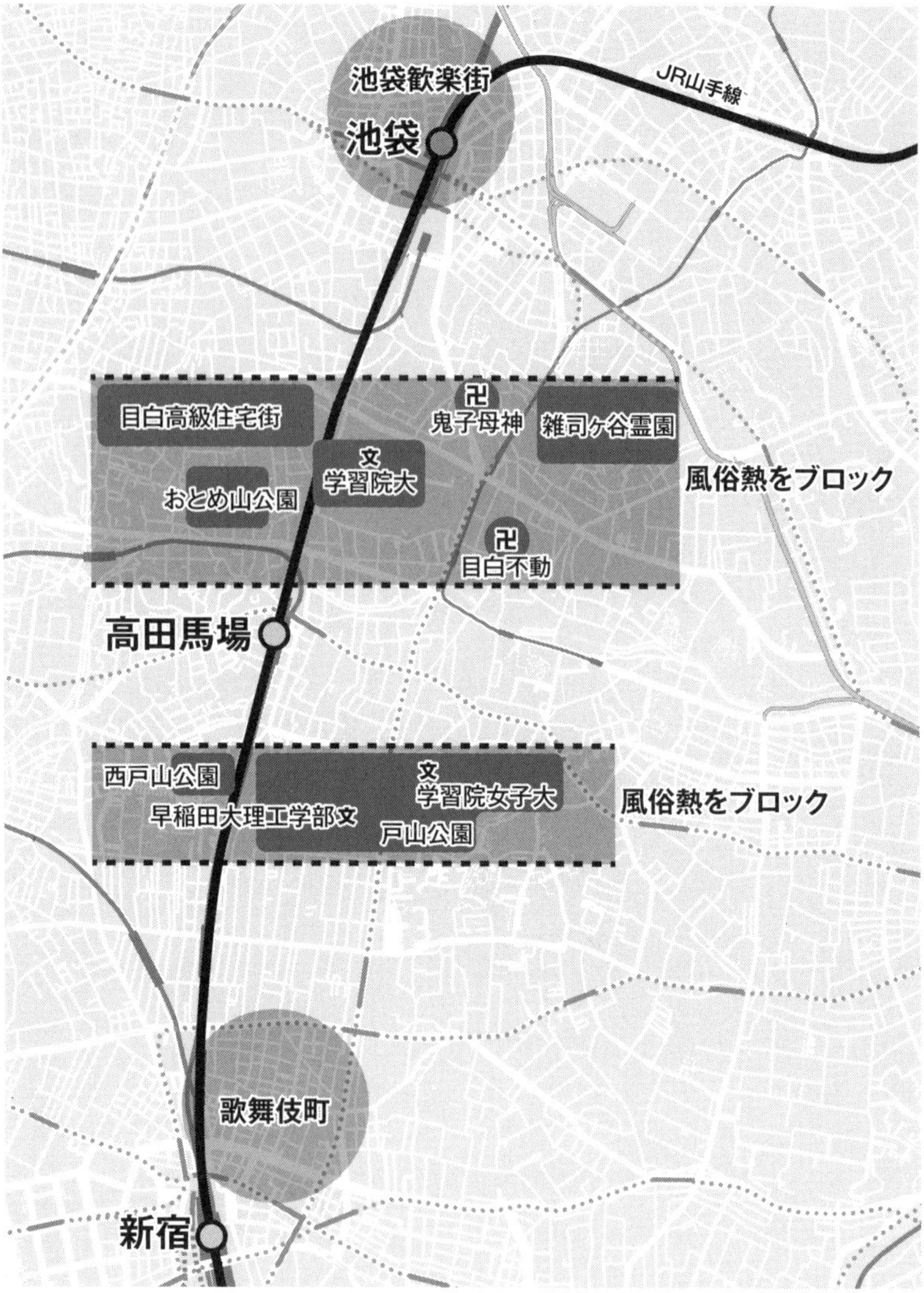

都下最大の殷賑地帯である池袋と歌舞伎町の中間に位置する、文教都市高田馬場

都下最大の殷賑地帯、歌舞伎町と池袋の中間地点に位置する文教都市高田馬場こそ、日ごろの毒素を薄めさせる安息の地である。

刑務所帰りの男

高田馬場から百人町にかけて、戦前は陸軍関連の施設が置かれ、高田馬場はさながら軍都であった。

戸山ハイツになる前の戸山ヶ原には、『世界最終戦論』を著した軍事思想家であり関東軍作戦参謀の石原莞爾《いしわらかんじ》が暮らしていた。

石原莞爾は中国大陸で満州事変を起こした中心人物であるが、終戦後、戦犯として逮捕されることはなかった。戦時中、東條英機首相から弾圧を受けていたことが戦犯回避の理由であった。

陸軍の街も空襲で消失し、百人町の焼け跡には、住居を失ったり、戦地から引き揚げてきた人々のために急遽、四百五十戸の「百人町越冬住宅」が建てられた。

東京では戦後、空襲で公的資料が失われ、住民も不明になったりして土地所有権が曖昧になり、そこに住居や商店、工場が建った。戦後しばらくしても不明のまま時間が過ぎ、つい最近まで終戦直後の闇市的な境界線が生き残っていた。

百人町には建て替えられた近代的な高層アパートが建ちならぶ一方、小さな住宅が密集し、所々が虫喰い状態の空き地になっている。

百人町から新大久保にかけて戦後、バラックが建てられて人が住みだし、西戸山公園には職業安定所が開設され、日雇いの仕事を求める人々でごった返した。

過酷な労働現場の仕事を斡旋する手配師も徘徊する。仕事にあぶれた男たちは、仕方なく高田馬場の安居酒屋で飲んだくれるか、長居のできる薄暗い「喫茶白ゆり」(現在閉店)で時間をつぶした。

何日も仕事にあぶれると、戸山公園でいつしかホームレスになっていた。

一九五〇(昭和二十五)年、百人町にロッテチューインガム工場が誕生する。

このあたり、バラックが建ちならび、仕事を求める人々が居着くようになった。朝鮮半島、済州島から仕事を求めてやってくる朝鮮・韓国人もこの地に住みだし、ロッテ工場ができるとさらに増えた。現在コリアンタウンになった土壌がこのころから熟成されていたのだ。


いまから十数年前。

西戸山公園の職業安定所で仕事を見つけ、土木作業現場で日雇い仕事をする〝ヤマ〟と呼ばれる青年がいた。名字の一部をとったのか、それとも彼の作業現場がたいてい山奥だったからか、だれもがヤマと呼んでいた。

映画業界で長い間、助監督をしてきた青年で、長身に長髪という一時期の松田優作にわずかながら似ていた。

ヤマとはある監督を通じて知り合った。

仕事も黙々とこなし監督からは重宝がられるのだが、優秀な助監督は必ずしも優秀な監督になるわけでもなく、長く助監督に留まるのであった。もともとフリーの助監督で、現場から声がかかると駆けつけて日当でギャラをもらう。日雇い労働者的な立場であった。

仕事にあぶれるとお決まりの高田馬場さかえ通りの飲み屋で飲んだくれる。

ヤマの住まいはこの近くの築四十年、六畳一間のアパートだった。

茫洋としているヤマは、麻雀とパチンコが大好きでいつもカネに不自由していた。とうとう財布の中身も十円玉数個になりヤマは焦った。あちこちの知り合いから借金をして、一ヶ月以内に返すと口約束したものの、返せないとわかると、もっと稼げる仕事を探した。

友人たちは、ヤマは逃亡したのだと言って、彼の存在を忘れかけていた。

噂も聞かなくなったころ、高田馬場の喫茶白ゆりで仕事仲間たちと談笑していたら、ふらりと髭ヅラの男が入ってきた。突然の闖入者《ちんにゅうしゃ》に会話が止まった。

消えたはずのヤマだった。失踪前よりさらに痩身になっている。

「おれ、捕まってたんですよ。覚醒剤で。その前にも一度捕まって、そのときは執行猶予がついたんですが、今度は二回目ということで実刑です。懲役三年」

ヤマはショッキングな体験を、他人事のように淡々と話すのだった。

タコ部屋と世捨てさん

「だれでも刑務所に入ったときは四級なんですよ。それが収監日数と日ごろの態度によって昇級していくんです。級が上がると待遇がよくなるんです。僕？　自慢じゃないですけど一級ですよ。各刑務所に一級は八人程度しかいないんですから。一級は髪の毛伸ばしてＯＫ。個室だしテレビが見られる。看守から文句言われない。僕は覚醒剤で入ったので、血液検査で性病と肝炎チェックですよ。覚醒剤中毒者には肝炎が多いんです。チェックしたら健康体でした。囚人は全員、何か係をやらされるんですけど、僕は病持ちではないから食事係でした。朝四時半からおかずをつくるんです。

そうそう、こんなことも経験しました。現場にめったに来ない偉い刑務官が調理場にやってきて『塩、くれ』と言ってくるんです。モッソウ（ご飯の量を盛って計る器）に山盛り二杯、渡しましたよ。お偉いさんが塩をもらいに来るときは、死刑執行日だってわかるんです。お清めの塩。僕が入っていた二年八ヶ月、優良ということで満期から四ヶ月差し引いて出所できたんですけど、その二年八ヶ月のあいだに死刑執行が二度ありました。あれはだれだったんだろう。

小菅《こすげ》にいたときには、宮崎勤、三浦和義、上祐史浩、あとは名前がわからないけどオウムの幹部連中とすれちがいました。獄舎の窓が全部閉められる日は、麻原が裁判に出廷する日なんです。重大事件の被告だからか、他の信者や被告へのマインドコントロールを恐れてか。東京拘置所は北舎が凶悪犯の棟と呼ばれて、なかでも北舎4舎が死刑囚の棟なんです。新舎は独居房で外国人と凶暴な囚人が入ってました。新聞が黒塗りの部分は、死刑執行の記事と警察の不祥事の記事です。僕は部屋長になって、何かと同房の人たちの相談役になったりして、あとから入ってきたヤクザからも一目置かれたんです。自分で言うのもなんですが品行方正で、仮釈放となって出所です。入所中に知り合ったヤクザがあとから出所してきました。ヤクザは中小企業への貸し渋り対策用の融資を悪用して詐欺三昧です。そのヤクザから呼び出され、赤羽のキャバクラに行ったんですよ」

何が気にくわなかったのか、ヤクザはヤマと一緒に店のトイレに入ったところ、いきなり殴りかかってきた。

「なめてんじゃねえぞ」

腹部に拳がめり込み、トイレの便器に思いっきり吐いた。

「刑務所《ムショ》でおれの悪口言っただろう！」

理不尽な言いがかりだった。

人のいい（よすぎる）ヤマは他人の悪口など生まれてこのかた言ったためしがなかった。

それなのに。

この辺のやりとりは、ヤクザの脅しとすかしの常套テクニックである。

誤解をといたと思ったヤマはヤクザと仲直りするが、ヤクザの賭け麻雀に誘われ、断ることもできずにズルズルとハマり、ハコ点（持ち点数ゼロ）で四十万円、という高い賭け麻雀で負けつづけた。借金をしたヤマは、ヤクザの知り合いのいる池袋に連れていかれ、手配師の総元締めに会わされると、「おれんとこで働け」と言われ、三十人乗りのバスに詰め込まれた。車内は満杯だった。

「全国各地の人里離れた作業現場にタコ部屋があるんですよ。知ってました？」

タコ部屋とは借金漬けの労務者を長期契約で雇い、人里離れた作業現場で軟禁状態にした上で重労働させて借金返済にあてる、その作業現場を指す。

タコが自分の足を食うところから、明日の我が身もわからない労務者の吹きだまりをタコ部屋と呼ぶ。

戦前のタコ部屋では十年、二十年と帰還できなかった労務者もいた。

現在もタコ部屋の労務者は地方のダム工事、道路工事といった危険な作業を中心に働かされる。

「僕が連れていかれたのは新潟県の県境のタコ部屋でした。手配師と監督は借金苦の男たちに声をかけ、借金返済のために働かせるんです。正規の労働賃金よりもはるかに安い賃金でした。各地のタコ部屋を転々とさせるんです。タコ部屋の男たちはだれもが嫌がる危険な現場作業をやらされるんです。僕は橋脚工事現場に行かされました。橋のたもとの腐りかけた旅館がタコ部屋なんです。四畳半にコの字で四人寝る。周りは山、また山。冬は死にそうなくらい寒いので、脚と頭を互い違いにして暖を取るんです。五時半起床、暗くなるまで働きました。現場は大手ゼネコンの看板があって橋の工事は正規の作業員。僕らタコ部屋の男たちは川の中洲に工事車両を乗せるために中洲に陸地を築く作業と川の流れを変える作業なんですが、これが重労働でした。広大な広さなので、見知らぬ男たちもかなりいるんです。僕は慣れぬ鉄筋運びとトラック運転でした。あとは単純な穴掘り作業。技術が必要な橋脚工事はやらないんです。

タコ部屋には三十人詰め込まれてました。半数がろれつが回らないアル中なんです。僕、三十三歳ですが一番若かったんです。タコ部屋の男たちの平均像はアル中・五十代・借金漬け。なぜか元自衛隊員が多いんですよ。朝から酒をひっかけて現場に行くんです。三分の一は入れ墨してましたね。でも年少彫りのちゃちな入れ墨ばかりですよ。少年院のときに、自分でこっそり入れる入れ墨です。タコ部屋の男たちは皆ワケありです。話を聞いた印象からすると、お人好し、自己主張しない、借金苦、自暴自棄、酒好き、欲望がない。タコ部屋には屋根があるし三食食えるだけでもマシ、といった価値観なんです。ホームレス予備軍かな」

タコ部屋から脱走することを刑務所用語同様、「飛ぶ」と言う。

たまに飛ぶ者がいると、ヤマが親方から命じられて中古のカローラで追いかける。飛んだ男は現金を持ち合わせていないので、途中で諦めかけて橋のたもとで休憩している。やさしいヤマは、飛ぶのがわかっても親方が知る前に発見して、一緒にもどるのだ。なかには飛んだことがわかるとすぐに親方に報告して追いかけて手柄にする男もいる。

「脱走者はほとんど捕まりますね。一番近いJRの駅でも二十キロあるんですよ。アハハハ。そうですね、白土三平《しらとさんぺい》の忍者漫画に出てくる『抜け忍』ですよ。タコ部屋に入ったときに運転免許証取り上げられるんです。日給制です。でも賃金がいくらかみんな知らないんですよ。みんなそれぞれに生命保険がかけられている。いくら保険金が下りるのかわからないです。保険の掛け金も給料から天引きされているんです。僕がいたとき二名死にましたが、保険金はすべて上の監督たちに入りました。一人は自殺です。一人は工事中に巨大岩石に押しつぶされてぺしゃんこです。バケツに肉片入れて運びましたよ。

休みは無し。雪が降ると休みになって一日中ごろごろしてますけど。娯楽は近場の温泉の韓国バーの一万円売春と居酒屋。もっともこの居酒屋がくせ者で、ストリップ劇場の支店がこの地にあって、居酒屋はここの系列らしく、タコ部屋の男たちはこの店で伝票にサインひとつで飲み食いできるんです。でも給料日になると天引きされている。監督に『一万円貸してください』と言うと大学ノートに金額と日付書いてすぐ貸してくれるんです。前借りはタコ部屋の男たちに足かせとなるから積極的に貸すんですよ。一回一万円が上限。トータル三万円まで。まさに徳川時代の農民対策の〝生かさず殺さず〟ですよ」

一万円売春は温泉芸者が相手だった。

彼女たちも仕事が終わると居酒屋に飲みに来るのだが、ヤマをはじめとしたタコ部屋の男たちの素性を知っているので近寄ってこなかった。

ヤマが一度寝て、ねんごろになりかけた枕芸者から聞きだしたところ、彼女たちは陰でタコ部屋の男たちを世捨て人にちなんで「世捨てさん」と呼んでいた。

ヤマいわく、「彼女たちは下界ではだれも相手にしないような醜女」とのことだった。

最底辺に巣くう男と女は互いに貶《けな》しあっていた。

「タコ部屋から生還する人間、めったにいませんね。このままでいいと思っている連中ばかりでしたから。なんとかしたいと思う男、いないですよ。とりあえず屋根のある部屋に住めて酒が飲めてせんべい布団でも寝られる寝具があって、二ヶ月に一度くらいは女を抱ける。それで満足なんです。だれも本当のことを言わないから、借金がいくらあるか、どんな経歴なのか、出身地、すべてウソです。どこでも立ちションだし、洗濯しないし、一年中同じ服。作業現場は広いので、監督は服の色で呼ぶんです。緑、黄色とか。黄色の僕は二年間、そのタコ部屋で働いて帰京できました。『来週上がりだから』って親方に言われて、新しい男たちと入れ替えでした。二年ぶりの東京ですからね。高田馬場までワゴン車で帰って、そこで現金三十二万円渡されて解放されました。二年働いても、飯代やら酒代やら福利厚生代やら引かれて手元に残ったのがそれだけですから。

もどってからもしばらくはボーッとして何もやる気が起きませんでした。そしたら電話がかかってきて、親方の知人がやってるペットショップ手伝わないかってことになって、ぶらぶらしてるよりはいいだろうと手伝うことになったんですよ。半年ほど働いて、違う仕事やりたくなってペットショップ辞めたんです。そしたらしばらくして、ペットショップから電話がかかってきて、『買った猫の代金払って』って言うんですよ。買ったおぼえがないのに、うるさく言うんでしょうがないから十三万円払いましたよ」

ヤマは、もめごとに巻きこまれたくない、というタコ部屋の男たちの気弱な心理状態から抜け出せないために、あくどい男たちの言うなりだった。オレオレ詐欺に遭った被害者は騙しやすいからと、他の詐欺師たちが次々と仕掛けてくるように、ヤマのように吸い取れる男からはとことん吸い取るのだ。

「刑務所のほうがタコ部屋よりよかったですよ。刑務所は目的が明確でしたからね。釈放がいつかわかるけど、タコ部屋はわからない。絶望、自暴自棄、欲望がなくなる。刑務所は真面目に勤めればいいけれど、タコ部屋は監督が『家族、さらってくるぞ！』と脅すのでおちついて働けるわけないですから」

ヤマが行方不明のあいだに、恋人は別の男をつくり逃げてしまった。

高田馬場で消えて、またこの地に帰ってきた。地下社会からの生還を果たしたヤマは、「喫茶白ゆり」の冷めたコーヒーをすすった。

ヤマの不思議な体験はその後、「労働28号」という短篇小説の中で再現した。

その後、「喫茶白ゆり」も消え、ヤマも消えた。

〝ぼったくりの帝王〟と呼ばれた男

もう一人、この街に暮らすあるアンダーグラウンドの住人がいる。

「高田馬場、のどかでいい街ですよね」

年齢不詳、職業不詳の男だ。

中肉中背に金髪のメッシュ、ホワイト縁の眼鏡、ライオンが描かれたTシャツ、ブルーのパンツ。水商売の世界でもなく、かといってヤクザでもない。けれど九時から五時までの世界に生きる男でもなさそうだ。

影野臣直《かげのとみなお》。一九五九年大阪府生まれ。

歌舞伎町で最大規模のぼったくりチェーン店「Kグループ」を率いてきた「ぼったくりの帝王」と呼ばれた男である。

「アルバイトで水商売に入ったんですが、ベシャリが達者だったから、キャバレーの指示出しを任されたんです」

影野臣直の十八番は、彼が実際にやってきた昭和のキャバレーでよく耳にした毒々しくも軽薄で、聴いているうちに不思議と乗ってくる呪文のような場内アナウンスだ。

「愛の街、恋の街、噂の花咲く宵の街、ここは新宿歌舞伎町、ご来店まことにありがとうございます。さあ、69番明美さん、ハッスルハッスルハッスルタイム、よろしくお願いします。さ、ハッスルハッスルハッスルハッスルハッスル！　5番シート、66番マリアさん、そろそろよろしくお願いします。さあ、ハッスルハッスル！　ハッスルハッスルハッスルハッスル！　ハッスルハッスルハッスルハッスル！」

まるで八〇年代初頭の大衆キャバレーにタイムスリップしたかのようだ。

「ありがとうございます、ありがとうございます。店内に一杯流れております、愛の名曲別れの名曲、メリージェーン。これをラストソングとして本日の営業完全終了させていただきます。素敵なお客様、まだまだまだまだお名残おしいですが、当店、警察当局の取締り厳しい折、十一時四十五分過ぎてからの営業は固く固く禁じられております。ご了承いただきますようお願いいたします。（歌い出す）星の降る夜はー、そーれ、よいしょ、どっこい！　あなたとふたりでーえーい、よいしょ、どっこい！　ハッスルハッスルハッスルハッスル！　おーおおおおお踊ろうよー。あ、それ、よいしょ、どっこい！　ハッスルハッスルハッスルハッスル！　ハッスルハッスルハッスルハッスルハッスル！　ハッスルハッスルハッスルハッスル！　ハッスルハッスルハッスルハッスル！　えーい、よいしょ、どっこい！」

悪趣味満載の呼び声が流れる。

抜群の乗りのよさで客を乗せ、ホステスを活気づかせる。

影野臣直のドスの利いた地声は、客とホステスを乗せる場内アナウンス時代に喉を酷使した名残である。

影野臣直は夜の世界で名を馳せていった。移った店がぼったくりだったために、才能が悪の花園で咲いた。

「最初のぼったくりは、ピンクキャバレーのキャッチバーからですね。池袋で店が営業停止になってそっちに行ってたんですね。十ヶ月やって、また営業停止になって、歌舞伎町に移ったんです。それから個室ヌードはじめた。すぐに店長です。個室で本番までするんですけどね、避妊はサランラップ巻いてやるんです。警察がガサ入れしたときにコンドーム出てきたらまずいから。個室ヌードはノーパン喫茶から進化したものですね。一時期大流行したノーパン喫茶でしたけど、ノーパン喫茶の女王、歌舞伎町のアイドルと呼ばれたイヴちゃんっていたでしょ。あの子、最初はうちの店にいたんです。静岡から上京したばかりのころ。その後、『ＵＳＡ』って店に移ったんですから」

影野臣直は風俗業界の最前線で生きてきた。

「ポン引きは半分恐喝みたいなものだから。客を店に連れ込んでから、『すいません。次につく女の子が生理痛になってしまって、別の子なら高くなるんですけど、あと一万円出してもらえますか』って、お客に告げるんです。ところがいつまでたっても来ない。『入会料がいるんです。その代わりモデルクラスが来ますから』ってまたカネ取る。一万二千円女の子に渡せばあとはいくら客から取ってもポン引きの取り分になる。ポン引きは歌舞伎町で自由に動いて、客を店に入れポン出しポン、やりたい放題やる。客に女の子あてがうけど、せいぜい手コキまでで、絶対やらせない。またポン引きが、『わたしが六本木からいい女の子連れてきますから、タクシー代、一万円いただけますか』って。客は一回財布開けたら最後、どんどん払うはめになる。ポン引きはちょっと厳《いか》ついし、個室に入って『お客さん』ってニコニコして言うんだけど、どことなく目が恐いんですよ、客からしたら。ついポン引きの言い値で払ってしまう。ぼったくられる客はですね、きょろきょろしてる。話しかけてほしそうな顔してる。後ろからトンとスイッチ押されるきっかけ待ってるんですね。ポン引きに騙されて店に入ってしまう。そういう客を〝鉄板〟って言うんですけどね。確実に店に入る、固いからって意味で。歌舞伎町で女の子がうろうろしてナンパされるの待っている、ガールキャッチ。あれはうち専門ですから。三店舗ありましたから。ポン引きと店は折半です」

歌舞伎町で暇そうにしている小綺麗な若い女たち。酒の勢いもあってチャンスとばかり誘ってみると素直についてくる。

「どうせならわたしの知ってるお店で飲もう。そのほうが安心だし」

ついていくと、そこは女と契約しているぼったくり店だ。

「最盛期は歌舞伎町で五店舗やっていて、ひとつの店だけで年商五億二千八百万円売り上げがありました。月最低で一店舗あたり四百万おれに入るから。おれの月収一番多いときで二千万円ありました。月の飲み代一千万でしたから。キャッチというのは店専属で契約してるんです。キャッチが歌舞伎町を歩く客に『五千円ぽっきり！』って言って店に連れてきて、いざ会計となったら十万請求する。客が支払った額の二割はキャッチにバックするんです。十万なら、キャッチに最初の五千円プラス二万で合計二万五千円。売り上げ制だから。影野さんの店なら倍取ってくれるよってことで、キャッチがどんどん客連れてくる」

ぼったくり店数日本一の歌舞伎町のなかでも最大規模を誇った「Kグループ」。

脅しと暴力を前面に押し出すのではない、影野臣直の灰色の脳細胞から生み出される邪悪のぼったくりテクニックとは——。

「理論武装するんです。（取り立てを再現しだす）。『いまこの店の料金体系は毎月家賃数十万円が発生し、一日わずか五、六人しか客が来ない。でもこの店維持するには毎日二万の家賃がいる。女の人件費が十万もかかる。お客からいくら取らなくちゃいけない？　五人しか入らないんだから五で割って、だからこの料金設定が出てくるんですよ。お客さん、払わなくちゃいけないでしょ、違います？　その代わり、高いと思ったら二度と来なくていい。でもいまあなたが来て飲んでるんだから払ってください。（ここから急にドスの利いた声になる）払えませんか!?』ってね」

払わざるを得なくなるような悪魔の説得術だ。

「ぼったくりへの対処方法はですね、誠心誠意謝ること。誠意を見せること。これだけしかないんだって、有り金を見せるんです。十万請求されても、『いま電車賃もありません。後日持ってきます』って言うんですよ。そうすると、『よし、そういう気持ちいいこと言ってくれたら、おれもまけたくなるんだよなぁ』ってことになるじゃないですか。ぼったくっても、警察に走られたら困るから。おれは人情派でしたから」

汚く稼いできれいに使う

「一年くらいは大学に行ってましたけど。高学歴って、ぼったくりの場合は自慢にならないんですよ。むしろ貧しかったほうがいいんです。記者さんに『影野さん、高校くらい出てるんですか？』って聞かれた。みんなそういうふうに見るんだなあ。おれ、不良じゃないよ。家も裕福だったし、弟、医者ですもん」

ぼったくりの帝王は大阪の高校を卒業し、明治学院大学文学部英文学科に入学。ぼったくりの帝王と呼ばれる男は、八〇年代初頭の最先端をいっていたクリスタル族の一人だったのだ。

裕福な家庭のボンボンだったが、自活していこうと、水商売の世界でアルバイトをやりだした。この男、旺盛な自活力と好奇心があるのだ。それに人生起きたことをすべて楽しんでやろうという哲学がある。

「仕事が楽しいってことは素晴らしいことですよ。おれ、ぼったくりやってたころ、楽しかったですから。自己嫌悪ないです。刑務所行って、楽しかった人間ですよ。おれたち、ぼったくって汚く稼いできれいに使う。歌舞伎町でしかカネ使わないから。歌舞伎町活性化している気持ちですよ。だから自己嫌悪なんかないですよ。風俗は必要悪ですから。食物連鎖みたいなものです。キャバ嬢は稼いだカネで洋服を買う。洋服屋が儲かる。洋服屋の店主がキャバクラに行く。キャバ嬢が稼いだお金でホストに使う。ホストはポーカーゲーム、麻雀で使う。そこの店主が潤う、またキャバクラに使う……。おれも汚く稼いできれいに使う。カネは歌舞伎町で使うんです」

ぼったくり店を経営するときは、ビルのオーナーと直接契約して、一、二年経ったら名義人を替えてしまう。

「いまは歌舞伎町もぼったくりはそんなに流行ってないですね。でもキャッチは相変わらずいますし、行儀がわるい。キャッチの黒人はほとんどセネガルとナイジェリアから来た連中です。ナイジェリア人は背が高い。セネガル人は体格がいい。あいつら、拳銃は平気なんです。でも刃物見せるとびびるんです。日本刀見たことないし、日本人サムライ腹切り、という怖いイメージがあるんじゃないですかね。ナイジェリア人が急増したのはボビー・オロゴンが日本で活躍したからです。日本に行けば稼げるぞと思ってどっと来たんですよ。いまはぼったくりも少なくなって、オーナーだった奴がキャッチやってたりしてね。政権交代ですよ」

都下最大のぼったくりグループ「Ｋグループ」も、梅酒一杯十五万円事件がきっかけになってついに司直の手が伸び、一九九九年、影野臣直も逮捕される。

懲役四年六ヶ月の実刑判決を受け新潟刑務所に服役。二〇〇二年、刑期を一年残し仮出所。元ぼったくりの帝王は、出獄してからまっとうな仕事で生きていこうとした。

以後、裏社会の幅広い人脈を生かし、歌舞伎町ネゴシエーターとして活躍。現在は作家に転身。裏社会コーディネーターとして、表社会と裏社会の融合を目指す。

たまたま影野臣直の文章を読んだ河出書房新社の純文学系担当の女性編集者が「原稿を見せてください」と、過去に影野が書いた原稿をひったくるように持ち帰り、翌日、「あなたの文章は躍動感があります。本物ゆえの一生懸命さがあります」と絶賛、単行本化を勧めた。

月収二千万円の男が、いまではマス目を埋める地道な作業をするようになった。著書に『歌舞伎町ぼったくり懺悔録』『刑務所で泣くヤツ、笑うヤツ』『歌舞伎町ネゴシエーター』（すべて河出書房新社）など。アンダーグラウンドの世界で生きてきた男でなければ書けない実録物を書き下ろし、刑務所でもっとも読まれる作家が、影野臣直とまで言われている。

出版不況のなかにあって、元ぼったくりの帝王が書いた本は好成績をあげた。

ところが自分が書いた本はすべてベストセラーになると思っていた影野臣直は、少々不満のようだ。

いまでも毎日原稿執筆に没頭する。スマホで書くから、指にスマホダコができている。

ある女優の死

私が大学に入った一九七五年春、西門から明治通りにかけて歩いたところに小さな雀荘があった。徹夜麻雀が終わりかけのころ、朝焼けの窓を見遣りながら、私たちの隣の卓を囲んでいるサラリーマン風の男がぽつりと言った。

「あの辺だっけ。こないだ、女優が殺された……」

徹夜明けの雀荘に鳴り響く牌の音が一瞬、消えた。

「しっ」

隣の卓を囲むもう一人のサラリーマンが人差し指で口を押さえた。

十代だった私は現実世界が広すぎて、何が起きていたのかわからなかった。

いまから四十有余年前、人気絶頂の最中にあったある女優が殺された。

一九七五（昭和五十）年四月二十九日未明、場所は高田馬場一丁目。当時の住所は諏訪町。まだ新しいマンションの四階、46号室に住んでいた二十四歳の菊容子《きくようこ》という女優が殺された。

事件当時、菊容子は新宿コマ劇場でおこなわれていた水前寺清子特別公演に〝壺振りお竜〟役で出演していた。

いまとなっては彼女の名前は特撮マニアたちの間で知られるくらいだが、七〇年代前半、菊容子は国民的人気女優であった。

幼いときから少女モデルとして少女雑誌の表紙を飾り、子役として映画に出演。中学三年生のときにはNHK主宰新人オーディションに合格、本格的に女優業を歩みはじめた。

一九六七（昭和四十二）年には、日本テレビ系で放送された東宝青春シリーズ第三弾『でっかい青春』（第一弾は『青春とはなんだ』）に生徒・丸山しぐれ役でレギュラー出演。以後、東宝系ドラマを中心に現代劇から時代劇、SFまで数多くの作品に出演する。

菊容子の名を一躍世に知らしめたのは、一九七一年十月から翌年三月にかけてTBS系列で毎週日曜午後六時から放送された連続ドラマ『好き！すき!!魔女先生』のヒロイン・月ひかる役であろう。

原作は少女雑誌『ティーンルック』に連載された石ノ森（当時は石森）章太郎の『千の目先生』である。この時代、ベテラン漫画家だった石ノ森章太郎には新たなブームが再来していた。一九七一年、特撮テレビドラマ『仮面ライダー』が爆発的ヒットになり、石ノ森章太郎はテレビの世界でも脚光を浴びた。同じく石ノ森原作のドラマ『好き！すき!!魔女先生』は当初、ヒロインの月ひかるという女教師が宇宙の彼方からやってきて小学校の教師になり、子どもたちと織りなすコメディタッチのドラマだった。

菊容子の芸名は原作者・石ノ森章太郎の命名によるものであり、彼女がいかに石ノ森から重用されていたかがうかがわれる。同時期の石ノ森原作『変身忍者 嵐《あらし》』『人造人間キカイダー』にも菊容子は出演しているほどだ。

『好き！すき!!魔女先生』は番組スタートから三ヶ月間は原作と同じ学園物だったが、年が明けた一九七二年一月二日放送分のサブタイトルが「アンドロ仮面登場!!」になり、菊容子演じる月ひかる先生がアンドロ仮面に変身、悪の使者と闘う変身アクション物に内容が一新された。やはり石ノ森章太郎『仮面ライダー』の勢いにあやかって、ということなのだろう。

仮面ライダーブームがそれ以前の特撮物と異なったのは、それまで小学生以下の子どもたちが熱中していた特撮物と違い、仮面ライダーは中高生以上からも熱心な支持を集めたことだった。

私は中学三年生だったが、まわりが事あるごとに仮面ライダーの話をしたものだった。すでにそのころから、年齢に関係なく面白い物を見つけ出しては積極的に評価する、サブカルチャー的鑑賞が流行りだしたことも仮面ライダーブームの一因だろう。

菊容子演じるアンドロ仮面は、金色の鳥の羽のようなマスクをかけ、ブルーのミニスカートにブーツ、太ももが露出する、アクションとお色気をミックスさせたものになった。アンドロ仮面の丈が短いジャケットに大きなボタンがついた七〇年代ファッションは、後々まで菊容子のシンボルになった。

NHKゴールデンタイムのヒロイン

作品としては、アンドロ仮面編になる前の学園ドラマ版だった三ヶ月間の放送分のほうが評価が高い。

菊容子は学園ドラマ編のときから健康な色気を画面いっぱいに漂わせ、アンドロ仮面編になってからもアクションを加味させて熱演している。

この時代、他の特撮物でも、副主人公の女性がマイクロミニで悪漢に蹴りを入れる、明らかにお父さん向けのサービスカットが登場するようになった。視聴率を稼ぐことが第一だろうが、おそらくは制作者側も密かな楽しみとしていたのではないか。

子役は大成しない、というジンクスがある。成長するにつれて幼いころの愛らしいイメージが消えて、視聴者がついていけなくなり、いつしか人気に翳《かげ》りが見られる。

宮脇康之（現在は宮脇健）のように、愛くるしい子役としてケンちゃんシリーズで爆発的な人気を集めながら、変声期になって声と体型が変わってくると急激に人気がしぼんだりする。大人の役者に成長しきれず、消えてしまった子役は多い。

月ひかるを演じた菊容子は、子役のジンクスを飛び越し、大人の女優への脱却に成功した。

菊容子の人気を象徴する、ある番組がある。

平均視聴率が常に二十パーセント以上を叩きだし、最高視聴率が三十八・二パーセント（一九八一年九月二十三日放送）を記録した国民的クイズ番組、ＮＨＫ『連想ゲーム』に出演するレギュラー回答者の座は、そのときもっとも注目を集める人物に与えられた椅子だった。

『連想ゲーム』は白組紅組の男女に分かれたチームで毎回勝敗を競う、ＮＨＫ紅白歌合戦に似た形式であり、紅組キャプテンには江利チエミ、中村メイコ、水沢アキ、中田喜子、といった人気歌手や女優が務め、レギュラー回答者に小山明子、宮城まり子、樫山文枝、柏木由紀子、山東昭子、うつみ宮土理、ジュディ・オング、檀ふみ、といった時代を象徴する人気女優を中心に布陣され、若い歌手やタレントが毎回ゲストに呼ばれた。

対する男性陣では『まっぴら君』でおなじみの漫画家加藤芳郎が長年キャプテンを務めていた。レギュラー回答者には手塚治虫、一龍斎貞鳳《いちりゅうさいていほう》、三遊亭圓楽、岡田眞澄、江戸家猫八、杉良太郎、寺尾聰《あきら》、林家木久蔵、浜田光夫、森田健作といった落語家、俳優、漫画家がならび、ゲスト回答者には西城秀樹のようなアイドル歌手がよく出場した。

紅組白組キャプテンがそれぞれチームの回答者に連想語を投げかける。たとえば「卓球」という答えの場合は、紅組白組キャプテンが順番に「ラケット」「室内」「台」といった連想語を投げかける。回答者は連想した言葉を答える。

ＮＨＫ的な牧歌的内容のクイズ番組であるが、人気出演者がどれだけ答えられるか、視聴者もクイズに参加できたために二十二年間にわたって高視聴率をあげた。

ハプニングも発生した。

私が記憶しているのは、四百勝投手金田正一がゲスト回答者として出場したとき、加藤芳郎がいくつか連想語をあげたところ、なにを勘違いしたのか、「ストリップ！」とバカでかい声で答えた（もちろん違っていた）。当時はいまよりはるかにお堅かったＮＨＫでゴールデンタイムに堂々と風俗用語が飛び出したのだ。

連想語をあげるキャプテンの苦労も大変で、加藤芳郎が「鬱憤《うっぷん》」という答えを回答者に言わせようといくつもヒントをあげていくのだが、なかなか正解にならず、行き詰まった加藤芳郎が「マル付きうっふん」とヒントを与えた。回答者が「鬱憤」と答えたが、司会者の判断で不正解となった。加藤芳郎のとんでもNHK好きのうちの母は文字通り笑い転げていた。

檀ふみも慶應義塾大学経済学部在学中から出場し秀才ぶりを発揮、高い回答率を誇った。印象的だったのは、紅白どちらが負けても最後は相手チームへ敢闘の拍手を送るのだが、紅組が負けると檀ふみは悔しそうに拍手をしていた。負けず嫌いだったのだろう。

菊容子は『好き！すき!!魔女先生』が終了した直後、一九七二年四月から翌年三月まで、この国民的人気番組のレギュラー回答者の椅子に座り、それ以降もゲスト回答者として出場している。おそらく他のドラマ出演が忙しくなり、レギュラーからゲストに変わったものとみられる。

六〇年代後半から七〇年代前半、殺害されるまで、菊容子は時代劇からアクションドラマまで幅広く出演、アンドロ仮面のような超ミニから和服まで着こなし、子ども向け番組にしては少々グラマラスで魅惑的な肉体で大人までファンになった。七〇年代初頭を代表する光り輝く女優であった。

出逢い、すれ違う男と女

テレビ・映画・舞台と活躍の場を広げる菊容子は、水前寺清子のコマ劇場に出演、千秋楽を迎えようとしていた。

私生活では同じく役者で『柔道一直線』『仮面ライダー』をはじめ、アクション物に出演していた一歳年下の恋人がいた。二人は番組共演したこともあり、一九七五年一月、同じ俳優仲間から「飲みに行こうよ」と声をかけられたことから交際がはじまった。

恋人になる若き役者は生真面目だった。柔道経験者で、当時流行していた長髪ではなく短く刈り込んだ短髪は、体育会部員の一途さを彷彿とさせた。

そんな無骨な真面目さが菊容子に好意を抱かせた。

携帯電話もＬＩＮＥもネットも留守番電話すらない時代だ。家の黒い固定電話は恋人たちをつなぐ貴重な伝達手段だった。週に二、三回、逢瀬を重ね、会えないときは部屋の固定電話で一時間も二時間も愛を確かめ合った。

二人の仲を取り持つことになった俳優仲間は、菊容子から知り合って間もないのに、「まだ先のことだけど、わたしたち結婚するの」と聞いていた。

横浜の親の実家から通っていたが仕事が忙しく、つきあいもあって夜が遅くなることも多くなったので、都内で部屋を借りた。それが演劇や舞台でよく訪れる新宿の隣街、高田馬場だった。この街は学生街でありながら、新宿で働く飲食業者、役者、作業員たちが寝床にする街でもあった。高田馬場のマンションは三畳の台所、四畳半の部屋、その奥にベッドを置いた六畳。2DK、家賃五万円。現在の貨幣価値に換算すると家賃十一万円というところか。

菊容子と恋人の恋愛熱は勢いよく燃え上がる。さほど仕事のなかった恋人は役者業を辞めて家業を継ぎ、菊容子を陰から支えようと覚悟を決めた。

私のまわりでも役者志望者は少なからずいたが、その大半が人知れず消えている。

役者は座敷牢の遊女のようなものだ。そう私につぶやいた舞台俳優がいる。

客から声がかかるのをずっと待っている。いくら外に出て大声で自分をアピールしても声がかかるとは限らない。辛く待つしかないのが役者である。

役者としての収入が年収百万円にも満たず、ウエイターや肉体労働をやりながら生きていく役者も珍しくない。

その一方で主演を張るととんでもない金額が転がり込んでくる。

樹木希林が生前、朝日新聞朝刊の半生を振り返る連載「人生の贈りもの」のなかで、ショッキングな数字を告白している。一九六四（昭和三九）年、『七人の孫』（ＴＢＳ）が放送されたとき、新人の樹木希林が出演した。このとき主役・森繁久彌の一回分のギャラが百二十万円、現在の貨幣価値に換算しておよそ一千万円近くだった。シリーズ1と2合わせて六十六回放送というから、このドラマだけで森繁久彌はざっと六億円以上のギャラを稼いだわけだ。成城に豪邸を建てるのはわけもないだろう。

月収五十万円（現在の百十万円位）という報酬を得る女優になっていた独身の菊容子が暮らすには、つつましい賃貸マンションだった。

だが燃え上がる速度が速いほど冷めるのも早い。

一月からつきあいだした二人だったが、春になるともうすきま風が吹き出した。社交的な菊容子のまわりには常に華やかな交流があった。彼女の帰りが遅くなると、恋人は菊容子に男ができたんだと邪推するようになった。

果たして菊容子に新しい恋人ができたのか、すでに帰らぬ人になったために真相はわからない。

コマ劇場に菊容子の晴れ舞台を観に行くと、役者を諦めた自分と見比べてしまう。

役者を諦めたいま、菊容子の存在は自分のすべてだった。

その彼女が自分とは異なる遠い存在になっていた。

コマ劇場の楽屋で恋人と会って、今後のことについて話してもすれ違うばかりだった。

ある夜、恋人は菊容子の高田馬場の部屋の固定電話にかけた。何度ベルが鳴っても、出ない。

夜、男と酒を飲む女の幻影。

怒りと嫉妬は感情のなかでも、もっともエネルギーを使うものだ。ただ、怒りのエネルギーを長時間持続させることは難しいが、嫉妬はいつまでもエネルギーを使い果たさず暗い炎を燃やしつづける。

男の嫉妬ほど厄介なものはない。嫉妬という字の女偏《へん》は男偏に変えたほうがいい。

電話に出ない菊容子に男ができたと恋人は邪推した。

ちょうど三ヶ月目の恋

一九七五年四月二十九日未明。事件が起きた。

新宿・歌舞伎町のコマ劇場「水前寺清子特別公演」に出演中だった菊容子は明日の千秋楽を控えて気分が高揚していた。舞台がはねてからマネージャーや関係者と飲み、高田馬場（当時は諏訪町）のマンションに帰ったのは午前三時ごろだった。

まもなく恋人からの電話。おそらく留守中に何度も電話したのだろう。

二人は今後のことについて話し合うが、またもや口論になってしまった。

「仕事のため仕事のためって、僕と仕事とどっちが大切なんだ？」

「そんなにわたしのことが気に入らないなら結婚は白紙にもどして。おつきあいだって……」

「ゆっくり話し合おう。今夜会いたい。これから行くよ」

恋人は高田馬場の部屋を訪れた。

そのとき菊容子は横浜にいる実父と電話中だった。

父親は役者を辞めて行き先の定まらぬ男との交際に反対していた。この電話も、交際を断るようにと話している途中であり、すでに菊容子は恋人とのつきあいをやめると決めていた。

「明日、コマ（劇場）の千秋楽なの。朝九時に起こして」

横浜の実家にいる父に頼んだ。

母はすでに病死しているので、実家には父と祖母が暮らしていた。

父は女優として大輪の花を咲かせようとしている愛娘の頼み事を聞いた。

父が左耳にあてている受話器から愛娘の話し声にかぶさり、ブザーの音が聞こえた。

まさかその音が、愛娘を黄泉の国に送る不吉な別れの音になるとは。

夜明けになり、娘と約束した午前九時になった。

父が部屋の電話にかけても出てこない。

父は新宿コマ劇場を訪れてみたが、娘はいなかった。

胸騒ぎがした父は、娘が暮らす高田馬場のマンションに向かった。

合鍵で部屋に入り、ベッドがある奥の六畳間に足を踏み入れた父は、凍り付いた。

ベッドの上には白い花柄の下着、紺色のパンティ姿で両手を胸の上で合掌し、硬直した愛娘が横たわっていた。

部屋にはかすかにガスの匂いがする。

菊容子の恋人は人生において唯一の希望であった菊容子が自分から離れていくことに耐えられず、この部屋で心中しようとしたのだった。

だが死にきれず、恋人は部屋から消えていた。

死亡推定時刻四月二十九日午前三時から四時の間。死因は絞頸《こうけい》による窒息死。細いひも状のもので首を絞められたときにつく痣《あざ》があった。部屋にある電話コードが凶器になった。家に固定電話があったこの時代、電話コードによる絞殺がいまよりはるかに多発したものだ。

元恋人は部屋での無理心中を諦め、その足で京王プラザにあったレンタカー営業所でコロナを借りて死出《しで》の旅に出た。

殺人事件を犯すと、あまりの罪の重さに耐えきれず、だれかに打ち明けたくなる。

元恋人も世田谷で友人宅に立ち寄り、「高田馬場のマンションで恋人を殺してきた」と言い残し、消えた。

箱根へと向かう神奈川県小田原市の有料道路・箱根ターンパイク入口から六キロほど入った所にあるほおずき橋の橋げたに猛スピードで激突、車は大破し運転していた元恋人は重傷を負った。ガードレールを突っ切って崖下めがけて死のダイビングを敢行しようとしたのだろうか。頑丈なガードレールが激しく曲がり、普通なら即死の事故だった。

だが皮肉なことに、運転しながら元恋人は殺した菊容子を弔うつもりだったのか、合掌していたのが衝突の衝撃を和らげたのだった。

通りがかった車の通報で小田原消防署の救急隊が到着、「死なせてくれ、放っといてくれ」と泣き叫ぶ元恋人は小田原市内の病院に担ぎこまれた。

高田馬場の部屋からは、赤のサインペンで書かれた書き置きが見つかった。


神様、あの世ではふたりを幸福にしてください。

少なくとも容子だけは。

愛していればこそです。

みなさん、どうもすいません。
今日でちょうど三ヶ月目の恋でした。
わずか三ヶ月間の恋愛で恋情はあまりにも早く燃え上がり、あたりを焼き尽くした。
人気女優が恋人に殺害された事件は世のなかを震撼させた。

十九の春と高田馬場

当時の報道の一部を見つけた。

〈TV女優菊容子さん殺される　新宿　タレントが凶行　交際を断られ車で衝突自殺を図る〉
朝日新聞・一九七五年四月三十日
〈仕出タレントが女優菊容子を殺すまでの「至極マジメ」な交際〉
週刊文春・一九七五年五月十四日号
〈幻の〝恋仇〟におびえた？　菊容子殺害事件〉
週刊新潮・一九七五年五月十五日号
〈事件詳報　女優菊容子（24歳）惨殺事件！その全貌　NHK『連想ゲーム』の花形回答者に、三角関係のもつれ…？〉

週刊平凡・一九七五年五月十五日号
〈菊容子絞殺事件　〝売れた女優〟と〝売れない俳優〟の『三角関係劇』〉
週刊ポスト・一九七五年五月十六日号
〈証言構成　〝明るくすなおな〟女優が恋人に殺されるまで　菊容子という女〉
女性自身・一九七五年五月二十二日号
〈特別小説　女優菊容子殺人事件　幕はおりた　小堺昭三〉
女性セブン・一九七五年五月二十八日号
〈菊容子殺人事件と富永美沙子の心中事件の背景　芸能評論家　加東康一〉
週刊小説・一九七五年五月三十日号

女性セブン誌上に掲載された「特別小説　菊容子殺人事件」の著者・小堺昭三は芥川賞直木賞候補にもなり、週刊文春の元専属記者から後に独立して作家となり、『小説連合赤軍』『西武vs東急戦国史』といった社会派作品から官能物まで幅広くこなす書き手だった。同じ文春専属として活躍した流行作家・梶山季之《としゆき》に似たタイプの作家であり、当時もっとも衝撃的だった女優殺人事件の舞台裏を記録する書き手に選ばれたのだった。

芸能評論家・加東康一は辛口のベテラン評論家であり、私が『スクランブル』という隔週刊写真誌を発行したとき、アドバイザーとして編集部に何度か来て実践的ジャーナリズム論を語ってもらったときがあった。

菊容子の死とともに記事になった富永美沙子とは、四十二歳のベテラン女優であり声優だった。仕事で知り合った二十八歳のプロデューサーと交際するようになったが、それぞれ家庭がある身で不倫に悩んだ。二人は二十日間の北海道旅行に旅立ち春の北海道を味わった後、支笏湖《しこつこ》の原野で車のなかに排気ガスをひきこんで心中した。

不倫に悩む男女が心中するという古風な最期はいまではあまり見受けられないが、この事件が起きた当時も、「あまりに純粋というか、幼すぎる」と記されている。

純粋すぎる男女は、つながりが切れると自身の存在そのものが消えてなくなる、と思い詰めてしまう。

告別式は祭壇中央に遺体が花で囲まれ横たわり、そうそうたる役者、著名人からの花輪がならんでいた。水前寺清子、南田洋子、長門裕之、天知茂。

『連想ゲーム』レギュラーだった杉良太郎が告別式に参列し手を合わせている。

事件が発生した一九七五年春、私は高田馬場駅で乗り降りする新大学生としてこの地を踏んだ。

まさか入学した時期に高田馬場で著名女優が殺されたという事実に気づいていなかった。

女優殺しは報道で知った記憶があるが、事件現場が「新宿」となっていたために、事件の多発するイメージがある歌舞伎町方面だと勝手に思いこんでいた。

十代最後の春は世のなかの暗部も知らぬまま、入学一年生としてこの街をさまよっているばかりだった。

あれから四十四年が過ぎた。

菊容子殺人事件はとっくの昔に幻となってこの街から消えた。

ヒーロー・ヒロインにつきまとう悲劇

「そう！　あの事件、高田馬場なんですよ、たしかマンションだったな。恋人と痴情のもつれで惨殺ですからね。『好き！すき!!魔女先生』ってヒロイン物の走りですよ。特撮変身ヒロインの第一号。闘うヒロイン。なにしろ石ノ森原作ですからね。アンドロ仮面。菊容子は『サインはV！』にも出てるんです。『でっかい青春』の生徒役でも出てるんですよ」

高田馬場駅から二つめ、東西線中野駅近くの喫茶店で、河崎実監督がいつものおたく熱を放熱させて語りまくる。

彼とはもうずいぶん長いつきあいだ。

一九五八年東京・原宿生まれ。映像監督・コラムニスト。高円寺フグ料理屋の跡取り息子として生まれ育つ。一人っ子で幼いころから溺愛され、カネゴン、ジャミラ、バルタン星人といった怪獣シリーズのソフビ（ソフトビニールモデル）を買い与えられ、巨人戦はいつもＶＩＰシート、おたく熱は熟成される。明治大学農学部を卒業するとテレビ・ビデオ・映画の製作を中心にあらゆるジャンルで活動する。

河崎実監督が撮る作品はどれも個性豊か過ぎるものばかりだ。

第十六回東京スポーツ映画大賞特別作品賞作『日本以外全部沈没』をはじめ、松竹の怪獣映画として売り出したものの大コケした『宇宙大怪獣ギララ』のパロディ『ギララの逆襲　洞爺湖サミット危機一発』（第六十五回ヴェネチア国際映画祭に公式招待作品）、ＡＫＢ48出演映画『地球防衛ガールズP9』、ライフワーク特撮ヒーロー物『それいけ!電エース』。さらに『ヅラ刑事』では、主演の刑事役モト冬樹にカツラを飛ばさせ、テーマ曲『悲しみはヅラで飛ばせ』を作詞した。

またあるときは、自身の監督作品に森田健作を登場させ、世間が忘れかけていた青春の巨匠を復活させた。またあるときは『飛び出せ!全裸学園』等おバカとエロを融合させた〝全裸シリーズ〟の監督を務め、記録的な売り上げを達成した。

石坂浩二、ビートたけし、村野武範、黒沢年雄、竹中直人……超大物たちが河崎実監督作品に出演する。

「こっちは監督だから、この人たちをおれの世界に取り込んで、遊んでもらおうということです。オレ？　天才だから」

驚異的なおたく知識に私はいつも驚かされてきた。

私が高校一年のときに放送され私を夢中にさせた『飛び出せ!青春』(主演・村野武範)について河崎実と語り合ったとき、この男は全四十三話すべてのストーリーとゲスト、エピソードが頭のなかに入っていた。

これだけではない。『ウルトラマン』シリーズ、東宝・大映・松竹怪獣映画、青春映画すべての出演者と監督、プロデューサーまで完璧に記憶されているのだ。

私が菊容子についてだれか知る人物はいないか想起したとき、まっさきに浮かんだのが河崎実監督だった。

私の依頼にこの男は、事務所がある中野で私の質問に答えようというのだった。

「『好き！すき!!魔女先生』テレビ版は途中から変身物に変わったんですよ。三ヶ月ほどやっていたけど視聴率がパッとしない。それで番組のテコ入れってことで、プロデューサーの平山さんがやった。平山さんがすごかった。『悪魔くん』『太陽の恋人』『刑事くん』から石ノ森章太郎作品では『仮面ライダー』『人造人間キカイダー』『イナズマン』『秘密戦隊ゴレンジャー』……。そりゃもう東映の大プロデューサーですよ」

平山亨《とおる》は一九二九年生まれ、東京大学文学部美学美術史学科卒業後、助監督を志し、東映に入社。一九六五年テレビ部へ転属、プロデューサーとして『悪魔くん』をはじめ、『太陽の恋人』『刑事くん』の人気作品を世に送り出す。石ノ森章太郎原作『仮面ライダー』『秘密戦隊ゴレンジャー』等数多くの人気番組を世に送り出してきた。二〇一三年没。

その平山亨によって、『好き！すき!!魔女先生』は途中から変身物として生まれ変わった。

「七〇年代前半に制作された特撮物は明るく前向きでストレートな作風の割には、演じる役者に悲劇が舞い降りてくるでしょう？」

私が尋ねてみた。すると――。

「そうなんですよ。暗いんです。（一九）七一年から公害が社会問題化すると特撮物にも暗い影を落としてるんだよね。ヘドラーなんて公害怪獣が登場するし、そのころ放送された『帰ってきたウルトラマン』も暗いんです。世界各地で地殻変動や異常気象が相次ぎ、眠っていた怪獣たちが目を覚ます。下町の自動車整備工場が舞台でね。ヒロイン役を榊原るみが演じたんだけどね、ナックル星人に拉致されて車に引きずられて、榊原るみのお兄さん役の岸田森《しん》が救おうとするんだけど跳ね飛ばされて二人とも殺されちゃうんだよ。超トラウマ！　ひどい！　おれ、立ち直れなかったよ観てて。ショックショックショック、畳みかける演出だよね。実はね、この年、榊原るみが『気になる嫁さん』で主演してて人気が出てきたんで、スケジュール調整が難しくなってきて、それならいっそのこと殺すかってことになった。プロデューサーが決めたんでしょう。当時の視聴率競争の犠牲者ですよ。だから暗いんですよ。あんな展開ないよ。いきなり殺されちゃうんですよ。ちょうどその年、『仮面ライダー』も馬鹿当たりしたけど、主演の藤岡弘が撮影中に大怪我で脚を複雑骨折したでしょ。暗いんだよ。『帰ってきたウルトラマン』の続編『ウルトラマンA《エース》』だって暗かった。初の男女合体変身物なんだけど、ヒロインの南夕子役を演じるはずだった関かおりがクランクイン直後に劇団のリハーサル中に足を骨折しちゃっていきなりヒロイン交代ですよ。あのころなぜか怪我が多かった。

一九七二年放送『怪傑ライオン丸』の敵役タイガージョーを演じた戸野広浩司はロケ先の女湯で事故死ですよ。のぞき説があったけど、いまでは酒を飲んだ後、女湯に迷い込み誤ってガラス戸に突っ込んで亡くなったということに落ち着いているよね。それから数多くのアクション物を撮ったり、松田聖子主演映画を撮った有名な監督も女湯盗撮で捕まった。後に海で自殺しちゃった。一九七三年には少年マガジンのウルトラマン図解で有名な編集者・SF研究家・映画評論家だった大伴昌司《おおともしょうじ》が三十六歳の若さで亡くなっている。七〇年には、特撮の父、ウルトラマン、ゴジラの生みの親、円谷《つぶらや》英二が亡くなっている。とにかく七〇年代初頭は次々と魅入られたように特撮物の関係者が鬼籍に入っているんです。高度経済成長時代がひと息つき、時代も公害や石油ショックが起きてくる。だんだん影が出てきた時代ですよ。高度経済成長の終わりですよ。だから本橋さんが言った七〇年代初頭の変身物にまつわる悲劇、というのは当たってるんですよ。

そのなかでもやっぱり一番の悲劇は菊容子殺人事件でしょう」

事件が起きた一九七五年、高校二年生だった河崎実はこの悲劇をよく憶えているという。

「明大中野高校に通っていたころですよ。あのころから基本的におれ、若大将だから、明るかったんです。でも菊容子事件はショックでした。菊容子、いまならＡＫＢのトップクラスでしょう。あの当時はテレビ映画の女優というジャンルがあったんです。そのなかの一人、人気女優の一人。男子高校生の憧れだった。アンドロ仮面になってからパンチラもあったりして高校生のおれとしては刺激的でした。だから事件は悲惨としか言いようがないんですよ。痴情のもつれで恋人に殺されたんでしょう。でもねえ、事件のことは報道で知ったけど、あのころ童貞の男にとってそういう痴情のもつれなんて別世界だったから。やっぱりおれにとっては怪獣物と青春ドラマがすべてだったから」

そう言うと河崎実監督はため息をついた。

「殺害した恋人も、仮面ライダー、柔道一直線に出ていた。あの番組にはスタート時代の新人がよく出ていたんです。松田優作だって『柔道一直線』にちょい役で出てるんだから。なにしろビデオで二百本もある。四年もやった長寿ドラマだったからね」

河崎実監督は女優という職業についてまわる厳しさを語る。

「女優は芸者。安定なんてあるわけない。レギュラーのテレビドラマが終わったらそのあと保証がない。だから女優業を辞めて結婚するのが一番だったんです。昔は三十歳までによほどのことじゃないかぎり結婚したもんですよ。あの吉永小百合だって二十八歳で電撃結婚したでしょ。同年、渡瀬恒彦と結婚した大原麗子も二十六歳でした。大分遅いと言われた浅丘ルリ子だって石坂浩二と結婚したときはまだ三十一歳でしたから」

長年のおたく半生で独身を余儀なくされてきた河崎実だったが、数年前ファンの女性と華燭《かしょく》の典《てん》をあげた。

「特撮に強いライターが菊容子殺人事件のマンションに行ってみようとおれも誘われたんだけど、行かなかったんだよ。いつだったかな。怖いよね、なんだか。本橋さん、行くの？」

「うん」

「あまりほじくり返さないほうがいいんじゃない？」

「いや、忘却は第二の死だから」

「そうか……。じゃあおれは合掌するよ。青春時代の憧れだった菊容子に心から」

四十四年後の現場

私と担当編集の杉山茂勲は当時の報道資料をもとに菊容子が暮らしていた諏訪町（現在の高田馬場一丁目）のマンションを探すために、図書館を訪ねた。

事件報道を載せた週刊誌記事には特徴的なマンションの外見の一部が写っている。建ぺい率のためか、北側の上階部分が斜めにカットされているのだ。特徴的な外形は高田馬場のどこかで見た覚えがあった。だがどこにあったのか、高田馬場は狭いようでいて広い。

調べていくうちに、週刊誌記事のなかに殺害現場のマンション名が小さくキャプションで残っていた。当時の週刊誌記事から現場の住所が絞り出された。あとは現在の住所と照らし合わせる作業だ。

杉山が古い地図帳を運んできた。七〇年代初頭の高田馬場界隈の地図を広げてみる。「〇〇荘」といった昔主流だった木造モルタルアパート名がやたら目に付くなか、「シャトー」「パレス」「キャッスル」といった昔流行ったマンション名が混ざっている。

じっくり地図を追った。すると目的の建物を発見。早稲田通りから少し引っ込んだ所にある。

「行ってみようか」

私たちはその足で目的の場所に向かった。

梅雨模様のどんよりした曇り空の下、路地裏を歩く。いつも見慣れた散歩道だ。

車一台通り抜けがやっとという路地裏だ。

ああ、このあたりにあの特徴のあるマンションがあったはずだ。まさかこんなところが事件現場だったとは。

「ここですね」

杉山が小声で言った。

すでに事件当時のマンションは跡形も無く消え、最近建てられたマンションが残っていた。私は毎週のようにこの道を通っていたが、まったく気づかなかった。

平和で退屈な光景も、一枚めくると悲劇が塗り込められている。

私は撮影した後、新しいマンションに向かってそっと手を合わせた。杉山も手を合わせる。ふと振り向くと道をはさんだ向かい側のマンションの六階から、洗濯物を仕舞い込もうとしていた主婦が不思議そうな顔で私たちを見下ろしていた。

四十四年前、この路地裏に悲鳴とサイレンが響き渡った。

不幸な男女のたどり着いた最終駅がここ、高田馬場のマンションだった。

真面目すぎる男と懸命に生きようとしてきた女が、不幸な巡り合わせでおきてしまった悲劇だった。心中未遂と悔悟《かいご》の情を裁判官がくみ取ったのか、事件は懲役七年という温情判決だった。

時の流れがすべてを消し去っていく。

遠くの都電の警笛が鉛色の空に蒸発していった。

第十章　父の点鬼簿

父が書き遺した三枚の紙片

点鬼簿‥死者の姓名を書いた帳面。過去帳。（大辞林 第三版より）

点鬼簿めいた章になってしまうが、私にとって一九九七年夏は特別に記憶に残る暑い季節になった。

深夜二時、一人暮らしの部屋の電話が鳴った（まだ私は独身だった）。所沢の母が悲鳴に近い声で、父が突然倒れ、危篤状態だと言う。私は車で入院先の病院まで向かうことになった。

そのころ私は下落合の高台に住まい用の部屋を借り、高田馬場のコーポ坂口まで毎日通っていた。夏の夜になると、途中のおとめ山公園の坂道には池から渡ろうとしたカエルが車に轢かれて赤い死体だらけだった。その坂道を早足で歩き、大正製薬の月極駐車場に止めていた車に乗った。

ここから所沢までこの時間帯なら六十分で着けるはずだ。深呼吸して、ハンドルを握った。いつもよりかなり飛ばしているはずだが、窓の景色がゆっくり流れ、止まって見えだした。寄り道しながら四十過ぎになってもしぶとく好きな文章を書いて暮らしてきた。心残りだったのは、私も妹も結婚もしていないので、子ども好きの父にまだ孫の顔を見せられないことだった。ハンドルを握りながらふと思った。父は一人の孫も見ることもなく、旅立つのか。

BOMU!!

鈍い音がした。全身に汗が滲み出る。空の段ボールがペシャンコになっていた。

ゆっくり、ゆっくり病院に車を滑り込ませ、寝静まった院内に飛び込んだ。

集中治療室で父は酸素マスクをして寝ていた。すでに母が到着している。少し遅れて妹が住まいの月島からタクシーに乗って駆けつけた。

白衣の医師が病状を説明した。父は夜中、胸部が激しく痛みだし、救急車で家の近くの総合病院に運び込まれた。

心筋梗塞だった。

西武鉄道を定年退職してから、嘱託で働き、好きなヘラブナ釣りをやりながら、あんパンや和菓子を食べて運動不足も重なり、ここ最近急に太りはじめた。心臓の冠動脈が詰まり、心筋梗塞を起こしたのだった。

「厳しいことお伝えしますが、生存率は二パーセント」

ほぼ絶望ということか。鼓動が止まり、電気ショックで三度蘇生させたという。

ビクッと体が跳ね上がる光景を想像する。

救急車で運ばれた病院で宿直医だったのが心臓外科の専門医だった。運ばれたときに血栓を溶かし、スムーズに冠動脈に血液が流れ、心筋のダメージをより少なくする処置がおこなわれた。集中治療室で寝ている父は六十九歳になる。

「定年になったら十年間大好きな釣りをやって、七十でぽっくり逝くのが理想だな」

そんなことを母と言っていた。

理想の年齢にあと一年足りないが、ほぼ理想の死に方ではないか。孫の顔が見られなかったのは不本意だろうが。

「治療中にご本人は覚悟したのか、こんなものを書いてました」

医師が私に三枚の紙片を渡した。

メモ書きには三名にあてて遺書のような走り書きが書かれていた。

私には「頑張れ」。

こんなときでもきちんと漢字で書いているのが父らしかった。ひらがなでもいいのに。

妹には「幸せになれよ」。

娘を思う父の心だ。

母へのメモ書きを見ようとしたら、母は顔をくしゃくしゃにしてメモ書きを握りつぶして、泣き出した。

私はそのままにした。

父は死と生の端境をさまよいながら、奇跡的に生き残った。

思わぬかたちで訪れた最期

「お父さんは運がいいんだ。強い星の下に生まれてきたんだってつくづく思うな」

父が満面の笑みを浮かべてそう言った。

心筋梗塞で倒れて生存率二パーセントのなかから奇跡的に生き残ったあのときからおよそ一年後。心筋へのダメージは大きかったが、とにかく命は長らえた。

心臓に血液を送る冠動脈の詰まりが解消されたからではないだろうが、家族の閉塞していた日々が流れ出した。

私は友人から紹介された津軽出身の女性と二ヶ月後に結婚。翌年に男児が誕生した。妹も次の年に結婚、子どもも生まれた。

孫をあやしながら「お父さんはやっぱり運が強いんだなあ」と言う姿を見ていると、たしかに運というのはあるのかと思ったりもした。

致死率の極めて高い心筋梗塞は、初動の処置がすべてを決める。運ばれた先に心臓外科医がいなかったら、おそらくこの世にはいなかっただろう。それは自分の力ではどうにもならない運命だった。

二〇一二年盛夏。

心筋梗塞で倒れてから十五年が過ぎた。

父は倒れる前より健康に気を遣い、毎朝血圧を測り、体重増加に気をつけ、大好きだった煙草もやめ、心筋梗塞の再発も無く、倒れる前よりも健康体になった。

夏休みで妹家族も帰省して所沢の実家にいたので、私たち家族も合流した。手づくりのカレーを食べながら談笑する。母の体調が少々悪いのが気がかりだったが、それ以外はすべて平穏、波風も立たず、幸福な時間であった。

久しぶりに父と二人だけで居間に残り、とりとめのない話をした。

この歳になると、子どものころのように無邪気に親子の話をするというわけにもいかず、少々ぎこちない会話になりがちだ。仕事のこと、健康のことなどをぽつりぽつりと語る。

「TPPというのはどうなんだや？」

TPP（環太平洋パートナーシップ協定）は、野党も与党も賛成反対が入り乱れ、以前の保革がはっきり分かれていた時代の感覚ではなかなか是非が判断できない。父も判断停止状態に陥っているのだろう。時代はうつろう。

「墓石というのもお父さんはいらないと思うんだよ。散骨でいいよ。それに戒名もいらない。カネ次第で戒名に差をつける。あんなのは坊主を儲けさせるだけだから」

信心深いほうだった父が、どういう風の吹き回しか、意外なことを口にした。

八十四歳になる父も自身の身の処し方を気にしているのだ。

ささいなことで夫婦喧嘩したらしく、母は不機嫌だった。

私たち家族が帰ろうと仕度をし、玄関で靴を履くと父が出てきた。

「じゃあ、今度高田馬場で食事でもしようや」

それが父の最期に見た顔になった。

その翌日。所沢の自宅で父は、神社の氏子として夏祭りの祝い金を持っていこうと、家を出た。

高齢なのでこの夏で最後にしようと、母に言った。

母は、今年で最後にしようと言った父の言葉が少し引っかかった。

父が玄関を出た。

家の前のT字路は最近ますます交通量が多くなった。

信号が青になり、横断歩道を渡る。鉄道会社に長いあいだ勤務していた習性で、指さし確認がつい出てしまう。左右よし。さあ、渡ろう。

一台の配送車が所沢の道路を走っていた。あと一件、東村山に配送すれば今日の仕事は終わる。

信号は赤になった。停車して青になるのを待つ。

青。配送車は右に曲がろうとするが、夏休みなので左から子どもが乗った自転車が飛び出してくるか注意しながら、運転手は確認のために左手を見た。

車はゆっくり右に曲がる。

そのときだった。

何かにぶつかる鈍い音がした。

父は左手から出てきた配送車に跳ねられて、後頭部からアスファルトに叩きつけられた。

車に跳ねられたと思った瞬間、意識が遠のく。

あああ………。

ああ………。

あ…………。

…………。

夕刻、緊急電話が入り、私たち家族は所沢の総合病院に駆けつけた。

集中治療室では脳波と心電図が計測されていたが、なすべき治療はほぼ終了していた。

倒れた衝撃で脳内出血がおきて意識は無かった。

医師の言うとおり、私たちが到着して二十分ほどで波形が平坦になり、父の八十四歳の生涯は幕を閉じた。

母は遺体にすがりつき号泣した。

私の女房も娘も妹も泣いていた。

配送車があと三十秒、いや三秒、早く通過するか遅く通過するかで、加害者も被害者も生まれず、赤の他人のままでいられただろう。

お互いついてなかった。

そう、運が無かったのだ。

父は最後の最後で、運を使い果たした。

父に隠し事はなかったのか

「そういえば秀雄ちゃんが泣いたこと、見たことないなあ」

父の妹、私の叔母が葬式の席で回想した。

テレビを見ていて、ドラマでも動物番組でもドキュメンタリーでもすぐに感動する父だったが、私も涙を流したところを一度も見たことはなかった。

母に尋ねても、記憶にないという。どこまでもクールだったのだろうか。

父のことは知ってるつもりだと思っていたが、わからないことが多かった。

陸軍整備学校時代の話をじっくり聞いて、ライフヒストリーでも作成しようと思った矢先の突然の死だった。

父が亡くなって遺品整理をしたら、昔の重要書類がたくさん出て来た。

はじめて見るものばかりだった。

父ははたして私が思いこんでいたような男だったのだろうか。

考えてみたら、腹を割って話したときはほとんどなかったのではないか。

父に隠し事はなかったのか。表の顔と裏の顔の落差はいったいどこから来ていたのか。

私は父が早稲田工業高校に通っていた在籍の証拠を調べたくなった。

早稲田大学総務課に問い合わせたところ、在籍証明の結果が判明するのは早くても一ヶ月かかるという。膨大な数の卒業生、中退者のなかから調べるのだからそれも仕方が無い。もしも在籍した証明が得られなかったとしたら。

どんな人間でも影の人生がある。

私はある疑念を晴らすときが来たと思った。

一九七五年のあの日、父が焦って会社から飛んで帰ってきたときだ。

箪笥のなかから重要書類を見つけだし封筒のなかを探して、目的のものがあったときの安堵ぶり。いつも冷静な父があれほど狼狽していたときはなかった。

あのとき父はなぜ我を忘れたのだろう。

物書き稼業を長年やってきて、私はある事件とのオーバーラップを意識しないではいられなかった。父が慌てたとき、世間はある大事件で騒然としていた。

驟雨にけむる府中刑務所沿いの道路。

一九六八（昭和四十三）年十二月十日午前九時二十一分。

一台の現金輸送車が走行し、その後を一台の白バイが水を跳ね速度を上げ追い付こうとしていた。奇妙なのは、ズルズルとシートを引きずりながら走っていることだった。白バイは現金輸送車に接近すると、停止させた。土砂降りの雨のなか、白バイ隊員は運転手に尋ねた。

「日本信託銀行の車ですね」

「はい。そうですが」

白バイ隊員はつづけた。

「巣鴨署から緊急連絡があり、支店長の自宅がダイナマイトで爆破されました。この車も爆弾が仕掛けられているとの連絡を受けています。車のなかを見せてください」

輸送車の行員が答えた。

「昨夜、車内を点検しましたが、何もなかったですよ」

白バイ隊員は、「それでは車の外を調べてみます」と答えた。

隊員は車の下にもぐりこみ、点検作業をはじめた。

「あったぞ！　危ない！　ダイナマイトが爆発するから逃げろ！」

車の下から白い煙が立ち上った。行員たちはとっさの判断で待避した。しばらく身を潜めていると、白バイ隊員が果敢にも輸送車を安全な地帯に走らせ、そこで爆破させようとみずから運転しているではないか。路上には、白煙を上げる発煙筒が転がっている。一分、二分、三分……。行員たちは不審に思いだした。白バイに近づくと、偽装されたバイクだと気づいた。

「現金輸送車が盗まれた！」

気づいたときには、すでにニセ警官は三億円が積まれた輸送車ごと雨の彼方に消えていた。事件現場から七百メートル北側にある空き地で、ジュラルミンケースに入った現金がカローラに積み替えられ、さらに小金井市の本町団地駐車場でカローラが放置され、犯人と三億円は迷宮の彼方に消え去った。

いまもなお。

現在の貨幣価値で言えば、ざっと三十億円近く、空前の被害額だった。

一人の死傷者もなく大金を奪い去った犯人に、賛辞を送る若者たちが多かった。ときは学生運動が最盛期で、反体制的な事件がウケる時代背景があった。

私は当時小学六年生で、事件を報じるワイドショーのスタジオで、若者たちが「すげえかっこいい！」と誉め称えていたのを、司会者の高島忠夫が「犯罪なんだから、誉めるのはいけないですよ」とたしなめていたシーンを憶えている。

追尾したニセ白バイも逃走用のカローラも、すべて盗難車だった。白バイに偽装するために、盗難されたメガフォンや書類入れに模倣されたクッキー空き缶、赤色灯、ダイナマイトに見せかけた発煙筒、変装用ハンチング帽、等々、この事件には物証が多数あったので、逮捕は時間の問題とされた。だが、多くの物証は、大量生産の無個性な品々で、犯人までたどり着くことはできなかった。

多摩農協、多摩駐在所、日本信託といった機関に前もって脅迫文を出して脅すという、用意周到さもあった。一連の脅迫状の筆跡が同一人物だったことから、三億円事件の犯人とも同一だとされた。輸送車の行員たちがニセ警官の言葉を信じ、待避したのも伏線がはられた暗示効果によるものだった。

だが犯人もいくつかミスを犯していた。そのひとつは、よほど緊張していたのだろう、ニセ白バイを隠していたときのシートを引きずって走った点。脅迫文を手書きにして筆跡を遺した点である。

事件は行き詰まり、警視庁は戦後最強の刑事とされ、吉展《よしのぶ》ちゃん誘拐殺人事件を解決した名刑事・平塚八兵衛を途中から投入した。捜査本部では複数犯説が優勢だったが、平塚八兵衛刑事は単独犯説を譲らなかった。

いまでも根強く噂されるのが白バイ隊員の息子S少年説である。現役の白バイ隊員の息子S少年（十九歳）は盗難バイクと盗んだ材料で偽白バイを組み立てるのはたやすかったのではないかとされた。S少年は地元の不良仲間たちの一員でもあった。事件直後、S少年が家で自殺してしまうことから、追い詰められた末のことで、やはり真犯人ではないのかという噂が流れた。

単独犯説をとる平塚八兵衛刑事は、S少年説を否定している。事件前に発生した脅迫事件のときにはS少年は別件で逮捕されて鑑別所に入っていたので、脅迫は不可能だからとされた。複数犯説をとる刑事たちによれば、共犯者がいれば脅迫は可能で、S少年が事件にかかわっていることは否定できないという。

私はS少年の母を直撃した。

悲痛ながらも凛とした声が返ってきた。

「うちの息子は何もやっておりません。それでも信じてもらえなければ何もお話することはございません」

三億円事件犯人説

「お父さんの会社まで警察がやってきたよ」

父がそう言った。

警察は戦後最大の捜査網を敷き、捜査対象者は十二万人とも言われた。三億円のボーナスを奪われた東芝府中工場に一度だけ仕事で行ったことのある西武鉄道車両工場勤務の父のところにまでアリバイ捜査が及んだほどだ。

ニセ白バイ隊員に扮した犯人は、二十代とされたが、平塚八兵衛によれば中年ではないか、とされている。

「なんか私、この野郎は所帯持ってると思うよ。四畳半を間借りして、転々と歩いている野郎じゃないような気がするよ。それというのは、遺留品に日章ノートがあり、原稿用紙があり、クッキーの空き缶（白く塗って、オートバイの荷台に取りつけてあった）があり、タオル掛け（白バイに赤色灯をつけるために使用）がありホース止めバンド（タオル掛けを留めるのに使用）

があり、それからピンチ（洗濯ばさみ。白バイを覆った黒い布を、これで留めた）を十七個も使っている。こういうことから、何か家庭を持ってるような気がするよ」

八兵衛刑事は、時間に融通がきき、空想力があり、目先の生活費には困っていないがさほど裕福でもなく、鬱屈とした日々を送っている妻帯者の作家を犯人像に据えた。

一九六八年十二月当時、私の父は四十歳。

モンタージュ写真にはそれほど似ていないが、あの写真は現金輸送車に乗っていた四名の証言によるものであり、運転手以外は雨のなか、車の窓からヘルメットをかぶった犯人の顔を判別するのは不可能である、という結論に達し、捜査本部もモンタージュ写真を証拠として持ち出さなくなった。

犯人になかなかたどり着けないので、捜査員は犯人中年説に傾いていた。

そして現在、犯人は想定したよりもかなり年輩ではなかったか、という説が有力になっている。キイを使わずバイクの配線を工作し盗み出す電気知識に長けた中年、という犯人像が父と結びついてくる。

青年時代からバイクを乗り、運転操作に長けていた父。「今日、警察がやってきた」と証言した父。一九七五年十二月、あの日、慌てて家に帰り何かを確認した父。普段の穏やかな笑顔の下に隠していた反体制の信念。

あの日、何を確認したのだろうか。

三億円事件の紙幣番号がわかった紙幣か。盗難バイクの鍵か。それとも脅迫状の下書きか。

それとも。

たしかあの日は三億円事件の時効数日前ではなかったか。

母は父が亡くなると急に老け込んだ。

普段は喧嘩ばかりしていたが、父がいなくなるとふさぎ込むときが増えた。

応接間に残した父の膨大なカラオケ練習用カセットテープを処分するとき、カセットラベルとプラスチックのケースをひとつずつ分離していく母の背中がよけい小さく見えた。

背中が小刻みに震えていた。

遺言も残さず突然の永訣《えいけつ》だった。

十五年前に心筋梗塞になって本人が死ぬと思いこんでメモ書きにした紙片が、結果的に遺言になってしまった。

母に残した紙片を見せてもらった。

〈あの世でもまた一緒になろうや〉

ロマンチストだったのか、父は。

父の遺留品から出てきたもの

所沢の実家の箪笥に仕舞い込まれた門外不出の紙袋がいくつか出てきた。

ひとつは自宅の土地を購入したときの墨痕鮮やかな売買契約書と領収書が入っていた。昭和二十九年に購入したものだとばかり思っていたが、領収書は何枚かあって、最初の日付は昭和二十七年に手付けをうったときのものだった。

ということは交際して一年足らずでこの土地を購入するための手付けをうったことになる。八割近くが見合い結婚だった当時、恋愛結婚は何か担保にするものが必要で、結婚を口約束ではなく所帯をもつ覚悟がある、というための手付けだったのだろう。土地代金を完納したのは、昭和三十一年三月三十一日だった。私が生まれる四日前だ。

二世が誕生するから残金をすべて支払っておこうとしたのか、それとも偶然なのか。

もうひとつの紙袋には、終戦直後、父が復興社に就職した際の年金記録証書のボロボロの小さな紙片が貼り付けられた年金手帳だ。よく見ると昭和二十年九月のもので、終戦直後、すぐに復興社（後の西武鉄道車両工場）の社員となって年金に入っていたことがわかる。年金記録が消失していたという国の管理ミスも、この三センチ四方の紙片があれば証拠として立派に通用する。

もうひとつの紙袋には、父の陸軍時代の整備兵、国民学校の生徒時代のモノクロ写真が保存されていた。写真が貴重な時代だったので、みんなかしこまって写っている。

他にも多数の領収書や書類のなかに、私が高校三年のときの交通事故の示談書が出てきた。小学生時代、町内会費を集金したときの納付リストなどというのもあった。近所の住人で懐かしい名前がある。とっくに引っ越してしまった家族もいる。

最後の紙袋が出て来た。ホコリまみれの紙袋を手で触ってみると、ゴツゴツした感触が伝わってくる。

あきらかに前の三つの紙袋の中身とは異なる物だった。

父が慌てて確認した物か。

私は緊張しながらホコリを払い、なかの固い物を取り出した。

四角い物体が二つ、時空を超えてその姿をあらわした。
どこかで見かけた覚えがある。
もしや。
裏表、ひっくり返してみた。
私の全身から力が抜けた。
四角い物体とは、何の変哲もないＡＶのＶＨＳテープだった。
母が隣で苦笑しながら言った。
「会社の送別会でお父さんの部下からプレゼントされた物らしいよ」
作品は凡庸なものだった。他にめぼしいものは見つからなかった。
それから数日後。郵便受けに封筒が投函されていた。
早稲田大学総務課に尋ねた父の在籍証明の結果報告書だった。
予想よりだいぶ早く届いた。
私の心臓が高鳴っている。
封筒をハサミで切って、なかの報告書を取り出した。
時節の挨拶の文面が印字された書類と調査結果報告書が同封されている。

本橋信宏殿

早稲田大学　教務部長

照会の結果を下記のとおり報告いたします。

氏名　本橋秀雄
生年月日　昭和3年3月15日
学部学科等　早稲田工業高等学校　電気科
入学年月日　昭和24年4月
卒業年月日　昭和28年3月

父はたしかに在籍していた。

私が推測していた父の早稲田工業高校入学年は、いままで昭和二十五年と思っていたが、実際は一年早い昭和二十四年だった。

卒業年の昭和二十八年は結婚の前年にあたる。

卒業することを結婚の条件として祖父に認めさせた律儀な証左でもあった。

在籍していなかったとしたら、それはそれでまた違うドラマが待っていたのだろうが、父は終戦から四年後、まだ焼け跡が残る高田馬場に降り立っていたのだ。

父は三億円事件の容疑者リスト十二万人のうちの一人だったのだろう。

だが三億円事件はどうでもよくなった。

あの日、狼狽しながら探したのは、この箪笥に仕舞われている実印だったのでは、と母は言っていた。

三億円事件ではなくて、まったく異なる何かに手を染めたことがあるのではないか。そんな妄想が消えないでいる。だがどんな人物にでも、人に言えない暗部は抱えているだろう。それはそれで、もういいではないか。

一昨年晩秋、母は脳梗塞を発症し、高田馬場にほど近いリハビリ施設に現在、入所している。脳梗塞の後遺症で、母は日を追うごとに記憶が消えていく。食も細り、すっかり痩せ細ってしまった。

脳のためには何か記憶を喚起してあげるのがよいとされる。私は母を連れて高田馬場駅に立った。足元のおぼつかない母は、それでも久しぶりに見る外の景色に目を奪われていた。

私が古い記憶を甦らせようと、母に言ってみた。

「高田馬場だよ」

表情の沈みがちな母は、一瞬顔が輝いたかに見えた。

陽光の高田馬場駅は様々な人々が行き交っている。

母は何かを想い出したかのようにつぶやいた。

「高田馬場駅が真っ黒だったんだよ。見渡すかぎり」

エピローグ

「次は高田馬場ですか？」

東京の異界シリーズ第四弾『新橋アンダーグラウンド』が完成して、ノンフィクション作家・石田伸也氏にできたばかりの一冊を手渡したときに、氏の口から出た言葉だ。

私のなかで何かが浮かび上がった。

『ちあきなおみに会いたい。』『田宮二郎の真相』の著者がさりげなく言ったそのときの会話がしばらく私のなかで残っていた。

十八の夏、はじめて高田馬場に立ったときからいままで、ほとんどの時をこの地とかかわって生きてきた。あまりにも身近でありすぎた土地。それゆえに盲点《スコトーマ》になっていたのだ。

次は高田馬場を書こう。

ところがいままでのシリーズ中最短で書けるはずが、結果的に丸一年という最長期間になってしまった。知りすぎた土地ゆえにかえって書きづらいこともあり、野次馬根性で歩けないのだ。

高田馬場は私にとって、東京という氷壁に登坂する際の金属製のくさび、ハーケンだった。思い入れはどの土地よりも深い。

今回、表紙の写真を撮ったのは松沢雅彦氏、高田馬場の老舗出版社コアマガジンから出ていた『ビデオメイトＤＸ』元編集長である。松沢氏にはもうひとつ、写真家という顔がある。名著『ＡＶ女優』（故・永沢光雄著）の表紙写真を撮った人物、と言えば思い出すのではないだろうか。都会の陰影を写し出す傑出した写真家であり、今回私の書き下ろし本に力を貸していただいたことは僥倖であった。

物もちのいいほうではない私だが、奇跡的に大学入試の問題用紙が捨てずにとってあった。今回文章にするとき大いに役立った。半分以上は解けなかったが。

本書に登場する人物たちのその後を記述しておこう。

『神田川』の作詞者・喜多條忠氏。氏は『神田川』のその後、柏原芳恵『ハロー・グッバイ』、キャンディーズ『やさしい悪魔』『暑中お見舞い申し上げます』『アン・ドゥ・トロワ』といった名曲の作詞を手がけ、伍代夏子『肱川《ひじかわ》あらし』で第五十回日本作詩大賞を受賞。島倉千代子の遺作となった『からたちの小径』の作詞を南こうせつ氏と共作した。喜多條忠作詞『スポットライト』を歌った山内恵介は、デビュー十五年目にして『ＮＨＫ紅白歌合戦』に念願の初出場を果たしている。

喜多條氏は現在も作詞やコラム・小説などの執筆活動と共に日本作詩家協会会長、ＪＡＳＲＡＣ理事を務める。

残念なのは『月刊現代』誌上で喜多條氏と神田川をそぞろ歩いたとき同行した同誌・稲葉好久副編集長が病に倒れ急逝したことだ。

あらためてご冥福を祈る。

神田川の欄干に巻いた赤いテープは長年の風雨ではがれ落ちた。

私の仕事場にあったIが使っていたスチール椅子は、しばらくのあいだ捨てずに残っていた。

私に二番目の子ども（女児）が誕生して、午前中は子守をすることになったために、コーポ坂口の仕事場を閉じ、広めの部屋に住まいを移し仕事場も合体させた。そのときに踏ん切りがつき、スチール椅子と永訣の別れとなった。

アルコール依存症から奇跡の回復を果たし、出版業七社の社長におさまったIは、近年の出版業界においてもっとも成功した経営者の一人となり、いまも働き通しだ。

風俗記者として長年第一線で書いてきた伊藤裕作氏は、この本が出るころは世界一周船の旅の乗客として洋上にいる。まだ見ぬ国への思いと、生涯の伴侶を探す旅でもある。

脳梗塞で記憶が半ば失われた母がまだ健康体だったころ、父に私の推論を伝えたときがあった。人前では温厚で社交的な父が、こと政治的な面では反体制的になる背景には、頑迷な祖父に逆らえなかった半生があったからではないか。頑迷な祖父＝権力という図式が根底にあったからではないか。

私の推論を母が伝えると、父はうなずいた、という。


様々な思い出を積み重ね、振り返ると私は高田馬場とともに生きてきた。

本書でやっと恩返しができたと思っている。

本シリーズの担当編集者、杉山茂勲氏をはじめ駒草出版のみなさん、そしてこの本に関わり、登場した方々、過去に仕事を通してお世話になった方々に、心よりお礼を申し上げる。

まだ十代のころ、はじめてつきあった彼女と何をするでもなく高田馬場のとある石段の近くの電信柱にたたずんで話をしたときがあった。

私はいま、そのすぐ近くで暮らしている。

還暦過ぎの私があのときの電信柱の脇を通り買い物に行く途中、十代の私がたたずみ、問いかけてくる。

「幸せかい？」

ああ。それなりね。親子四人、塵労にまみれながら、なんとかやってるよ。

私は十代の自分に別れを告げた。

[参考文献]

『貼雑年譜』江戸川乱歩　講談社
『３億円事件ホシはこんなやつだ』平塚八兵衛　みんと

著者が過去に執筆した作品より

『60年代 郷愁の東京』主婦の友社
『エロ本黄金時代』河出書房新社
記事「冒険王と少年チャンピオン」『新潮45』2013年1月号　新潮社
記事「ポプラ社と江戸川乱歩」『新潮45』2013年11月号　新潮社
記事「美少女伝説を創った男 山崎紀雄物語」『オール讀物』2012年10月号　文藝春秋
連載「風俗TOPの履歴書」『特選小説』綜合図書
小説「労働28号」『小説現代』2002年12月号　講談社

[著者]

本橋信宏 もとはし・のぶひろ

1956年埼玉県所沢市生まれ。早稲田大学政治経済学部卒。私小説的手法による庶民史をライフワークとしている。半生を振り返り、バブル焼け跡派と自称する。執筆内容はノンフィクション・小説・エッセイ・評論。主な著書に『裏本時代』『AV時代』(以上、幻冬舎アウトロー文庫)、『新・AV時代 悩ましき人々の群れ』(文藝春秋)、『心を開かせる技術』(幻冬舎新書)、『<風俗体験ルポ>やってみたらこうだった』『東京最後の異界 鶯谷』『戦後重大事件プロファイリング』(以上、宝島SUGOI文庫)、『迷宮の花街 渋谷円山町』(宝島社)、『上野アンダーグラウンド』『新橋アンダーグラウンド』(以上、駒草出版)、『エロ本黄金時代』(東良美季共著／河出書房新社)、『全裸監督 村西とおる伝』(太田出版／山田孝之主演で2019年夏よりNetflixから世界190ヵ国で同時配信決定)。

フェイスブック https://www.facebook.com/motohashinobuhiro

高田馬場アンダーグラウンド

2019年3月16日 第1刷発行

著者 本橋信宏
発行人 井上弘治
発行所 **駒草出版** 株式会社ダンク出版事業部
〒110-0016 東京都台東区台東1-7-1邦洋秋葉原ビル2階
電話 03-3834-9087
http://www.komakusa-pub.jp
印刷・製本 中央精版印刷株式会社

カバーデザイン・本文DTP オフィスアント
カバー及びトビラ写真 松沢雅彦
本文写真 本橋信宏、松沢雅彦
地図制作 ユニオンマップ
編集 杉山茂勲(駒草出版)

ISBN978-4-909646-12-5
日本音楽著作権協会(出)許諾第1902130-901号